Basiswissen Sozialwirtschaft und Sozialmanagement

Reihe herausgegeben von

Klaus Grunwald, Duale Hochschule BW Stuttgart, Stuttgart, Deutschland

Ludger Kolhoff, Fakultät Soziale Arbeit, Ostfalia Hochschule, Wolfenbüttel, Deutschland

Die Lehrbuchreihe „Basiswissen Sozialwirtschaft und Sozialmanagement" vermittelt zentrale Inhalte zum Themenfeld Sozialwirtschaft und Sozialmanagement in verständlicher, didaktisch sorgfältig aufbereiteter und kompakter Form. In sich abgeschlossene, thematisch fokussierte Lehrbücher stellen die verschiedenen Themen theoretisch fundiert und kritisch reflektiert dar. Vermittelt werden sowohl Grundlagen aus relevanten wissenschaftlichen (Teil-)Disziplinen als auch methodische Zugänge zu Herausforderungen der Sozialwirtschaft im Allgemeinen und sozialwirtschaftlicher Unternehmen im Besonderen. Die Bände richten sich an Studierende und Fachkräfte der Sozialen Arbeit, der Sozialwirtschaft und des Sozialmanagements. Sie sollen nicht nur in der Lehre (insbesondere der Vor- und Nachbereitung von Seminarveranstaltungen), sondern auch in der individuellen bzw. selbstständigen Beschäftigung mit relevanten sozialwirtschaftlichen Fragestellungen eine gute Unterstützung im Lernprozess von Studierenden sowie in der Weiterbildung von Fach- und Führungskräften bieten.

Beiratsmitglieder
Holger Backhaus-Maul, Philosophische Fakultät III, Universität Halle-Wittenberg, Halle (Saale), Sachsen-Anhalt, Deutschland
Marlies Fröse, Evangelische Hochschule Dresden, Dresden, Sachsen, Deutschland
Waltraud Grillitsch, Fachhochschule Kärnten, Feldkirchen, Österreich
Andreas Laib, Fachbereich Soziale Arbeit, Fachhochschule St. Gallen, St. Gallen, Schweiz
Andreas Langer, Department Soziale Arbeit, HAW Hamburg, Hamburg, Deutschland
Wolf-Rainer Wendt, Stuttgart, Baden-Württemberg, Deutschland
Peter Zängl, Hochschule für Soziale Arbeit, Fachhochschule Nordwestschweiz, Olten, Schweiz

Werner Heister · Markus Krings

Digitalisierung in der Sozial- und Kulturwirtschaft

Eine Einführung

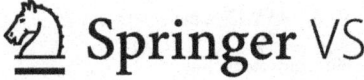

Werner Heister
FB 06 – Sozialwesen
Hochschule Niederrhein
Krefeld, Nordrhein-Westfalen
Deutschland

Markus Krings
Düsseldorf, Nordrhein-Westfalen
Deutschland

ISSN 2569-6009　　　　　　ISSN 2569-6017　(electronic)
Basiswissen Sozialwirtschaft und Sozialmanagement
ISBN 978-3-658-45675-7　　　　ISBN 978-3-658-45676-4　(eBook)
https://doi.org/10.1007/978-3-658-45676-4

Die Deutsche Nationalbibliothek verzeichnet diese Publikation in der Deutschen Nationalbibliografie; detaillierte bibliografische Daten sind im Internet über https://portal.dnb.de abrufbar.

© Der/die Herausgeber bzw. der/die Autor(en), exklusiv lizenziert an Springer Fachmedien Wiesbaden GmbH, ein Teil von Springer Nature 2025, korrigierte Publikation 2025

Das Werk einschließlich aller seiner Teile ist urheberrechtlich geschützt. Jede Verwertung, die nicht ausdrücklich vom Urheberrechtsgesetz zugelassen ist, bedarf der vorherigen Zustimmung des Verlags. Das gilt insbesondere für Vervielfältigungen, Bearbeitungen, Übersetzungen, Mikroverfilmungen und die Einspeicherung und Verarbeitung in elektronischen Systemen.
Die Wiedergabe von allgemein beschreibenden Bezeichnungen, Marken, Unternehmensnamen etc. in diesem Werk bedeutet nicht, dass diese frei durch jede Person benutzt werden dürfen. Die Berechtigung zur Benutzung unterliegt, auch ohne gesonderten Hinweis hierzu, den Regeln des Markenrechts. Die Rechte des/der jeweiligen Zeicheninhaber*in sind zu beachten.
Der Verlag, die Autor*innen und die Herausgeber*innen gehen davon aus, dass die Angaben und Informationen in diesem Werk zum Zeitpunkt der Veröffentlichung vollständig und korrekt sind. Weder der Verlag noch die Autor*innen oder die Herausgeber*innen übernehmen, ausdrücklich oder implizit, Gewähr für den Inhalt des Werkes, etwaige Fehler oder Äußerungen. Der Verlag bleibt im Hinblick auf geografische Zuordnungen und Gebietsbezeichnungen in veröffentlichten Karten und Institutionsadressen neutral.

Springer VS ist ein Imprint der eingetragenen Gesellschaft Springer Fachmedien Wiesbaden GmbH und ist ein Teil von Springer Nature.
Die Anschrift der Gesellschaft ist: Abraham-Lincoln-Str. 46, 65189 Wiesbaden, Germany

Wenn Sie dieses Produkt entsorgen, geben Sie das Papier bitte zum Recycling.

Ein paar Worte vorab

Dieses Lehrbuch möchte eine kompakte und leicht zugängliche Einführung in das äußerst komplexe Thema der Digitalisierung bieten, ohne dabei wichtige Aspekte zu vernachlässigen. Es richtet sich gleichermaßen an Studierende, Lehrende sowie Fach- und Führungskräfte im Sozial- und Kulturbereich.

Das Lehrbuch zeichnet sich durch einen starken Praxisbezug aus. Anhand zahlreicher Beispiele aus dem Sozial- und Kultursektor werden die theoretischen Inhalte und Konzepte unmittelbar auf realitätsnahe Situationen übertragen und machen diese anwendbar.

Die Kapitel folgen systematisch aufeinander, sind aber in sich abgeschlossen. Sie können daher auch einzeln gelesen und verstanden werden. Auf diese Weise dienen sie auch als Nachschlagewerke, um gezielt Informationen zu bestimmten Themenbereichen abzurufen und den individuellen Wissensbedarf zu decken.

Ziel dieses Lehrbuchs ist es, Adressat:innen dazu zu ermutigen, die Digitalisierung nicht als Bedrohung, sondern als Chance zu betrachten, um Prozesse effizienter zu gestalten und innovative Lösungen für bestehende Herausforderungen zu entwickeln.

Bei der Erstellung und Erarbeitung wurden bewusst die Potenziale der Digitalisierung, insbesondere der Künstlichen Intelligenz, genutzt, wodurch das Lehrbuch selbst als Beispiel für den sinnvollen Einsatz digitaler Technologien dienen soll.

Viel Spaß beim Lesen wünschen

Werner Heister
Markus Krings

Inhaltsverzeichnis

1	**Digitaler Wandel meets Sozial- und Kulturwirtschaft**	1
	Markus Krings	
	Literatur	4
2	**Grundlagen: Verständnis und begriffliche Einordnungen**	5
	Markus Krings	
	2.1 Angekommen in den Begrifflichkeiten des digitalen Zeitalters	5
	2.2 Momente der Evolution: Die Treiber der Digitalisierung	9
	2.3 Unverzichtbar und untrennbar: Passgenaue Strategie(n) und gezielte Maßnahmen	12
	2.4 Auswirkungen des digitalen Wandels auf die Gesellschaft	15
	Literatur	19
3	**Künstliche Intelligenz: Die Schlüsseltechnologie**	21
	Markus Krings	
	3.1 Eine Einführung in Künstliche Intelligenz	22
	3.1.1 Was ist KI?	22
	3.1.2 KI-Durchbruch: Die entscheidenden Gründe dafür	23
	3.1.3 Schwache versus starke KI	24
	3.2 Anwendungsfelder und ihre Potenziale	25
	3.2.1 Selbstmanagement	25
	3.2.2 Fachliche Arbeit	26
	3.2.3 Management	26
	3.3 Die Kehrseite der KI-Medaille: Risiken und Gefahren	28
	3.3.1 Ethik und Verantwortung	30
	3.3.2 Rechtsrahmen	33
	3.3.3 Substitution	34
	Literatur	35

4	**Digitaler Wandel in den Handlungsfeldern der fachlichen Arbeit**		37
	Werner Heister		
	4.1	Der digitale Wandel in der Sozialwirtschaft	39
		4.1.1 Online-Beratung	39
		4.1.2 Eingliederungshilfe	44
		4.1.3 Altenhilfe	45
		4.1.4 Verbandsarbeit	46
	4.2	Der digitale Wandel in der Kulturwirtschaft	47
	Literatur		52
5	**Digitaler Wandel in den Handlungsfeldern des Managements**		53
	Werner Heister		
	5.1	Auswirkungen auf das gesamte Unternehmen	54
	5.2	Auswirkungen auf die Geschäftsmodelle	55
		5.2.1 Strategische Geschäftseinheiten als Schauplätze der Transformation	55
		5.2.2 Transformation in der SGE „Sicher und unabhängig daheim"	57
		5.2.3 Disruptive Transformationen	59
	5.3	Auswirkungen auf die betrieblichen Funktionen	62
	5.4	Digitaler Wandel im Bereich von Bürokommunikation und Selbstmanagement	70
	Literatur		72
6	**Digitaler Wandel gelingt mit der Roadmap zur Digitalisierung**		75
	Markus Krings		
	6.1	Die Roadmap: Zweck und Struktur	76
	6.2	Die Voraussetzungen für den Erfolg	77
		6.2.1 Prämisse 1: Ganzheitlich betrachten	77
		6.2.2 Prämisse 2: Individuell ausgestalten	78
		6.2.3 Prämisse 3: Öffnen und Loslassen	79
		6.2.4 Prämisse 4: Zweckorientiert handeln	80
	6.3	Schritt für Schritt zum Ziel	82
		6.3.1 Schritt 1: Digitalisierungsteam aufstellen	82
		6.3.2 Schritt 2: Digitalisierungscheck durchführen	84
		6.3.3 Schritt 3: Strategie und Maßnahmen ableiten	87
		6.3.4 Schritt 4: Umsetzen und kontinuierlich verbessern	92
	Literatur		97

7	**Integrierte digitale Systeme: Basis des digitalen Erfolgs**		99
	Werner Heister		
	7.1	Architektur: Kernkonzepte und Technologien	100
	7.2	Fachsoftware (Diensteprogramme)	106
	7.3	Betriebswirtschaftliche Software (ERP-System)	111
	7.4	Digitalisierung in der öffentlichen Verwaltung	112
	7.5	Aufbau- und Ablauforganisation: Das Erfolgsskelett	116
		7.5.1 Aufbauorganisation	117
		7.5.2 Ablauforganisation	118
	Literatur		121
8	**Zukunft gestalten: Qualitätsmanagement und Rechtsrahmen**		123
	Werner Heister		
	8.1	Qualitätsmanagement im digitalen Zeitalter	124
	8.2	Informationssicherheit/IT-Sicherheit und Cybersicherheit	129
	8.3	Datenschutzrechtliche Aspekte der Digitalisierung	141
	8.4	Arbeitsrechtliche Aspekte der Digitalisierung	143
	8.5	Vertragsrechtliche Aspekte der Digitalisierung	144
	Literatur		145
9	**Mit Projekten die digitale Zukunft gestalten**		147
	Markus Krings		
	9.1	Projekte: Die Grundlagen	147
	9.2	Schlüssel zum Projekterfolg: Die entscheidenden Faktoren	149
	Literatur		162
10	**Einen langen Atem bewahren**		165
	Werner Heister		
	Literatur		168

Erratum zu: Digitalisierung in der Sozial- und Kulturwirtschaft E1
Markus Krings

Literatur 169

Über die Autoren

Prof. Dr. rer. pol. Werner Heister ist Dozent für Betriebswirtschaft im sozialen Sektor an der Hochschule Niederrhein in Krefeld/Mönchengladbach. Zugleich war er zeitweise als Vizepräsident für Hochschulentwicklung an der APOLLON Hochschule der Gesundheitswirtschaft in Bremen tätig.

Heister ist stellvertretender Leiter und Mitglied des Institutsrats des SO.CON-Instituts für Forschung und Entwicklung in der Sozialen Arbeit an der Hochschule Niederrhein. Zusätzlich ist er im ISA – Kompetenzzentrum Intelligente Systemlösungen für die Automatisierung und im Kompetenzzentrum Clavis – IT-Sicherheit der Hochschule Niederrhein vernetzt.

Seine derzeitigen Arbeitsschwerpunkte liegen in den Bereichen Kompetenzmanagement sowie digitales Lernen und Lehren. Heister ist Lehrpreisträger der Hochschule Niederrhein (2004 und 2015) sowie Tutor des Jahres (2012; Forum DistancE-Learning). Außerdem übt er Tätigkeiten als Autor, Unternehmensberater und Coach aus (www.think4future.de).

Veröffentlichungen (Auszug):

Dahmen, N., Göttert, J., Heister, W., Kaltenecker, T., Toszkowski, G., Waldhorst, A. (2014). *Futur[e]Ing. – Pilotversuch zu einem neuen Studiengangkonzept mit LabVIEW als fachübergreifende Modellierungs- und Entwicklungsplattform.* In Jamal, R., Heinze, R. (Hrsg.). Virtuelle Instrumente in der Praxis, Mess-, Steuer-, Regel- und embedded- Systeme (S. 248–254). Berlin, Offenbach: VDE.
Fabri, A., Schmidt, S., Heister, W. (2012). *Studimental: Ratgeber für erfolgreiches Lernen.* Mönchengladbach: Hochschule Niederrhein.
Heister, W. (2023). *Studieren mit Erfolg. Prüfungsvorbereitung – wissenschaftliches Arbeiten – Selbstmanagement.* Stuttgart: Schäffer-Poeschel.
Heister, W. (2017). *Die Abschlussarbeit. In neun Etappen von der Themensuche zur Abgabe.* Stuttgart: Schäffer-Poeschel.
Heister, W. (2016). *Der Hochschul-Coach.* Stuttgart: Schäffer-Poeschel.
Heister, W. (2014). *11 Dinge zum Unistart.* Stuttgart: Schäffer-Poeschel.
Heister, W. (2012). *Träume in der Seele des Kunden. Integrierte Marketingkommunikation im Gesundheitsmarkt.* In Jahrbuch Healthcare Marketing (S. 10–16). Hamburg: New-Business-Verlag.
Heister, W. (2012). *Employer Branding.* In Bröckermann, R., Pepels, W. (Hrsg.). Das neue Personalmarketing – Employee Relationship Management als moderner Erfolgstreiber. Bd. 2: Handbuch Personaleinsatz (S. 179–201). 2. Auflage. Berlin: Berliner Wissenschaftsverlag.
Heister, W. (2012). *Aspekte der Wirtschaftlichkeitsrechnung in sozialen Einrichtungen.* In R. Bieker, R., Vomberg, E. (Hrsg.). Management

in der sozialen Arbeit (S. 156–179). Stuttgart: Kohlhammer.

Heister, W. (2010). *Erfolgsfaktoren des Controllings in Nonprofit-Organisationen.* In Reiss, H.-C. (Hrsg.). Steuerung von Sozial- und Gesundheitsunternehmen (S. 171–188). Baden-Baden: Nomos-Verlag.

Heister, W. (2010). *Die Fallstudienmethode „Klaus Höhnerbach".* In Brall, S., Lent, M. (Hrsg.). Keiner liebt mich. Basiswissen attraktiv vermitteln (S. 45–51). Norderstedt: Books on Demand.

Heister, W. (2009). *Studieren mit Erfolg: Effizientes Lernen und Selbstmanagement in Bachelor-, Master- und Diplomstudiengängen.* 2. Auflage. Stuttgart: Schäffer-Poeschel.

Heister, W. (2008). *Rechnungswesen in Nonprofit-Organisationen.* Stuttgart: Schäffer-Poeschel.

Heister, W. (2004). *Virtual Community – Sozialmanagement: Der Lerner ist Mittelpunkt!* In Brinker, T., Rössler, U. (Hrsg.). Hochschuldidaktik an Fachhochschulen: Neue Ansätze in der Lehre aus den Fachhochschulen des Landes Nordrhein-Westfalen (S. 205–210). Bielefeld: Bertelsmann.

Heister, W. (2004). *Managementwissen und -praxis für die Soziale Arbeit.* In Heister, W. (Hrsg.). Management und Soziale Arbeit. IX. Europäisches Symposium zur Sozialen Arbeit Mönchengladbach (S. 63–102). Mönchengladbach: Hochschule Niederrhein.

Heister, W. (Hrsg.) (2004). *Management und Soziale Arbeit. IX. Europäisches Symposium zur Sozialen Arbeit Mönchengladbach.* Mönchengladbach: Hochschule Niederrhein.

Heister, W. (2004). *Sicher auf Kurs bleiben! Wichtige Experten-Tipps und Fingerzeige, um Steuerungsinstrumente optimal zu nutzen.* In Beck, M.

(Hrsg.). Handbuch Sozialmanagement. Stuttgart: Raabe.
Heister, W. (2004). *Vertrauen Sie Ihrem Kalkül Kalkulatorische Kosten richtig erfassen und verrechnen – so optimieren Sie Ihre Wirtschaftlichkeitsrechnung.* In Beck, M. (Hrsg.). Handbuch Sozialmanagement. Stuttgart: Raabe.
Heister, W. (2004). *Dienstplan Software erfolgreich einführen und Ressourcen einsparen. So gelingt die Auswahl und Einführung einer Personaleinsatzplanung und führt zu erheblichen Einsparpotentialen.* In Beck, M. (Hrsg.). Handbuch Sozialmanagement. Stuttgart: Raabe.
Heister, W. (2003). *Damit Outsourcing gelingt! Tipps für die erfolgreiche Ingangsetzung.* In Beck, M. (Hrsg.). Handbuch Sozialmanagement. Stuttgart: Raabe.
Heister, W., Finke, M. (2016). *Der Prüfungs-Coach.* Stuttgart: Schäffer-Poeschel.
Heister, W., Tiskens, J. (2023). *Finanzmanagement in Sozial-, Gesundheits- und Kultureinrichtungen. Eine Einführung.* Wiesbaden: Springer Fachmedien.
Heister, W., Tiskens, J. (2021). *Kostenmanagement. Eine Einführung für sozialwirtschaftliche Organisationen.* Wiesbaden: Springer Verlag.
Heister, W., Wälte, D., Weßler-Poßberg, D., Finke, M. (2007). *Studieren mit Erfolg: Prüfungen meistern – Klausuren, Kolloquien, Präsentationen, Bewerbungsgespräche.* Stuttgart: Schäffer-Poeschel.
Heister, W., Weßler-Poßberg, D. (2011). *Studieren mit Erfolg: Wissenschaftliches Arbeiten für Wirtschaftswissenschaftler.* 2. Auflage. Stuttgart: Schäffer-Poeschel.
Krings, M., Heister, W. (2023). *Digitaler Wandel meets Soziale Arbeit. Eine Roadmap zur Digitalisierung.* In Soziale Arbeit. Zeitschrift für soziale und sozialverwandte Gebiete. 72 (2): 67–73.

Krings, M., Heister, W. (2023). *Wie ist es um die Digitalisierung in der Sozialwirtschaft bestellt?* In FORUM sozial – Die berufliche Soziale Arbeit. 29 (1): 51–53.

Matuko, B. J., Heister, W. (2011). *Diversity Management als Zukunftsaufgabe der Krankenhäuser. Die Vielfalt der internen und externen Kunden erkennen und nutzen.* In Das Krankenhaus. 103 (11): 1107–1113.

Sommer, R., Krings, M., Heister, W. (2023). *Selbstcheck: Wie hoch ist der digitale Reifegrad in meiner Organisation?* In FORUM sozial – Die berufliche Soziale Arbeit. 29 (1): 50.

Stalder, F. (2016). *Kultur der Digitalität.* Berlin: Suhrkamp.

Viktor, A., Heister, W. (2015). *Medizinisches Compliance- Management. Gesundheitsmarketing und Dienstleistungsmanagement patientenorientiert umsetzen.* Bremen: Apollon University Press.

Markus Krings, M. A. in Sozialmanagement und B. A. in Business Administration (Hochschule Niederrhein), bringt über zehn Jahre Erfahrung in beratenden und leitenden Funktionen im Sozialsektor mit, unter anderem beim diakonischen Landesverband Rheinland-Westfalen-Lippe („Diakonie RWL"). Aktuell ist er in leitender Position für die „In der Gemeinde leben gGmbH", einem Unternehmen der Eingliederungshilfe, tätig.

Krings besitzt umfangreiche theoretische und praktische Erfahrungen in der digitalen Transformation sozialer Organisationen. Er ist ausgebildeter Innovationsgestalter (Social Impact) und IHK-zertifizierter „Business-Transformation-Expert", „Data-Process-Expert" sowie „New-Work-Expert". Zudem hat er eine Ausbildung als systemischer Coach und Veränderungsmanager am INeKO Institut der Universität Köln abgeschlossen.

Krings hat eine Vielzahl von Fachartikeln veröffentlicht, die sich vor allem mit den Bereichen Personalmanagement und Organisationsentwicklung in der Sozialen Arbeit und Sozialwirtschaft beschäftigen. Sein besonderes Augenmerk liegt dabei auf der Digitalisierung. Darüber hinaus ist er Beiratsmitglied der Fachzeitschrift „SOZIALwirtschaft – Zeitschrift für Führungskräfte in sozialen Unternehmungen".

Veröffentlichungen (Auszug):

Krings, M. (2024). *Digitaler Wandel. Eine Roadmap zur Digitalisierung sozialer Organisationen.* In FORUM sozialarbeit + gesundheit. 29 (2): 41–43.

Krings, M. (2024). *Künstliche Intelligenz und Soziale Arbeit.* In Blätter der Wohlfahrtspflege. Deutsche Zeitschrift für Soziale Arbeit. 171 (1): 25–27.

Krings, M. (2024). *People Analytics.* In socialnet Lexikon. Bonn: socialnet. Verfügbar unter: https://www.socialnet.de/lexikon/People-Analytics.

Krings, M. (2024). *Sechs Praxistipps zur Digitalisierung.* In SOZIALwirtschaft. Zeitschrift für Führungskräfte in sozialen Unternehmungen. 34 (1): 10–12.

Krings, M. (2023). *Digitale Gestaltungsmöglichkeiten für die Personalfunktion.* In SOZIALwirtschaft. Zeitschrift für Führungskräfte in sozialen Unternehmungen. 33 (2): 36–38.

Krings, M. (2022). *Das Personalmanagement sozialer Organisationen im Zeitalter der Digitalisierung.* Baden-Baden: Tectum-Verlag.

Krings, M., Heister, W. (2023). *Der Nutzen von KI in der Sozialwirtschaft.* In SOZIALwirtschaft aktuell. Infodienst für das Management in der Sozialwirtschaft. 33 (22): 1–4.

Krings, M., Heister, W. (2023). *Die Digitale Personalakte: Grundlage einer zeitgemäßen Personalarbeit.* In Blätter der Wohlfahrtspflege. Deutsche Zeitschrift für Soziale Arbeit. 170 (6): 215–218.
Krings, M., Heister, W. (2023). *Neue Wege im Personalmanagement.* In SOZIALwirtschaft. Zeitschrift für Führungskräfte in sozialen Unternehmungen. 33 (3): 19–21.
Krings, M., Heister, W. (2023). *Wie ist es um die Digitalisierung in der Sozialwirtschaft bestellt?* In FORUM sozial – Die berufliche Soziale Arbeit. 29 (1): 51–53.
Heister, W., Krings, M. (2024). *Auch im sozialen Sektor werden Chatbots ihren Platz erobern.* In neue caritas. 125 (9): 32–35.
Mews, M., Krings, M. (2024). *Rahmenbedingungen und Möglichkeiten der Regelfinanzierung digitaler Teilhabe von Menschen mit Behinderung.* In SOZIALwirtschaft aktuell. Infodienst für das Management in der Sozialwirtschaft. 34 (4): 1–4.
Sommer, R., Krings, M., Heister, W. (2023). *Selbstcheck: Wie hoch ist der digitale Reifegrad in meiner Organisation?* In FORUM sozial – Die berufliche Soziale Arbeit. 29 (1): 50.

Abbildungsverzeichnis

Abb. 2.1	Schlüsselbegriffe im Kontext der Digitalisierung	6
Abb. 2.2	The Big Five	10
Abb. 2.3	Weitere Treiber, die den digitalen Wandel vorantreiben	11
Abb. 2.4	Zusammenhang zwischen Digitalisierungsstrategie und -maßnahmen	14
Abb. 3.1	Anwendung ChatGPT	27
Abb. 4.1	Felder der Online-Beratung am Beispiel der Caritas Deutschland	41
Abb. 4.2	Übersetzung in Leichte Sprache mittels KI	45
Abb. 6.1	Roadmap zur Digitalisierung sozial- und kulturwirtschaftlicher Organisationen	77
Abb. 6.2	Zusammenstellung eines Digitalisierungsteams am Beispiel einer Jugendhilfeeinrichtung	84
Abb. 6.3	SWOT-Matrix	88
Abb. 6.4	Einflussfaktoren auf Digitalisierungsstrategie und -maßnahmen	89
Abb. 6.5	Digitalisierungsstrategie, Teilstrategien und Maßnahmen am Beispiel eines Museums	91
Abb. 6.6	Wichtigkeits-Komplexitäts-Matrix am Beispiel eines Freiwilligendienstträgers	94
Abb. 6.7	PDCA-Zyklus	96
Abb. 7.1	Gesamtarchitektur eines ERP-Systems am Beispiel einer Hilfsorganisation	104
Abb. 8.1	IT-Schutzziele nach der CIA-Triade	131

Abb. 9.1	Entscheidende Erfolgsfaktoren von Projekten	150
Abb. 9.2	Beispiele einer Projektorganisation	152
Abb. 9.3	Beispielhafter Aufbau eines Lastenheftes	155
Abb. 9.4	Projekt-Aufgabenplanung: Gliederung von Projekten in Meilensteine und Arbeitspakete	159
Abb. 9.5	Beispielhafter Projekt-Ablaufplan für ein kleines Projekt	160
Abb. 10.1	Der Hype-Zyklus	167

Tabellenverzeichnis

Tab. 3.1	Stressbewältigung	26
Tab. 3.2	Texterstellung	28
Tab. 3.3	Predictive Risk Modelling (Jugendhilfe)	29
Tab. 3.4	Ambient Assisted Living (Alten-/Behindertenhilfe)	29
Tab. 3.5	Chatbots	30
Tab. 3.6	Generative Adversarial Networks	31
Tab. 3.7	People Analytics	32
Tab. 3.8	Robotic Process Automation	32
Tab. 5.1	Personalmanagement	62
Tab. 5.2	Beschaffungsmanagement	63
Tab. 5.3	Marketing	64
Tab. 5.4	Controlling	65
Tab. 5.5	Finanz- und Fundraising-Management	65
Tab. 5.6	Aspekte zur Umsetzung der Digitalisierung in den Managementfunktionen	70
Tab. 5.7	Bürokommunikation	71
Tab. 5.8	Selbstmanagement	72
Tab. 6.1	SWOT-Analyse am Beispiel eines Konzertveranstalters	87
Tab. 7.1	Funktionen von Diensteprogrammen (Fachsoftware; exemplarische Checkliste)	107
Tab. 8.1	Potenziale der Digitalisierung in Bezug auf das QM	126
Tab. 8.2	Konzepte und Vorgehensweisen	135

Digitaler Wandel meets Sozial- und Kulturwirtschaft

Markus Krings

▶ **Inhalt**
Das erste Kapitel bietet eine Einführung in das Thema und verdeutlicht am Beispiel des Smartphones die Auswirkungen der Digitalisierung auf unser Leben. Es wird darauf aufbauend gezeigt, dass auch Sozial- und Kulturwirtschaft nicht unberührt von den weitreichenden Veränderungen bleiben. In diesem Zusammenhang wird der Einfluss der Digitalisierung auf Sozial- und Kulturinstitutionen beschrieben und die damit einhergehende Notwendigkeit, sich auf die Digitalisierung einzustellen. Darüber hinaus werden erste beispielhafte digitale Möglichkeiten dargestellt, die diesen Einrichtungen zur Verfügung stehen, um ihre Prozesse effizienter zu gestalten, die Reichweite zu vergrößern, neue Zielgruppen zu erschließen und innovative Angebote zu entwickeln.

Das Smartphone: Ausdruck der Digitalisierung
Durch die Digitalisierung erleben wir einen *tiefgreifenden Wandel*, der sich besonders deutlich in der Entwicklung von Smartphones zeigt. Als Nokia im Jahr 1996 auf der CeBIT in Hannover sein Modell „9000 Communicator" vorstellte – ein früher Prototyp des Smartphones mit begrenzten Grundfunktionen wie Kalender und Taschenrechner, der nur wenig mit den heutigen Geräten gemeinsam hatte –, ließ sich nicht erahnen, wie sehr diese Technologie unser Leben revolutionieren würde (vgl. Sokolow 2021). Inzwischen ist das *Smartphone* mit seinen unzähligen Apps und Funktionen zu einem unverzichtbaren Begleiter geworden, der uns im Alltag in vielfältiger Weise unterstützt. Im Folgenden sind einige Beispiele hierzu aufgeführt (vgl. Deutsche Presse Agentur 2021):

© Der/die Autor(en), exklusiv lizenziert an Springer Fachmedien Wiesbaden GmbH, ein Teil von Springer Nature 2025
W. Heister und M. Krings, *Digitalisierung in der Sozial- und Kulturwirtschaft*, Basiswissen Sozialwirtschaft und Sozialmanagement,
https://doi.org/10.1007/978-3-658-45676-4_1

- *Navigation:* Früher haben wir uns mithilfe von Landkarten auf die Suche nach dem richtigen Weg gemacht und aufmerksam darauf geachtet, wann wir die Autobahnabfahrt nehmen mussten. Heutzutage benötigen wir nicht einmal mehr ein separates Navigationsgerät, da eine App auf unserem Smartphone ausreicht. Wir geben einfach die Zieladresse ein und lassen uns problemlos navigieren. Die App führt uns sogar um Staus herum – lediglich das Fahren selbst liegt (noch) in unserer Verantwortung.
- *Fotografie:* Einst war das Fotografieren eine durchdachte Angelegenheit, da ein klassischer Kleinbildfilm nur z. B. begrenzte 36 Aufnahmen zuließ. Jeder Schuss wurde wohlüberlegt, und dann mussten wir auf die mühsame Entwicklung der Fotos warten. Doch heute hat sich alles verändert – mit unseren Smartphones können wir unzählige Fotos schießen, ohne uns über Platzmangel Gedanken machen zu müssen. Zusätzlich können wir unsere Aufnahmen direkt unterwegs per App bearbeiten und versenden. Die digitale Fotografie hat uns eine neue Freiheit und Flexibilität geschenkt, wie wir Momente festhalten und unsere Erinnerungen gestalten können.
- *Bezahlsystem:* Das Smartphone hat sich mittlerweile zu einem praktischen Geldbeutel entwickelt. Statt Bargeld oder eine physische Bankkarte zu verwenden, kann man heute einfach das Smartphone an der Kasse über ein Lesegerät halten, um zu bezahlen. Diese bequeme Methode wird durch Apps wie Google Pay (Android-Geräte) oder Apple Pay (iOS-Geräte) ermöglicht. In diesen Diensten sind die Daten unserer Konten hinterlegt, von denen das Geld automatisch abgebucht wird, wenn wir bezahlen. Diese moderne Form des Geldbeutels bietet uns eine bequeme und sichere Möglichkeit, unsere Einkäufe zu bezahlen, ohne auf Bargeld oder physische Karten angewiesen zu sein.
- *Messungen:* Smartphones verfügen über die Fähigkeit, die Umgebung zu scannen und Objekte zu vermessen und ersetzen damit Maßband und Zollstock. Hierzu wird das Gerät ähnlich wie beim Fotografieren auf das zu vermessende Objekt gerichtet und anschließend können manuell Start- und Endpunkte der Messung definiert werden. Möglich sind verschiedene Messungen, wie beispielsweise die Höhe und Breite einer Pflanze oder spezielle Formen wie das Quadrat und Rechteck eines Bilderrahmens. Das Smartphone-Maßband ermöglicht damit eine leichte und schnelle Erfassung von Dimensionen und erweist sich als äußerst praktisches Tool für den Alltag.

Diese kurze Auflistung verdeutlicht nur einen kleinen Bruchteil der vielfältigen Unterstützungsmöglichkeiten, die das Smartphone im Alltag bietet, und der Veränderungen, die es mit sich bringt. Das Smartphone dient als ein Beispiel von vielen, das eindrucksvoll zeigt, wie stark die Digitalisierung mittlerweile unser Leben prägt.

Wirkungen der Digitalisierung auf die Sozial- und Kulturwirtschaft

Branchen wie die Sozial- und Kulturwirtschaft, die vielfältige Angebote für Menschen bereitstellen, stehen ständig vor gesellschaftlichen Veränderungen. Es überrascht daher nicht, dass der digitale Fortschritt auch Auswirkungen auf soziale und kulturelle Einrichtungen hat. Einerseits zeigt sich – wie das Smartphone beispielhaft verdeutlicht – eine Verschiebung im Kund:innenverhalten. Menschen sind heute mehr als je zuvor daran gewöhnt, im Digitalen zu handeln und zu konsumieren. Daraus ergibt sich für Sozial- und Kulturorganisationen die Notwendigkeit, ihre Angebote und Kommunikationsstrategien an die digitalen Vorlieben und Erwartungen ihrer Zielgruppen anzupassen. Andererseits stehen traditionelle Akteur:innen vor der Herausforderung, mit neuen digitalen Wettbewerber:innen zu konkurrieren, die innovative Geschäftsmodelle und Dienstleistungen anbieten. Dies führt zu einem verstärkten Wettbewerb und erhöht den Druck, sich der digitalen Transformation anzupassen, um wettbewerbsfähig zu bleiben.

Angesicht der sich verändernden Marktsituation sollten auch Unternehmen der Sozial- und Kulturwirtschaft die *Digitalisierung als entscheidenden Wettbewerbsfaktor* begreifen, der ihnen aber auch zugleich neue Erfolgschancen ermöglicht, wie eine höhere Agilität und Effizienz in den Arbeitsprozessen (z. B. durch die Automatisierung von Verwaltungsaufgaben), eine größere Reichweite und Vernetzung oder die Erschließung neuer Nischen und Zielgruppen. Dabei sind neue Wege und innovative Lösungen gefragt, an die man möglicherweise auf den ersten Blick zunächst nicht denkt:

- *Digitale Klingelbeutel:* Eine zeitgemäße Möglichkeit, elektronische Kollekten oder Spenden zu sammeln, beispielsweise während Live-Veranstaltungen und Konzerten.
- *People Analytics:* Ein datengetriebener Ansatz, der statistische und analytische Methoden nutzt, um fundierte personalbezogene Entscheidungen zu treffen.
- *Chatbots:* Künstliche Intelligenzen, die menschenähnliche Konversationen führen und Fragen beantworten können, z. B. bei der Buchung von Veranstaltungen oder als Einstiegsberatung in der Sozialen Arbeit.
- *Augmented-Reality(AR)- und Virtual-Reality(VR)-Brillen:* Ermöglichen immersive Erlebnisse wie interaktive Ausstellungen oder virtuelle Reisen und spezielle Erfahrungen für ältere Menschen mit Mobilitätsproblemen. Sie können aber auch als Training für das Personal eingesetzt werden.

Die präsentierten Beispiele verdeutlichen, was Carly Fiorina, ehemalige Geschäftsführerin von Hewlett-Packard, treffend so beschreibt: „*Alles, was digitalisiert werden kann, wird digitalisiert werden*" (freie Übersetzung, im Original: „Believe me, if it can be digitized, it will be", Fiorina 2000). Sozial- und Kultureinrichtungen sollten dieses Zitat ernst nehmen und lieber früher als später damit beginnen.

Literatur

Deutsche Presse Agentur (2021). *Digitaler Allrounder: Was das Smartphone alles ersetzen kann*. In https://www.zeit.de/news/2021-08/15/digitaler-allrounder-was-das-smartphone-alles-ersetzen-kann. Abgerufen am: 25.07.2023.

Fiorina, C. (2000). *The Transformation Accelerates*. In https://www.hp.com/hpinfo/execteam/speeches/fiorina/ceo_ctea_00.html. Abgerufen am: 25.07.2023.

Sokolow, A. (2021). *Der klobige Auftakt der Smartphone-Ära*. In https://www.spiegel.de/netzwelt/gadgets/nokia-communicator-der-klobige-auftakt-der-smartphone-aera-a-5a1522da-2601-4894-87d5-d07ba3b02fb2. Abgerufen am: 25.07.2023.

Grundlagen: Verständnis und begriffliche Einordnungen

2

Markus Krings

▶ **Inhalt**
Bevor in die weiterführenden Inhalte des Themas der Digitalisierung eingetaucht wird, soll in diesem zweiten Kapitel ein solides Fundament digitalen Wissens und Verständnisses geschaffen werden. Zum Auftakt werden fünf zentrale Begriffe im Zusammenhang mit der Digitalisierung erörtert: digital, digitale Technologie, Digitalisierung, digitale Transformation und Digitalität. Weiter beschäftigt sich das Kapitel mit verschiedenen Treibern der Digitalisierung, also Faktoren, Technologien und Entwicklungen, die einen maßgeblichen Einfluss auf die Verbreitung und das Fortschreiten der Digitalisierung haben. Im dritten Abschnitt dieses Kapitels steht die Bedeutung von Digitalisierungsstrategie(n) und -maßnahmen im Mittelpunkt. Dabei werden sowohl deren enges Zusammenspiel und die Wechselwirkungen untereinander als auch die Verbindung zur Unternehmensstrategie beleuchtet. Ein Diskurs über die vielfältigen gesellschaftlichen Auswirkungen des digitalen Wandels rundet das Kapitel ab.

2.1 Angekommen in den Begrifflichkeiten des digitalen Zeitalters

Innerhalb des hier betrachteten Themengebiets nehmen die Begriffe *digital, digitale Technologie, Digitalisierung, digitale Transformation* und *Digitalität* eine bedeutende Rolle ein. Nach einer kurzen Einführung in Abb. 2.1 werden diese Termini umfassend vorgestellt und durch zwei praxisnahe Beispiele verdeutlicht.

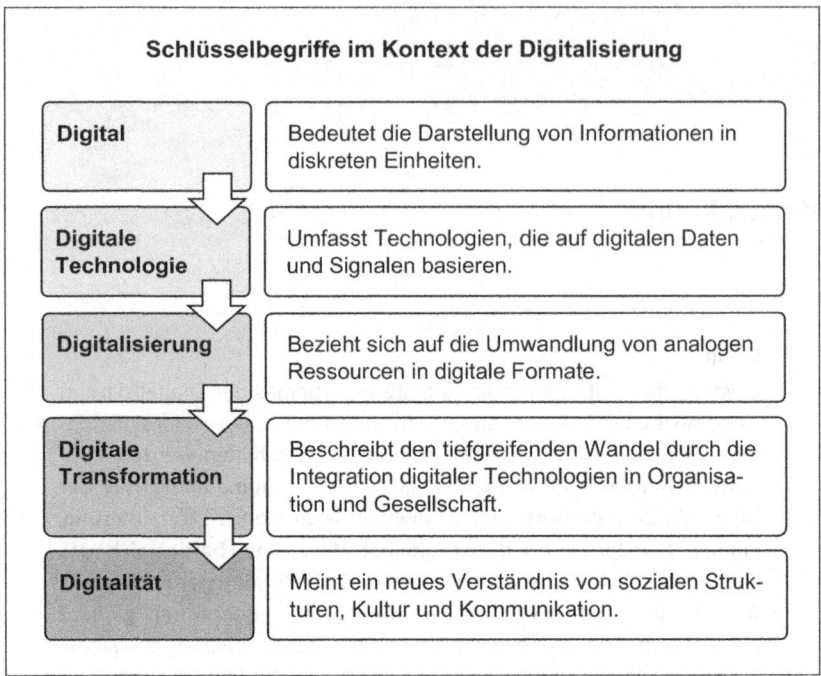

Abb. 2.1 Schlüsselbegriffe im Kontext der Digitalisierung. (Eigene Darstellung)

Insgesamt sind die hier skizzierten Begriffe eng miteinander verwoben und bilden gemeinsam den Grundstein für viele aktuelle Entwicklungen in unserem modernen Leben.

Abb. 2.1 verdeutlicht grob den Entwicklungsverlauf:

Die technische Möglichkeit der Darstellung von Informationen in diskreten Einheiten *(digital)*, z. B. in Binärzahlen 0 und 1, führte zu unterschiedlichen Technologien *(digitale Technologie)*, die über Jahrzehnte Einzug in Unternehmen und Haushalte hielten.

Im Zuge der stetigen Fortentwicklung der Computer- und Kommunikationstechnologie begannen Unternehmen und Organisationen ihre Daten und Prozesse vermehrt in digitaler Form zu verwalten *(Digitalisierung)*. Insbesondere ab den 1990er Jahren gewann die Digitalisierung enorm an Fahrt, bedingt durch die weite

2.1 Angekommen in den Begrifflichkeiten des digitalen Zeitalters 7

Verbreitung des Internets und die Entstehung des World Wide Web. Seither werden immer häufiger digitale Technologien zur Automatisierung, Verbesserung und Effizienzsteigerung von Prozessen und Dienstleistungen eingesetzt.

Mit der zunehmenden Digitalisierung und Integration digitaler Technologien gehen tiefgreifende Veränderungen einher, die Unternehmen, Organisationen, Gesellschaften und Individuen in nahezu allen Geschäfts- und Lebensbereichen erfahren *(digitale Transformation)*. Es geht dabei um weit mehr als nur die Implementierung von Technologien – es ist eine strategische Neuausrichtung, um den Herausforderungen und Chancen der digitalen Ära gerecht zu werden. Häufig kommt es aufgrund bahnbrechender Innovationen sogar zu disruptiven Geschäftsprozessen und -modellen, die eine bestehende Branche oder Marktstruktur grundlegend verändern, traditionelle Geschäftspraktiken herausfordern und im schlimmsten Fall etablierte Organisationen obsolet machen.

Mit der digitalen Transformation geht auch eine kulturelle Neuausrichtung einher, die mit neuen Handlungsroutinen, Kommunikationsnormen und sozialen Strukturen verbunden ist *(Digitalität)*. Dies führt zu einem neuen Verständnis von digitalem Handeln und „Digital Lifestyle".

Nachstehend werden zwei konkrete Beispiele angeführt, um die Begrifflichkeiten und ihre Zusammenhänge nochmals zu veranschaulichen.

Beispiel 1: Vereinbarung von Beratungsterminen

Vor der Digitalisierung mussten Klient:innen, die einen Beratungstermin vereinbaren wollten, den herkömmlichen Weg gehen: Sie mussten die Beratungsstelle telefonisch kontaktieren, der Termin wurde handschriftlich in einem Buch festgehalten. Im Zuge des Fortschritts der Digitalisierung hat die Beratungsstelle nun zeitgemäße (digitale) Technologien implementiert: Klient:innen können auf der Website der Beratungsstelle freie Termine einsehen und diese direkt online buchen. Um diese innovative, digitale Option nahtlos in die Arbeitsabläufe der Beratungsorganisation zu integrieren, wurde ein professionelles Terminvergabesystem eingeführt. Dadurch ist eine vollständige digitale Transformation erreicht. Terminabsprachen können nun digital und automatisiert getätigt werden, ohne zusätzlichen manuellen Aufwand.

Eine Möglichkeit zur Realisierung eines solchen professionellen Terminvergabesystems besteht beispielsweise darin, auf externe Dienstleister:innen wie Doctolib zurückzugreifen, die bereits im medizinischen Sektor etabliert sind.

Bei der Entscheidung, ob die digitale Terminvergabe sinnvoll ist oder ob persönliche Kontakte zur Terminvereinbarung bevorzugt werden, spielt die Digitalität eine zentrale Rolle. Die Beratungsstelle muss sorgfältig abwägen und festlegen, welche Optionen angeboten werden, um den unterschiedlichen Bedürfnissen und

Präferenzen der Klient:innen gerecht zu werden. Einige Klient:innen mögen die persönliche Kommunikation bevorzugen und vereinbaren den Termin in einem persönlichen Gespräch, während andere die bequeme und flexible Möglichkeit der Online-Buchung präferieren. Die Digitalisierung eröffnet die Möglichkeit, beiden Gruppen gerecht zu werden und die Terminvereinbarung auf verschiedene Arten zu erleichtern, die die individuellen Vorlieben berücksichtigen.

Grundsätzlich vereinfacht und optimiert die fortschreitende Digitalisierung die Terminvergabe für die Klient:innen, während die Organisation gleichzeitig ihre Arbeitsabläufe effizienter gestaltet.

Beispiel 2: Die Pflegedokumentation
Früher waren Pflegekräfte darauf angewiesen, Pflegeanwendungen manuell in einem Ordner zu dokumentieren, eine Methode, die in der Pflege auch als „Kurve" oder „Pflegekurve" bekannt ist. Doch dank des Vormarsches der Digitalisierung hat die Pflegeeinrichtung nun eine moderne Lösung (digitale Technologie) eingeführt: Pflegekräfte können die durchgeführten Pflegeanwendungen direkt in ein elektronisches System eingeben. Hier werden die erbrachten Pflegeleistungen, die verwendeten Hilfsmittel und die Reaktionen der Pflegebedürftigen beschrieben. In der Regel müssen dabei nur Begriffe angekreuzt und Aspekte aus einer vorgegebenen Liste ausgewählt werden.

Die digitale Dokumentation ermöglicht es, besondere Vorkommnisse oder Auffälligkeiten schneller zu erfassen und entsprechende Maßnahmen einzuleiten. Auch individuelle Präferenzen der Pflegebedürftigen können in der digitalen Pflegedokumentation besser berücksichtigt werden, was die Qualität der Pflege deutlich verbessert (digitale Transformation).

Im Rahmen der Digitalität ist es von entscheidender Bedeutung, den Aspekt der Informations- und Schulungsmaßnahmen zu berücksichtigen. Mitarbeiter:innen müssen umfassend in die Nutzung der digitalen Systeme eingeführt werden, um sicherzustellen, dass sie die digitalen Technologien effektiv und effizient einsetzen können. Nur so wird gewährleistet, dass die Pflegeeinrichtung das volle Potenzial der digitalen Transformation ausschöpfen kann und die Vorteile der verbesserten Pflegedokumentation optimal nutzt.

Zusammenfassend lässt sich festhalten:

> Die Verflechtung der Begriffe *digital, digitale Technologie, Digitalisierung, digitale Transformation* und *Digitalität* beschreibt einen grundlegenden Wandel in Unternehmen, Organisationen und Gesellschaften. Die fortschreitende Digitalisierung von Prozessen und Dienstleistungen führt kontinuierlich zur Einführung neuer digitaler Technologien in verschiedenen Arbeits- und Lebensbereichen, was bahnbrechende Veränderungen zur Folge haben kann. Die digitale Transformation geht über die bloße technische Implementierung hinaus und erfordert auch eine strategische und kulturelle Neuausrichtung, um den Herausforderungen und Chancen des digitalen Zeitalters zu entsprechen. Sie ist nicht nur ein einfacher Wandel in der Art und Weise, wie Dinge erledigt werden, sondern eine umfassende Anpassung an die Möglichkeiten und Potenziale, die die Digitalisierung bietet.

2.2 Momente der Evolution: Die Treiber der Digitalisierung

Der digitale Wandel beruht auf mehreren *Schlüsseltechnologien* und Klassen von Anwendungssystemen, die oft in Kombination wirken und sich gegenseitig verstärken. Diese *Treiber* der Digitalisierung sind durch eine gemeinsame Grundlage gekennzeichnet: eine kontinuierliche Verbesserung der Leistung in Bezug auf Mikroprozessoren, Speichersysteme und Übertragungstechnologien, begleitet von einer fortschreitenden Miniaturisierung und kontinuierlichen Preissenkungen (vgl. Kreidenweis 2020, S. 63).

„The Big Five": Die wichtigsten Impulsgeber
Die maßgeblichen Treiber für die Sozial- und Kulturwirtschaft, die hier unter dem Begriff „The Big Five" zusammengefasst werden, sind in Abb. 2.2 alphabetisch sortiert aufgeführt. Jeder Treiber ist mit einer kurzen Beschreibung und einem Praxisbeispiel verdeutlicht.

Weitere Treiber, die eine Rolle spielen
Neben diesen Big Five gibt es noch eine Reihe weiterer Entwicklungen, die Einfluss auf den digitalen Wandel nehmen. Dazu gehören die in Abb. 2.3 aufgezeigten.

The Big Five

	Augmented Reality (AR)	Big Data	Künstliche Intelligenz (KI)	Plattformen	Robotik
Kurzbeschreibung	Technologie, bei der digitale Informationen, virtuelle Objekte oder visuelle Effekte in die reale Umgebung eingeblendet werden, um eine erweiterte Darstellung der physischen Welt zu schaffen.	Verarbeitung und Analyse großer und komplexer Datenmengen, um fundierte Entscheidungen zu treffen und neue Erkenntnisse zu gewinnen.	Entwicklung von Computerprogrammen, die menschenähnliche kognitive Fähigkeiten wie Lernen, Problemlösung und Entscheidungsfindung besitzen (vgl. Kapitel 5).	Online-Systeme, die als Vermittler zwischen verschiedenen Nutzer:innengruppen fungieren und den Austausch von Waren, Dienstleistungen oder Informationen erleichtern.	Technologie, die sich mit dem Entwurf, der Konstruktion und dem Betrieb von Robotern befasst, die autonom oder ferngesteuert arbeiten und oft menschenähnliche Aufgaben ausführen können.
Beispiel	Besucher:innen von Museen können durch AR-basierte Führungen mit Brillen historische Szenen oder interaktive Informationen über Ausstellungsstücke in die reale Umgebung eingeblendet erleben.	Big-Data-Analysen können in Bibliotheken Nutzungsdaten erfassen und auswerten, um das Leseverhalten und die Interessen der Besucher:innen zu verstehen und maßgeschneiderte Empfehlungen zu bieten.	In einer Kunstgalerie kann KI eingesetzt werden, um Besucher:innen personalisierte Führungen durch die Ausstellungen zu bieten und dabei Fragen der Besucher:innen automatisch zu beantworten.	Eine Plattform kann für den Austausch von bewährten Praktiken und Ressourcen zwischen verschiedenen Sozialeinrichtungen dienen, um voneinander zu lernen und sich gegenseitig zu unterstützen.	Ein Roboter kann in einem Pflegeheim ältere Menschen bei einfachen alltäglichen Aufgaben unterstützen, wie das Servieren von Mahlzeiten oder das Erinnern an Medikamenteneinnahme.

Abb. 2.2 The Big Five. (Eigene Darstellung)

2.2 Momente der Evolution: Die Treiber der Digitalisierung

\multicolumn{2}{c}{**Weitere Treiber, die den digitalen Wandel vorantreiben**}	
3D-Druck	Fertigungsverfahren, bei dem dreidimensionale Objekte aus einem digitalen Modell heraus aufgebaut werden, indem Materialien wie Kunststoff, Metall oder Keramik schichtweise aufgetragen oder ausgehärtet werden.
Autonomer Betrieb	Fähigkeit von Systemen, Prozessen oder Technologien, selbstständig und ohne menschliche Eingriffe zu funktionieren und Entscheidungen zu treffen.
Blockchain	Dezentrale und transparente Datenbanktechnologie, die eine sichere und unveränderliche Aufzeichnung von Transaktionen und Informationen ermöglicht.
Cloud Computing	Bereitstellung von IT-Ressourcen, wie Rechenleistung, Speicherplatz und Anwendungen, über das Internet, wodurch Nutzer:innen auf diese Ressourcen zugreifen können, ohne physische Hardware oder Infrastruktur besitzen zu müssen.
Internet der Dinge	Vernetzung von physischen Objekten und Geräten, die über Sensoren und Internetverbindungen miteinander kommunizieren und Daten austauschen können.
IT-gestützte Sharing Economy	Wirtschaftsform, in der digitale Plattformen und Technologien den Austausch von Gütern, Dienstleistungen und Ressourcen zwischen privaten Nutzer:innen und Anbieter:innen ermöglichen.
Speicherkapazität	Fähigkeit, immer größere Mengen an Daten und Informationen zu speichern, zu verarbeiten und zu teilen.
Virtuelle Realität (VR)	Computergenerierte Simulation, die es Nutzer:innen ermöglicht, in eine künstliche 3D-Umgebung einzutauchen und mit ihr zu interagieren, indem sie spezielle VR-Brillen und Controller verwendet.

Abb. 2.3 Weitere Treiber, die den digitalen Wandel vorantreiben. (Eigene Darstellung)

Die hier dargestellten Treiber haben ein enormes Potenzial, insbesondere, wenn man die vielfältigen Möglichkeiten ihrer Kombination betrachtet. Diese Technologien sind nicht nur auf den Umgang mit Texten und Zahlen beschränkt, sondern können auch neue Datentypen verarbeiten, die beispielsweise aus der Sensortechnik stammen, sowie Ton-, Bild- oder Videodaten. Sie können Arbeits- und Hilfeprozesse grundlegend verändern oder sogar gänzlich neu gestalten. Dies eröffnet im Bereich sozialer und kultureller Dienstleistungen *völlig neue Geschäftsprozesse und -modelle.*

Durch ihre Fähigkeit, KI-basierte Selbstoptimierung adaptiv einzusetzen, sind sie tendenziell dazu in der Lage, kontinuierlich zu lernen und sich auf neue Situationen einzustellen. Dadurch können sie viel besser und direkter in den Kontakt mit Kund:innen und Klient:innen eintreten als die klassische IT. Diese Technologien versprechen eine deutlich verbesserte Interaktion und maßgeschneiderte Dienstleistungen, die individuell auf die Bedürfnisse und Anforderungen der Kund:innen und Klient:innen abgestimmt sind. Die Potenziale reichen dabei von einer gesteigerten Effizienz und Personalisierung bis hin zu innovativen Dienstleistungen und Produkten, die zuvor nicht möglich waren. Die adaptiven Fähigkeiten dieser Technologien eröffnen somit völlig neue Horizonte für die sozialen und kulturellen Dienstleistungssektoren und tragen dazu bei, die Art und Weise, wie Arbeits- und Hilfeprozesse gestaltet werden können, grundlegend zu transformieren (vgl. Kreidenweis 2020, S. 64).

2.3 Unverzichtbar und untrennbar: Passgenaue Strategie(n) und gezielte Maßnahmen

Die erfolgreiche Führung von Unternehmen in die digitale Zukunft erfordert passgenaue Digitalisierungsstrategie(n) und gezielte Maßnahmen. Doch was genau verbirgt sich hinter diesen Begriffen und wie sind sie miteinander und mit der Unternehmensstrategie verbunden? Im Folgenden werden diese Fragen beantwortet.

- *Digitalisierungsstrategie:* Die Digitalisierungsstrategie stellt einen umfassenden Plan dar, den Unternehmen entwickeln, um digitale Technologien und Chancen zu nutzen, ihre Ziele zu erreichen und sich im digitalen Zeitalter erfolgreich zu positionieren. Sie fungiert als Kompass für die digitale Ausrichtung des Unternehmens in den kommenden Jahren (ca. 3–5 Jahre) und berücksichtigt die aktuelle Ausgangslage, den digitalen Reifegrad, die Vision,

2.3 Unverzichtbar und untrennbar: Passgenaue Strategie(n) ...

das aktuelle und intendierte Geschäftsmodell und dokumentiert – sofern bereits ermittelt – die durchzuführenden Maßnahmen (vgl. u. a. Hanschke 2018, S. 11 ff.).

- *Digitale Teilstrategien:* Digitale Teilstrategien sind auf spezifische Aspekte oder Bereiche des Unternehmens ausgerichtet. Beispiele hierfür sind eine Marketingstrategie für die digitale Vermarktung, eine Innovationsstrategie zur Entwicklung neuer digitaler Dienstleistungen und eine Personalstrategie zur Förderung der digitalen Kompetenzen der Mitarbeiter:innen. Jede dieser Teilstrategien zielt darauf ab, die digitale Transformation in den entsprechenden Bereichen gezielt voranzutreiben und umzusetzen.
- *Digitalisierungsmaßnahmen:* Digitalisierungsmaßnahmen sind konkrete Schritte und Handlungen, die ergriffen werden, um die digitale Transformation zu ermöglichen. Diese Maßnahmen können z. B. die Verbesserung der Online-Präsenz und die Gestaltung digitaler Kund:innenerlebnisse oder die Schulung von Mitarbeiter:innen beinhalten.

Das Zusammenspiel und die Wechselwirkungen zwischen diesen drei Elementen, die in Abb. 2.4 dargestellt sind, lassen sich durch eine Top-down- und eine Bottom-up-Betrachtung erklären.

In der Top-down-Betrachtung werden die digitalen Teilstrategien aus der übergeordneten Digitalisierungsstrategie abgeleitet, die die Richtung für die digitale Entwicklung des Unternehmens im digitalen Zeitalter vorgibt. Die Teilstrategien setzen dabei die Schwerpunkte für die digitale Transformation in verschiedenen Unternehmensbereichen, und die Digitalisierungsmaßnahmen sind die konkreten Schritte, die aus diesen Teilstrategien hervorgehen und umgesetzt werden.

In der Bottom-up-Betrachtung zeigen sich nun die Wechselwirkungen, indem die erfolgreiche Umsetzung der Digitalisierungsmaßnahmen die Erreichung der digitalen Teilstrategien und somit der digitalen Gesamtstrategie ermöglicht. Gleichzeitig können die praktische Umsetzung und die gewonnenen Erfahrungen dazu führen, dass die Teilstrategien und die digitale Gesamtstrategie weiterentwickelt und angepasst werden, um den sich ändernden Anforderungen gerecht zu werden.

Digitalisierungsstrategie(n) und -maßnahmen stehen auch im direkten Zusammenspiel und in Wechselwirkung mit der *Unternehmensstrategie* (vgl. Kreidenweis 2020, S. 75 f.). Die Digitalisierungsstrategie und die digitalen Teilstrategien sind aus der Unternehmensstrategie abzuleiten und ergänzen die Vision und die Ziele des Unternehmens um digitale Komponenten. Eine gut abgestimmte Digitalisierungsstrategie und die effektive Umsetzung der digitalen Teilstrategien und Maßnahmen tragen dazu bei, die Unternehmensstrategie erfolgreich im digitalen

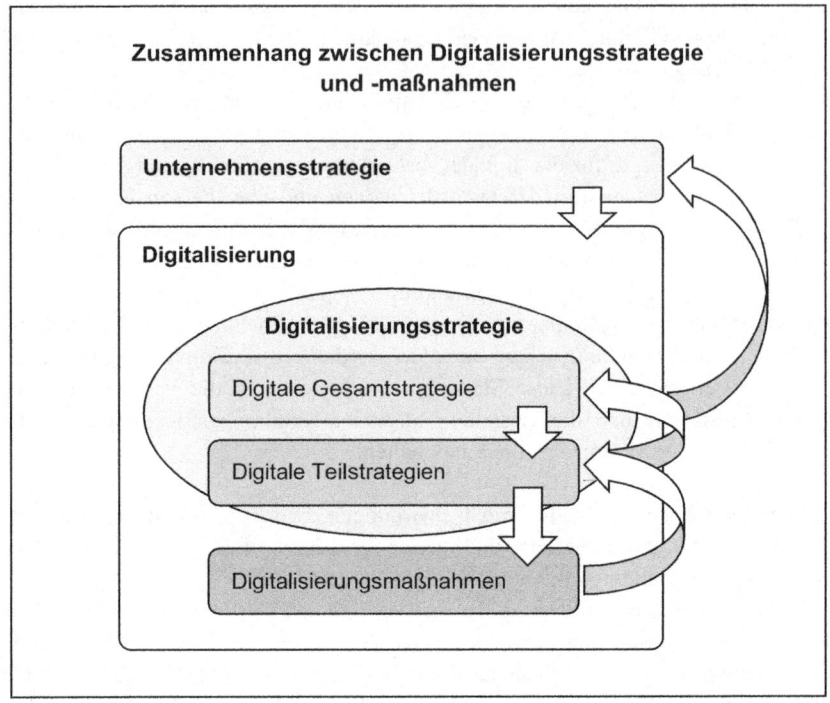

Abb. 2.4 Zusammenhang zwischen Digitalisierungsstrategie und -maßnahmen. (Eigene Darstellung)

Zeitalter zu realisieren und die Ziele und Visionen des Unternehmens zu erreichen. Die enge Verknüpfung und wechselseitige Wirkung dieser strategischen Elemente führen insgesamt zu einer erfolgreichen digitalen Transformation des Unternehmens.

Für weitere Informationen zu digitalen Strategie(n) und Maßnahmen einschließlich eines konkreten Praxisbeispiels empfiehlt sich ein Blick in die Roadmap zur Digitalisierung (vgl. Abschn. 6.3.3).

2.4 Auswirkungen des digitalen Wandels auf die Gesellschaft

„Digitalisierung! Zugleich Fluch, Verheißung und alternativlos, das Großthema der Stunde. Der Mittelstand, die Bildung, die Industrie, die Medien, die Politik, die Gesellschaft, alle digitalisieren. Irgendwie" (Lobo 2016).

Schon 2016 machte Sascha Lobo in einer seiner Spiegel-Online-Kolumnen deutlich, wie umfassend die Digitalisierung ist. Sie beeinflusst maßgeblich, wie wir lernen, arbeiten, kommunizieren, konsumieren und unsere Freizeit gestalten – kurz gesagt, wie wir unseren Alltag leben und gestalten. Sie betrifft uns alle, direkt oder indirekt, und ist nicht zu ignorieren. Die Auswirkungen sind so tiefgreifend und dynamisch, dass die nachfolgenden Ausführungen nur einen kleinen Einblick und beispielhafte Entwicklungen bieten können. Dabei werden die Auswirkungen in (ausgewählten) Bereichen getrennt betrachtet, was zwar die wechselseitigen Abhängigkeiten nicht vollständig berücksichtigt, aber die komplexe Realität zugänglicher macht (vgl. insbesondere Bundeszentrale für politische Bildung 2020).

Kommunikation

Die Digitalisierung hat die Art und Weise, wie wir kommunizieren, von Grund auf verändert. Herkömmliche Kommunikationsmittel rücken immer mehr in den Hintergrund und machen Platz für neue digitale Kanäle, die das gesellschaftliche Miteinander inzwischen prägen. Besonders die medial-vernetzte Kommunikation über soziale Medien spielt eine entscheidende Rolle und ergänzt oder ersetzt vielfach die traditionelle analoge Kommunikation. Dabei werden mündliche Ausdrucksformen zunehmend durch schriftliche ersetzt, was wiederum völlig neue Sprachstile hervorbringt (vgl. Kreidenweis 2020, S. 66).

Die Digitalisierung beeinflusst nicht nur die Art, sondern auch die Geschwindigkeit und die Reichweite der Kommunikation maßgeblich. Wir sind nun in der Lage, mit Menschen auf der ganzen Welt in Kontakt zu treten, unabhängig von ihrer geografischen Lage und der Zeitzone, in der sie sich befinden. Dauerte es in der Vergangenheit oft Tage oder sogar Wochen, bis Briefe ihr Ziel erreichten, können wir heute in Echtzeit kommunizieren.

Mit diesem Fortschritt, jederzeit und überall erreichbar zu sein, geht inzwischen auch ein gewisser gesellschaftlicher Druck einher, zeitnah auf E-Mails, WhatsApp-Nachrichten usw. reagieren zu müssen. Die zunehmende Konsequenz des ständigen Erreichbarseins ist der sogenannte „digitale Stress".

Konsum
Auch unser Konsumverhalten hat sich durch die Digitalisierung nachhaltig gewandelt. Einer der auffälligsten Effekte ist der Boom des Online-Shoppings. Durch E-Commerce-Plattformen haben wir Zugang zu einem breiten Sortiment an Produkten, die wir uns bequem nach Hause liefern lassen können. Gleichzeitig können wir vor dem Kauf Preise und Bewertungen von Produkten einfach vergleichen, um fundierte Kaufentscheidungen zu treffen.

Mit der Verschiebung des Konsumverhaltens entstehen aber auch neue gesellschaftliche Herausforderungen. Insbesondere der stationäre Handel kämpft darum, mit der digitalen Konkurrenz Schritt zu halten und seine Geschäftsmodelle an die veränderten Bedürfnisse anzupassen. Infolgedessen zeigen sich immer häufiger leerstehende Geschäftsflächen in den Innenstädten, was die urbane Entwicklung vor neue Schwierigkeiten stellt.

Der Anstieg des Online-Shoppings und die damit verbundene Zunahme des Versandhandels haben auch Folgen für unsere Umwelt. Die verstärkte Lieferung von Produkten führt zu zusätzlichem Verkehr und erhöht die CO_2-Emissionen. Zudem tragen Verpackungen und Einwegartikel dazu bei, die Müllberge zu vergrößern und belasten unsere Umwelt weiter.

Informationen, Wissen und Bildung
Durch die Digitalisierung haben wir heute einen beispiellosen Zugang zu Informationen und können schnell und einfach auf vielfältige neue Wissensquellen zugreifen, darunter Online-Nachrichtenportale, digitale Bibliotheken, Podcasts, Social Media sowie MOOCs (Massive Open Online Courses) und OER (Open Educational Resources) – frei verfügbare Online-Kurse und Bildungsressourcen. Diese Entwicklungen haben die Chancen auf Wissenserwerb und Bildung für ein breiteres Publikum verbessert und tragen zu einer Demokratisierung des Wissens bei.

Die Verbreitung von Informationen auf unterschiedlichen digitalen Kanälen birgt jedoch die Gefahr, dass sich Desinformationen und „Fake News" schnell und weitreichend verbreiten. Die Gesellschaft steht vor der Aufgabe, die Glaubwürdigkeit von Informationen zu überprüfen und Medienkompetenz zu fördern, um Fehlinformationen zu erkennen und zu bekämpfen.

Zudem verstärken personalisierte Algorithmen die Tendenz, nur mit Informationen konfrontiert zu werden, die unsere bestehenden Überzeugungen und Meinungen bestätigen, und schaffen damit „Filterblasen", die den Zugang zu vielfältigen und differenzierten Standpunkten einschränken (vgl. auch TH Köln 2021). In diesem Zusammenhang wird eine Fragmentierung unserer Gesellschaft diskutiert.

2.4 Auswirkungen des digitalen Wandels auf die Gesellschaft

Freizeit und Unterhaltung

Die fortschreitende Digitalisierung hat eine Vielzahl von Online-Unterhaltungsmöglichkeiten geschaffen, die zunehmend traditionelle gemeinschaftliche Freizeitaktivitäten verdrängen. Insbesondere die jüngere Generation kann sich ein Leben ohne moderne Unterhaltungstechnologie kaum noch vorstellen.

Musik und Podcasts hören wir mittlerweile über digitale Plattformen wie Spotify, Deezer und Co. Ähnlich verhält es sich im Bereich Film und Fernsehen, wo On-Demand-Streaming-Dienste, darunter Netflix und Amazon Prime, völlig neue Möglichkeiten bieten, Filme und Serien nach unseren individuellen Vorlieben zu konsumieren. Digitale Spiele wie Online Gaming, Casual Gaming (leicht zugängliche und kurzweilige Videospiele) und Digital Gaming Competition (eSports) erfreuen sich ebenfalls immer größerer Beliebtheit und ermöglichen es Spieler:innen, weltweit miteinander zu interagieren und sich in Wettbewerben zu messen. Selbst bei Büchern gibt es mit E-Books digitale Pendants.

Wirtschaft und Arbeit

Die Digitalisierung bringt tiefgreifende Veränderungen in den Bereichen Wirtschaft und Arbeit mit sich. Ein zentraler Aspekt dieser Veränderungen sind die disruptiven Geschäftsmodelle (vgl. Abschn. 2.1). Der technische Fortschritt hatte schon immer Einfluss auf Wirtschaft und Arbeit, doch die Auswirkungen beschränkten sich oft nur auf einzelne Bereiche und entwickelten sich in einem überschaubaren Tempo. Heutzutage entstehen vermehrt Geschäftsmodelle, die ausschließlich in der digitalen Welt existieren. Unternehmen wie Google, Amazon, Dropbox und Zoom, aber auch BetterHelp oder Betreut.de sind prominente Beispiele, deren Erfolg auf dem Einsatz von Online-Technologien beruht. Ihre Geschäftsmodelle sind geprägt von rein digitalen Prozessen, die eine völlig neue Dynamik und Verbreitungsgeschwindigkeit ermöglichen (vgl. Kreidenweis 2020, S. 65).

Die Auswirkungen der Digitalisierung sind inzwischen in fast jedem Beruf und in nahezu jeder Branche spürbar, jedoch variieren sie in ihrer Form (vgl. ver.di 2023). Im Journalismus beispielsweise führt die neue Kommunikation zu einer Arbeitsverdichtung und wachsendem Zeitdruck für Journalist:innen. Gleichzeitig setzt man hier vermehrt auf den sogenannten „Roboterjournalismus", bei dem Künstliche Intelligenz automatisch Nachrichten und Texte generiert (vgl. Abschn. 3.3.3). Die Pflegebranche ist hingegen anders betroffen. Hier erhalten Pflegekräfte beispielsweise Unterstützung von intelligenten Robotern beim Heben und Bewegen von Patient:innen oder digitale Lösungen helfen beim Medikamentenmanagement, indem sie Warnungen bei Wechselwirkungen oder Dosierungsfehlern ausgeben.

Die Veränderungen machen auch vor dem Arbeitsmarkt nicht halt. Stellen gehen verloren oder sind vermehrt gefährdet. Gleichzeitig entstehen aber auch neue Beschäftigungsfelder, die neue Qualifikationen erfordern. Berufe in den Bereichen IT, Datenanalyse, Ingenieurwissenschaften und anderen Naturwissenschaften werden zunehmend stark nachgefragt. Es ist wichtig anzumerken, dass soziale und kulturelle Dienstleistungsberufe grundsätzlich zu den Berufsfeldern mit dem geringsten Substituierungspotenzial zählen. Dennoch können innerhalb der kulturellen Arbeitsfelder Unterschiede bestehen (vgl. Klingbeil-Döring 2020).

Die Digitalisierung ermöglicht auch neue Arbeitsmodelle, wie das Homeoffice oder Mobile Office, die eine bessere Vereinbarkeit von Arbeit und Familie anstreben. Allerdings verschwimmen durch diese Flexibilität auch die Grenzen zwischen Arbeit und Privatleben, da Beschäftigte teilweise außerhalb der traditionellen Arbeitszeiten erreichbar sein sollen. Dies verstärkt das Phänomen des digitalen Stresses.

Gesundheit
Die Digitalisierung zeigt auch signifikante Auswirkungen auf unseren Gesundheitsbereich. Neue Technologien eröffnen bedeutende Fortschritte in der Gesundheitsforschung und -behandlung, darunter der Einsatz von KI in der medizinischen Bildgebung und robotergestützte Chirurgie. Mit steigender Begeisterung nutzen wir Wearables wie Fitnessbänder und Smartwatches, um unsere Gesundheit und Fitness noch genauer im Blick zu behalten. Die Einführung von Videosprechstunden erleichtert besonders Menschen mit eingeschränkter Mobilität und in ländlichen Gebieten den Zugang zu medizinischer Beratung. Digitale Plattformen bieten zudem umfassende Gesundheitsinformationen und erlauben es uns, sich besser über Krankheiten und Behandlungsoptionen zu informieren, was zu einer gesteigerten Patientenautonomie führt.

Allerdings können damit negative Begleiterscheinungen einhergehen: Der leichte Zugang zu Gesundheitsinformationen im Internet (umgangssprachlich auch als „Dr. Google" bezeichnet) kann zu einer übermäßigen Sorge um die eigene Gesundheit („Cyberchondrie") und zu falschen Selbstdiagnosen führen (vgl. IKK classic o. J.).

Auch werden weitere negative Aspekte der Digitalisierung auf unsere Gesundheit diskutiert, wie der bereits weiter oben angesprochene zunehmende „Digitale Stress", der aufgrund der permanenten Erreichbarkeit durch digitale Geräte entstehen kann. Auch Schlafstörungen sind, als mögliche Folge des digitalen Stresses und der Auswirkungen des bläulichen Lichts von Displays auf den Schlaf-Wach-Rhythmus, zu nennen.

Literatur

Hanschke, I. (2018). *Digitalisierung und Industrie 4.0 – einfach und effektiv. Systematisch und lean die Digitale Transformation meistern.* München: Hanser.
IKK classic (Hrsg.) (o. J.). *Cyberchondrie: Selbstdiagnose per Doktor Google.* In https://www.ikk-classic.de/gesund-machen/wissen/cyberchondrie. Abgerufen am: 06.08.2023.
Klingbeil-Döring, W. (2020). *Digitalisierung und der Arbeitsmarkt: Wie wirkt sich die Digitalisierung auf den deutschen Arbeitsmarkt aus?* In https://www.bpb.de/themen/arbeit/arbeitsmarktpolitik/316908/digitalisierung-und-der-arbeitsmarkt/. Abgerufen am: 06.08.2023.
Kreidenweis, H. (2020). *Sozialinformatik. Digitaler Wandel und IT-Einsatz in sozialen Organisationen.* Baden-Baden: Nomos Verlag.
Lobo, S. (2016). *Fürchten Sie sich, aber richtig.* In https://www.spiegel.de/netzwelt/web/sascha-lobo-kolumne-korrekte-furcht-vor-digitalisierung-a-1119363.html. Abgerufen am: 28.07.2023.
Müller-Brehm, J., Otto, P., Puntschuh, M. (2020). *Einführung und Überblick: Was bedeutet Digitalisierung?* In Bundeszentrale für politische Bildung. Informationen zur politischen Bildung/izpb: Digitalisierung. 69 (3): 4–5.
Müller-Brehm, J., Otto, P., Puntschuh, M. (2020). *Gesellschaft, Kultur und Bildung.* In Bundeszentrale für politische Bildung. Informationen zur politischen Bildung/izpb: Digitalisierung. 69 (3): 16–25.
Müller-Brehm, J., Otto, P., Puntschuh, M. (2020). *Gesundheit und Arbeit.* In Bundeszentrale für politische Bildung. Informationen zur politischen Bildung/izpb: Digitalisierung. 69 (3): 48–51.
Müller-Brehm, J., Otto, P., Puntschuh, M. (2020). *Infrastruktur und Umwelt.* In Bundeszentrale für politische Bildung. Informationen zur politischen Bildung/izpb: Digitalisierung. 69 (3): 26–35.
Müller-Brehm, J., Otto, P., Puntschuh, M. (2020). *Kommunikation, Medien und die öffentliche Debatte.* In Bundeszentrale für politische Bildung. Informationen zur politischen Bildung/izpb: Digitalisierung. 69 (3): 8–15.
Müller-Brehm, J., Otto, P., Puntschuh, M. (2020). *Wirtschaft und Arbeit.* In Bundeszentrale für politische Bildung. Informationen zur politischen Bildung/izpb: Digitalisierung. 69 (3): 36–47.
TH Köln (Hrsg.) (2021). *Künstliche Intelligenz: Risiken und Regulierungen.* In https://www.th-koeln.de/hochschule/kuenstliche-intelligenz-risiken-und-regulierungen_85892.php. Abgerufen am: 20.07.2023.
Ver.di – Vereinigte Dienstleistungsgewerkschaft (Hrsg.) (2023). *Digitalisierung: Definition und Folgen für Arbeitnehmer.* In https://www.verdi.de/themen/digitalisierung/++co++abf19972-cac5-11ec-b8ec-001a4a160129. Abgerufen am: 06.08.2023.

Künstliche Intelligenz: Die Schlüsseltechnologie

3

Markus Krings

▸ **Inhalt**
Dieses Kapitel widmet sich umfassend dem Thema Künstliche Intelligenz und ihrer Relevanz für den Sozial- und Kultursektor. Die Betrachtung beginnt mit einer Einführung in die Grundlagen der Künstlichen Intelligenz. Darauf aufbauend werden die zahlreichen Anwendungsmöglichkeiten und Potenziale dieser Technologie in sozialen und kulturellen Einrichtungen aufgezeigt. Neben den Potenzialen werden auch die Risiken und Gefahren, die mit der Integration von Künstlicher Intelligenz einhergehen, untersucht. Das Ziel des Kapitels ist es, ein fundiertes Verständnis für Künstliche Intelligenz zu vermitteln und eine klare Vorstellung davon zu geben, wie diese Technologie in Sozial- und Kultureinrichtungen sinnvoll und zukunftsorientiert genutzt werden kann.

Die Künstliche Intelligenz (KI) hat in den vergangenen Jahren enorme Fortschritte gemacht und insbesondere mit der Einführung von ChatGPT sind das Bewusstsein und die Aufmerksamkeit für Künstliche Intelligenz auch in der breiten Öffentlichkeit deutlich gestiegen.

Bereits Mitte der 2010er Jahre schrieb Jürgen Schmidhuber, einer der weltweit führenden Experten im Bereich der Künstlichen Intelligenz, in einem Gastbeitrag in der WirtschaftsWoche:

„Künstliche Intelligenz wird alles ändern. Die rapide Entwicklung Künstlicher Intelligenz wird fast jeden Aspekt unserer Zivilisation grundlegend verändern – und sich auch in das Weltall ausdehnen" (Schmidhuber 2015).

Die Originalversion des Kapitels wurde revidiert. Ein Erratum ist verfügbar unter https://doi.org/10.1007/978-3-658-45676-4_11

© Der/die Autor(en), exklusiv lizenziert an Springer Fachmedien Wiesbaden GmbH, ein Teil von Springer Nature 2025, korrigierte Publikation 2025
W. Heister und M. Krings, *Digitalisierung in der Sozial- und Kulturwirtschaft*, Basiswissen Sozialwirtschaft und Sozialmanagement,
https://doi.org/10.1007/978-3-658-45676-4_3

Angesichts derartiger Aussagen und der raschen technologischen Fortschritte verdient die Künstliche Intelligenz hier eine umfassende Betrachtung. Dabei werden grundlegende Fragen beantwortet:

- Was ist Künstliche Intelligenz? (vgl. Abschn. 3.1)
- In welchen Bereichen können soziale und kulturelle Institutionen KI einsetzen und welche Potenziale gehen damit einher? (vgl. Abschn. 3.2)
- Welche Risiken und Gefahren ergeben sich für die Sozial- und Kulturwirtschaft aus KI? (vgl. Abschn. 3.3)

3.1 Eine Einführung in Künstliche Intelligenz

Dieser erste Abschnitt des Kapitels beschäftigt sich mit der Frage, was unter Künstliche Intelligenz zu verstehen ist. Dabei erfolgt zunächst eine Präzisierung des Begriffes selbst, gefolgt von einer Darstellung der wesentlichen Fortschritte in der KI-Entwicklung. Abschließend soll eine kurze Beschreibung die Unterscheidung von schwacher und starker künstlicher Intelligenz ermöglichen.

3.1.1 Was ist KI?

Bei genauer Betrachtung der Fachliteratur wird deutlich, dass es keine einheitliche Definition für Künstliche Intelligenz gibt, sondern unterschiedliche Beschreibungen vorliegen. Dies lässt sich unter anderem darauf zurückführen, dass KI ein breites, interdisziplinäres und komplexes Feld ist, in dem verschiedene Ansätze und Perspektiven in der Forschung und Anwendung existieren. Ein weiterer Grund liegt in der Vielfältigkeit und Uneinigkeit über die genaue Bedeutung von Intelligenz. Selbst bei der Betrachtung der menschlichen Intelligenz gibt es verschiedene Dimensionen wie mathematische, räumliche oder emotionale Intelligenz, was die Herausforderung einer klaren Begriffsbestimmung erhöht (vgl. u. a. Lenzen 2020, S. 10 ff.).

Dennoch kann man Künstliche Intelligenz pragmatisch verstehen, indem man sie als einen Bereich der Informatik betrachtet, der sich damit beschäftigt, *Technologien* hervorzubringen, *die menschenähnliches Denken und Verhalten imitieren* können.

Christian Bauckhage, Professor für Informatik an der Universität Bonn und leitender Forscher für Maschinelles Lernen am Fraunhofer IAIS, bringt es treffend auf den Punkt:

> „Künstliche Intelligenz zielt primär darauf ab, [...] menschliche Kognitionsleistungen auf Computern nachzubilden. Das heißt: Künstliche Intelligenz ist die Idee, Algorithmen oder Computerprogramme zu entwickeln, die sehen können, die hören können, die planen und Entscheidungen fällen können" (Initiative Intelligente Vernetzung 2023, S. 6).

3.1.2 KI-Durchbruch: Die entscheidenden Gründe dafür

Im Laufe der vergangenen Jahrzehnte hegte man oft die Hoffnung auf bahnbrechende Fortschritte in der Künstlichen Intelligenz. Die hohen Erwartungen wurden aber über einen langen Zeitraum hinweg nicht erfüllt. Die hohe Komplexität, die die verfügbare Rechenleistung überstieg, und die Anforderung, maßgeschneiderte Algorithmen für jedes System zu entwickeln, stellten große Herausforderungen dar. Zudem konnten Synergien zwischen verschiedenen Systemen kaum genutzt werden (vgl. Lenzen 2020, S. 18 ff.). Dies ist mittlerweile anders und es gibt mehrere Gründe, die für einen echten Durchbruch sprechen (vgl. Initiative Intelligente Vernetzung, S. 5 f.).

Es gab bedeutende Fortschritte im Bereich des Maschinellen Lernens *(Machine Learning)*, das heute oft als Synonym für Künstliche Intelligenz verwendet wird. Beim Maschinellen Lernen lernt ein System aus analysierten Beispielen und leitet eigenständig Regeln und optimierte Lösungen für bestimmte Aufgaben ab.

Mithilfe des Machine Learnings können auch Muster identifiziert werden, nach denen gar nicht explizit gesucht wurde. Dies bedeutet auch, dass für eine:n menschliche:n Betrachter:in am Ende nicht mehr immer nachvollziehbar ist, wie das System eine Lösung erreicht hat. Die Implikationen dieser Veränderung sind immens: Computer müssen in einer gewissen Weise nicht mehr programmiert werden, sondern werden stattdessen unterrichtet oder unterrichten sich selbst.

Beispiel: Ein Team von Google-Mitarbeiter:innen, unter der Leitung des Stanford-Forschers Andrew NG, entwickelte ein neuronales Netzwerk, das mithilfe von zehn Millionen Miniaturansichten von YouTube-Videos und 20.000 verschiedenen Objekten trainiert wurde. Das Netzwerk war anschließend in der Lage, menschliche Gesichter, Körperteile und Katzen zu unterscheiden, obwohl es zuvor keine spezifischen Informationen darüber erhalten hatte.

Auch im Bereich der *Rechenleistung* hat es erhebliche Fortschritte gegeben. Das Mooresche Gesetz, benannt nach dem amerikanischen Unternehmer Gordon Moore, besagt, dass sich die verfügbare Rechenleistung alle 12 bis 24 Monate verdoppelt. Obwohl die Gültigkeit dieses Gesetzes zeitweise diskutiert wird, ist klar, dass die Rechenleistung von Computern in den letzten Jahrzehnten kontinuierlich gestiegen ist.

Beispiel: Erste Computer nahmen ganze Räume ein. In den Folgejahren wurden sie zwar kleiner, blieben aber dennoch sperrig. Heutzutage besitzt ein gewöhnliches Smartphone eine Rechenleistung, die 120 Mio. Mal höher ist als die des Steuercomputers des Apollo-Mondprogramms der NASA. Selbst das iPad 2 hätte in den 1990er Jahren zu den schnellsten Supercomputern weltweit gehört (vgl. Gruber 2023).

Die fortschreitende Digitalisierung der letzten Jahre ermöglicht die Entstehung riesiger Datenmengen *(Big Data)*, die für das Training von KI-Systemen genutzt werden können. Künstliche Intelligenzen können aus diesen umfangreichen Datensätzen Muster und Regelmäßigkeiten ableiten und sich so kontinuierlich weiterentwickeln. Durch die stetig wachsenden Datenmengen werden das Training und der Lernprozess fortlaufend verbessert und optimiert.

Beispiel: In den sozialen Medien wie Facebook werden täglich unzählige Beiträge, Kommentare und Fotos von Nutzer:innen geteilt. Dadurch entsteht eine immense Menge an Daten, anhand derer KI-Systeme lernen, Vorhersagen über das Verhalten der Nutzer:innen zu treffen und personalisierte Empfehlungen, Werbungen oder Inhalte bereitzustellen.

3.1.3 Schwache versus starke KI

Innerhalb der Künstlichen Intelligenz wird generell zwischen zwei Arten unterschieden (vgl. u. a. Cornelius 2019, S. 50):

- *Schwache KI* (auch „Narrow", „Weak" oder „Applied AI" genannt): Diese Art von KI bezieht sich auf Systeme oder Programme, die spezifische Aufgaben oder Probleme in einem begrenzten Bereich lösen können. Mit ihr lassen sich menschenähnliche Verhaltensmuster oder Denkfähigkeiten ausschließlich in einem spezialisierten Bereich imitieren. Außerhalb ihres spezialisierten Anwendungsbereichs kann schwache KI nicht eigenständig denken oder handeln.
Beispiel: Schwache KI findet sich unter anderem in Spracherkennungssystemen wie Alexa, Siri und anderen.
- *Starke KI* (auch „Artificial General Intelligence", kurz „AGI" genannt): Diese Art von KI zielt auf eine allgemeine Intelligenz ab, vergleichbar mit der menschlichen Intelligenz oder darüber hinaus. Im Gegensatz zur schwachen KI demonstriert starke KI nicht nur spezifisches Denken und Lernen, sondern auch ein umfassendes Verständnis von Informationen, Anpassungsfähigkeit an

neue Situationen und Kreativität. Sie kann ihre Intelligenz in verschiedenen Anwendungsbereichen nutzen und auch kombinieren, ähnlich wie ein Mensch. Starke KI ist bisher noch nicht erreicht, daher kann an dieser Stelle kein Beispiel genannt werden. Ihre Entwicklung bleibt ein zentrales Ziel der KI-Forschung.

3.2 Anwendungsfelder und ihre Potenziale[1]

Künstliche Intelligenz bietet eine Vielzahl von Anwendungsmöglichkeiten in der Sozial- und Kulturwirtschaft. In diesem Abschnitt werden einige bereits existierende oder potenzielle Möglichkeiten aufgezeigt, die sich von Selbstmanagement für Mitarbeiter:innen über verschiedene fachliche Handlungsfelder bis hin zum Management erstrecken.

Hinweis: In diesem Abschnitt wurden die Fähigkeiten von KI aktiv genutzt und mithilfe von ChatGPT Teile der Beschreibungen zu den Anwendungsmöglichkeiten erstellt. Selbstverständlich sind diese Beschreibungen fachlich geprüft.

3.2.1 Selbstmanagement

Zunächst richtet sich das Augenmerk auf Anwendungsmöglichkeiten im Selbstmanagement von Mitarbeiter:innen der Sozial- und Kulturwirtschaft. Die Abgrenzung zu Anwendungsmöglichkeiten in der fachlichen Arbeit und im Management mag nicht immer eindeutig und trennscharf sein. Dennoch ist es wichtig herauszustellen, dass Künstliche Intelligenz als ganz persönliches Hilfsmittel dienen kann, um den individuellen Arbeitsalltag effektiver, kreativer und erfüllender zu gestalten, persönliche Ziele zu erreichen und das allgemeine Wohlbefinden zu verbessern. Zwei Beispiele finden sich im Bereich der Stressbewältigung (vgl. Tab. 3.1) und der Texterstellung (vgl. Tab. 3.2).

Abb. 3.1 veranschaulicht ein weiteres Beispiel, wie die KI-Texterstellung im Bereich des Selbstmanagements unterstützend wirken kann, unter Verwendung von ChatGPT als konkretem Anwendungsfall (abgerufen am: 12.08.2023).

Praxistipp: Es ist in den meisten Fällen ratsam, sich mehrere Alternativen anzeigen zu lassen. Indem man beispielsweise den Prompt um „Nenne mir 5

---

[1] *Hinweis:* Aufgrund verlagsinterner Layoutvorgaben sind die Abbildungen und Tabellen in diesem Abschnitt nicht immer textparallel angeordnet und ragen mitunter in angrenzende Abschnitte hinein.

Tab. 3.1 Stressbewältigung. (Eigene Darstellung)

Stressbewältigung	
Erläuterung	Die rasante Entwicklung der KI-Technologie hat zu verschiedenen Funktionen und Tools geführt, die dabei helfen, Stressbewältigung zu verbessern. Durch die Nutzung von Biofeedback-Daten, die mithilfe tragbarer Messgeräte erfasst werden, kann die KI den individuellen Stresslevel genau erkennen. Sobald die KI erkennt, dass jemand gestresst ist, bietet sie automatisch maßgeschneiderte Übungen zur Stressbewältigung an, die verschiedene Techniken wie Atemübungen, geführte Meditationen oder Entspannungsverfahren umfassen. Ein praktisches Beispiel für diese Art von Anwendung ist die App „Inner Balance".
Potenziale	Mitarbeiter:innen in den Sozial- und Kulturwissenschaften stehen vor verschiedenen Stressfaktoren wie emotional anspruchsvolle Arbeit, hohe Verantwortung, Personalmangel, herausfordernde Arbeitszeiten, Überstunden und kurzfristige Änderungen in den Dienstplänen. KI-gestützte Technologien zur Stressbewältigung setzen hier an und können Mitarbeiter:innen folgenden Mehrwert bieten: • *Früherkennung von Stress:* KI-gestützte Technologien können Anzeichen von Stress frühzeitig erkennen und entsprechende Maßnahmen empfehlen. • *Individuelle Unterstützung:* KI bietet personalisierte Bewältigungsstrategien, die auf die Bedürfnisse jedes Mitarbeitenden zugeschnitten sind. • *Förderung der emotionalen Gesundheit:* Die maßgeschneiderte Unterstützung reduziert langfristig die Stressbelastung und fördert das allgemeine Wohlbefinden der Mitarbeitenden.

Alternativen" ergänzt, kann sichergestellt werden, dass eine vielfältige Auswahl an Optionen zur Verfügung steht.

3.2.2 Fachliche Arbeit

In den Handlungsfeldern der fachlichen Arbeit der einzelnen sozialen und kulturellen Organisationen ergeben sich ebenfalls zahlreiche spannende und hilfreiche Anwendungsmöglichkeiten für Künstliche Intelligenz. In den Tab. 3.3, 3.4, 3.5, 3.6 finden sich einige Beispiele.

3.2.3 Management

Neben dem Selbstmanagement und der fachlichen Arbeit eröffnet Künstliche Intelligenz auch im Management zahlreiche Unterstützungsmöglichkeiten und Anwendungsfelder. In diesem Abschnitt werden mit People Analytics (vgl.

3.2 Anwendungsfelder und ihre Potenziale

Anliegen	Sie möchten eine Begrüßungsrede anlässlich einer Sonderausstellung zum 20-jährigem Bestehen Ihres Museums schreiben.
Prompt	Begrüßungsrede, Sonderausstellung, 20-jähriges Bestehen des Museums
Ausgabe	Sehr geehrte Damen und Herren, herzlich willkommen zur heutigen Eröffnung unserer Sonderausstellung anlässlich des 20-jährigen Bestehens unseres Museums! Es ist uns eine große Freude, Sie alle hier bei uns zu begrüßen und gemeinsam diesen besonderen Anlass zu feiern. Seit unserer Gründung vor 20 Jahren haben wir uns kontinuierlich weiterentwickelt und sind stolz darauf, ein Ort des Wissens, der Kultur und der Begegnung zu sein. Diese Sonderausstellung ist ein Spiegelbild unseres Engagements für die Förderung von Kunst, Geschichte und Innovation. In den kommenden Wochen haben Sie die Möglichkeit, in die faszinierende Welt unserer Ausstellungsstücke einzutauchen und die vielfältige Geschichte unserer Region zu entdecken. Von beeindruckenden Kunstwerken bis hin zu historischen Artefakten – die Ausstellung zeigt die Schätze, die uns seit zwei Jahrzehnten begleiten. Ein solcher Meilenstein wäre jedoch ohne die Unterstützung unserer treuen Besucherinnen und Besucher nicht möglich gewesen. Ihnen gebührt ein großer Dank für ihre anhaltende Begeisterung und Interesse an unseren Veranstaltungen. Wir möchten auch unseren engagierten Mitarbeiterinnen und Mitarbeitern für ihren unermüdlichen Einsatz danken, der dieses Museum zu einem Ort der Inspiration und des Lernens gemacht hat. Ihr Engagement hat unser Museum zu dem gemacht, was es heute ist – ein Ort, der die Vergangenheit ehrt und gleichzeitig die Zukunft gestaltet. Ich lade Sie alle herzlich ein, diese Sonderausstellung zu erkunden und die vielen faszinierenden Geschichten und Erinnerungen zu erleben, die in unseren Räumlichkeiten auf Sie warten. Vielen Dank für Ihre Unterstützung und Ihre Anwesenheit an diesem denkwürdigen Tag. Lassen Sie uns gemeinsam auf die letzten 20 Jahre zurückblicken und voller Vorfreude in die Zukunft blicken, die uns noch viele spannende Momente und Erlebnisse bereithalten wird. Vielen Dank und viel Freude bei der Ausstellung!

Abb. 3.1 Anwendung ChatGPT. (Eigene Darstellung, Inhalte entnommen aus ChatGPT)

Tab. 3.2 Texterstellung. (Eigene Darstellung)

Texterstellung	
Erläuterung	KI-Technologien sind in der Lage, menschenähnliche Texte zu generieren. Dies wird durch den Einsatz fortschrittlicher Sprachmodelle ermöglicht, die auf umfangreichen Textdaten trainiert werden und dadurch die Fähigkeit erlangen, kontextbezogene und sinnvolle Texte zu erstellen. Die Funktionsweise der KI-Texterstellung beruht auf der Analyse und dem Verständnis von Sprachstrukturen, Grammatik, Wortschatz und Stil. Basierend auf diesen Kenntnissen kann die KI auf Anfragen oder Eingaben reagieren und Texte generieren, Inhalte personalisieren, sprachliche Vielfalt und Stilvariationen ermöglichen sowie Textkorrekturen umsetzen – und das alles auf einer sehr zugänglichen Ebene. Ein einfaches Beispiel verdeutlicht dies: Mit nur wenigen Eingaben (Prompt) „Einladung Weihnachtsmarktbesuch Kolleg:innen" erstellt die KI-Texterstellung ChatGPT ein vollständiges Einladungsschreiben an die Kolleg:innen für einen gemeinsamen Weihnachtsmarktbesuch. Wenn dieses nicht gefällt, lässt sich auf „wiederholen" klicken oder man ergänzt die Eingabe um weitere Stichworte wie „humorvoll" oder „pfiffig" und es werden weitere, neue Alternativtexte generiert (ein weiteres, konkretes Beispiel findet sich in Abbildung 3.1).
Potenziale	Mitarbeiter:innen sind täglich mit vielfältigen Texterstellungen konfrontiert, darunter • E-Mails (intern/extern), • Fallberichte, Dokumentationen und Förderanträge (Sozialeinrichtungen), • Veranstaltungsankündigungen und Ausstellungstexte (Kultureinrichtungen). KI-Texterstellung kann hierbei unterstützen und eröffnet Mitarbeiter:innen u. a. folgende Potenziale: • *Effizienzsteigerung:* KI kann zeitaufwändige Schreibarbeiten übernehmen und somit die Arbeitsabläufe beschleunigen. • *Kreativitätsförderung:* Die KI kann innovative Ideen und Textvorschläge liefern, um die Kreativität bei der Textgestaltung zu unterstützen. • *Personalisierung und Vielfalt:* KI-gestützte Texte können auf individuelle Bedürfnisse zugeschnitten und in verschiedenen Stilen verfasst werden, um eine breitere Zielgruppe anzusprechen.

Tab. 3.7) und Robotic Process Automation (vgl. Tab. 3.8) zwei Beispiele vorgestellt, die verdeutlichen, wie KI-Technologien in diesem Bereich eingesetzt werden können und Potenziale generieren.

3.3 Die Kehrseite der KI-Medaille: Risiken und Gefahren

Neben den aufgezeigten vielfältigen Anwendungsmöglichkeiten von KI und den positiven Auswirkungen ist es wichtig, zum Abschluss dieses Kapitels auch die damit einhergehenden Risiken und Gefahren für sozial- und kulturwirtschaftliche Organisationen zu beleuchten. Hierfür lassen sich drei Kategorien bilden:

3.3 Die Kehrseite der KI-Medaille: Risiken und Gefahren

Tab. 3.3 Predictive Risk Modelling (Jugendhilfe). (Eigene Darstellung)

Predictive Risk Modelling (Jugendhilfe)	
Erläuterung	Predictive Risk Modelling (PRM), auch als Risikovorhersagemodellierung bekannt, ist eine fortschrittliche Methode der Datenanalyse, bei der statistische Modelle und Algorithmen eingesetzt werden, um risikobehaftete Lebenssituationen oder riskantes Verhalten von Menschen vorherzusagen. Dabei greift es auf umfangreiche historische Daten zurück, um potenzielle Risiken und deren Wahrscheinlichkeiten zu identifizieren (vgl. Steiner, Tschopp 2022, S. 467 ff.). Gegenwärtig wird PRM vor allem in den USA angewendet, und eines der besonders gut erforschten und dokumentierten Verfahren ist das Allegheny-Family-Screening-Tool (kurz: AFST). Das AFST analysiert diverse Einflussfaktoren, um einen Risikoindex für eine potenzielle Kindeswohlgefährdung zu berechnen (vgl. Weinhardt 2022, S. 111 f.).
Potenziale	Zwei wesentliche Potenziale von PRM liegen in der: • *Früherkennung von Risiken:* PRM ermöglicht Sozialarbeiter:innen, potenzielle Risiken frühzeitig zu identifizieren, bevor sie sich zu größeren Problemen entwickeln. Dadurch können präventive Maßnahmen ergriffen werden, um mögliche negative Auswirkungen zu minimieren. • *Identifizierung gefährdeter Personen/Gruppen:* PRM analysiert große Datenmengen, die in Systemen Sozialer Arbeit gesammelt wurden, und identifiziert mögliche Risikofaktoren und Muster. Dadurch können Sozialarbeiter:innen potenziell gefährdete Personen oder Gruppen erkennen, die ansonsten möglicherweise unentdeckt bleiben würden.

Tab. 3.4 Ambient Assisted Living (Alten-/Behindertenhilfe). (Eigene Darstellung)

Ambient Assisted Living (Alten-/Behindertenhilfe)	
Erläuterung	Ambient Assisted Living (AAL) lässt sich mit „alltagstaugliche Assistenzlösungen für ein selbstbestimmtes Leben" übersetzen. AAL hat zum Ziel, ältere, behinderte bzw. pflege- und hilfebedürftige Menschen in ihrer Autonomie und Selbstständigkeit zu unterstützen und für eine Verbesserung ihrer Lebensqualität zu sorgen (vgl. Duale Hochschule Baden-Württemberg 2023). Zu AAL gehört eine Vielzahl verschiedener technologischer Lösungen wie beispielsweise intelligente Sensoren, die Bewegung oder Aktivitäten beobachten und im Notfall Alarm auslösen. Auch KI-basierte Sehhilfen sind Teil von AAL (z. B. OrCam MyEye; www.orcam.com). Sie versprechen, blinden oder sehbehinderten Menschen zu helfen, indem sie visuelle Informationen (z. B. Texte, Gesichter oder Objekte) in Sprachausgaben umwandeln.
Potenziale	AAL bietet sowohl für Pflegekräfte als auch auf für Klient:innen bedeutende Vorteile: • *Pflegekräfte:* Unterstützung bei Aufgabenautomatisierung und zusätzliche Informationen für maßgeschneiderte Betreuungspläne. • *Klient:innen:* verbesserte Lebensqualität, frühzeitige Erkennung von Gesundheitsproblemen und individuelle Unterstützung. AAL schafft Synergien zwischen Mitarbeitenden und Klient:innen, fördert eine effiziente Betreuung und stärkt das Vertrauen in die Zusammenarbeit.

- Ethik und Verantwortung
- Rechtsrahmen
- Substitution

Tab. 3.5 Chatbots. (Eigene Darstellung)

Chatbots	
Erläuterung	Chatbots sind automatisierte Softwareprogramme, die entworfen wurden, um mit Menschen über textbasierte Interaktionen zu kommunizieren. Sie nutzen Künstliche Intelligenz und natürliche Sprachverarbeitung, um auf Fragen zu antworten, Informationen bereitzustellen und bestimmte Aufgaben auszuführen, ohne menschliches Eingreifen zu erfordern. Chatbots können innerhalb der Sozial- und Kulturbranche ganz unterschiedlich eingesetzt werden. Hier ein kleiner Auszug: • *Unterstützung von Hilfesuchenden* (z. B. Sucht- oder Drogeneinstiegsberatung, unterstützende Angebote zur Behandlung von Depressionen; vgl. Kreienbrink 2022). • *Kulturvermittlung und Führungen* (z. B. virtuelle Führung in Museen oder Galerien). • *Bereitstellung von Bildungsinhalten* (z. B. Vermittlung von Wissen, Beantwortung von Fragen).
Potenziale	Angesichts der vielfältigen Einsatzmöglichkeiten von Chatbots eröffnet sich eine Vielzahl an Potenzialen. Hier sind drei wesentliche aufgeführt: • *Verbesserung der Kund:innenbetreuung:* Chatbots ermöglichen eine effiziente und sofortige Interaktion mit Kund:innen. Sie können rund um die Uhr Fragen beantworten, Informationen bereitstellen und individuelle Beratung bieten, wodurch die Kund:innenzufriedenheit gesteigert und die Erreichbarkeit der Organisation verbessert wird. • *Unterstützung in Krisen- und Notfallsituationen:* In sozialen Einrichtungen können Chatbots als erste Anlaufstelle für Menschen in Notlagen fungieren. Sie bieten Informationen über Hilfsdienste und Beratungsangebote, reagieren schnell in Krisensituationen und leiten Hilfesuchende an entsprechende Stellen weiter. • *Optimierung der Kulturvermittlung:* In kulturellen Einrichtungen können Chatbots Besucher:innen Informationen zu Ausstellungen, Kunstwerken oder historischen Ereignissen vermitteln, die Besucher:innenerfahrung verbessern und das kulturelle Erbe einem breiteren Publikum zugänglich machen.

3.3.1 Ethik und Verantwortung

Der Kategorie „Ethik und Verantwortung" lassen sich folgende Risiken bzw. Gefahren zuordnen (vgl. u. a. TH Köln 2021 sowie Rottkemper, Kühn 2021):

- *Trainingsmaterial:* Das Trainingsmaterial bezieht sich auf die Daten, die zur Entwicklung und Schulung von KI-Modellen verwendet werden. Ein Risiko besteht darin, dass das Trainingsmaterial Verzerrungen, Vorurteile oder Diskriminierung enthalten kann. Wenn diese Elemente in den Daten vorhanden sind, können sie sich in den KI-Ergebnissen widerspiegeln und zu falschen, unfairen oder diskriminierenden Entscheidungen führen.
  Beispiel: Wenn die Trainingsdaten einer PRM-Anwendung zur Einschätzung von Kindeswohlgefährdungen eine ungleiche Verteilung und Vorurteile aufweisen, besteht die Gefahr, dass bestimmte Familien oder ethnische Minderheiten fälschlicherweise mit einem höheren Risiko eingestuft werden.

3.3 Die Kehrseite der KI-Medaille: Risiken und Gefahren

Tab. 3.6 Generative Adversarial Networks. (Eigene Darstellung)

Generative Adversarial Networks	
Erläuterung	Generative Adversarial Networks (GANs), auch bekannt als „erzeugende generische Netzwerke", sind besondere künstliche neuronale Netzwerke, die dazu dienen, neue Daten zu generieren, zum Beispiel realistische Bilder oder Videos. Diese generierten Daten sollen ähnlich aussehen wie die Daten, die im Trainingsdatensatz verwendet wurden. In der Kulturbranche bieten GANs eine Fülle von Anwendungsmöglichkeiten, darunter: • *Künstlerische Kreation* (z. B. Erstellung neuer und innovativer Kunstwerke), • *Bildbearbeitung und -retusche*, • *Virtuelle Rekonstruktion* (z. B. historischer Gebäude oder Kunstwerke), • *Animations- und Filmproduktion* (z. B. Erzeugen visueller Effekte oder realistischer Kulissen), • *kulturelle Vermittlung und Ausstellungsgestaltung* (z. B. durch immersive und interaktive Ausstellungserlebnisse).
Potenziale	Die Kulturwirtschaft profitiert von GANs in vielfältiger Weise: • *Kosteneinsparungen:* GANs ermöglichen die schnelle und effiziente Generierung von visuellen Inhalten, was manuelle Arbeit und Produktionskosten reduziert. • *Effizienzsteigerung:* Durch automatisierte Bildgenerierung beschleunigen GANs den Erstellungsprozess von Kunstwerken, Animationen und visuellen Effekten. • *Kreative Bereicherung:* Künstler:innen können GANs als kreative Werkzeuge nutzen, um ihre Schöpfungsprozesse zu unterstützen und neue künstlerische Ideen zu entdecken. • *Virtuelle Rekonstruktion:* GANs erleichtern die digitale Rekonstruktion historischer Stätten oder Kunstwerke, was Forschung und die Präsentation des kulturellen Erbes erleichtert. • *Personalisierte Kulturvermittlung:* GANs ermöglichen die Erstellung von maßgeschneiderten und interaktiven Erfahrungen für Besucher:innen und erhöhen so die Attraktivität kultureller Angebote.

Als Folge könnte es zu einer ungerechtfertigten Zunahme der Überwachung kommen oder sogar zur Trennung von Familien führen.

- *Transparenz:* Transparenz bezieht sich auf die Möglichkeit, die Entscheidungsfindung und Funktionsweise von KI-Systemen zu verstehen und nachzuvollziehen. Ein Risiko besteht darin, dass viele KI-Modelle als „Black Box" agieren, was bedeutet, dass ihre Entscheidungen schwer zu erklären sind. Dies kann Bedenken hinsichtlich der Reflexivität aufwerfen, die bei der Entwicklung und Nutzung von KI-Systemen berücksichtigt werden muss (vgl. Steiner und Tschopp 2022, S. 468).

Beispiel: Eine Sozialeinrichtung automatisiert die Zuweisung von Ressourcen wie finanzielle Unterstützung oder Betreuungsstunden an verschiedene Sozialfälle mithilfe von KI-gestützten Algorithmen. Die Sozialarbeiter:innen verfügen jedoch nur über begrenzte Einblicke in die genaue Funktionsweise der Algorithmen und deren Priorisierung der Ressourcenzuweisungen. Die

Tab. 3.7 People Analytics. (Eigene Darstellung)

People Analytics (vgl. unter anderem Krings, Heister 2023, S. 19 ff.)	
Erläuterung	People Analytics ist eine datengestützte Methode im Personalmanagement, die auf Big Data setzt, um tiefgreifende Erkenntnisse über das Verhalten und die Leistung von Mitarbeitenden zu gewinnen. Die Integration und Analyse verschiedener HR-Daten wie Rekrutierungsergebnisse, Mitarbeitendenleistungen und -engagement ermöglicht es Unternehmen, ein besseres Verständnis ihrer Belegschaft zu entwickeln und darauf aufbauend strategische Personalentscheidungen zu treffen.
Potenziale	Mitarbeitende sind entscheidende Erfolgsfaktoren für sozial- und kulturwirtschaftliche Organisationen. Daher spielt People Analytics eine besonders wichtige Rolle für das Management. Die folgenden Potenziale verdienen besondere Hervorhebung: • *Fundierte Personalentscheidungen:* Durch People Analytics erhält das Management wertvolle Einblicke in das Verhalten, die Leistung und die Bedürfnisse der Mitarbeitenden, um fundierte Personalentscheidungen zu treffen. • *Begegnung des Fachkräftemangels:* Mit People Analytics lassen sich Erkenntnisse gewinnen, die passgenaue Angebote für (potenzielle) Mitarbeitende ermöglichen und so dazu beitragen, insbesondere Fachkräfte zu finden und zu binden. • *Effizientere Personalressourcenplanung:* Das Management kann die vorhandenen Mitarbeitendenressourcen besser analysieren und optimieren, um die Bedürfnisse der Einrichtung effizienter zu erfüllen. Dies ermöglicht eine bessere Verteilung von Personal und Kompetenzen, um den Betrieb reibungsloser zu gestalten.

Tab. 3.8 Robotic Process Automation. (Eigene Darstellung)

Robotic Process Automation	
Erläuterung	Robotic Process Automation (RPA) ist eine Technologie, bei der Software-Roboter oder sogenannte „Bots" eingesetzt werden, um wiederkehrende, regelbasierte und manuelle Aufgaben in Geschäftsprozessen zu automatisieren. RPA-Bots können menschenähnliche Aktionen auf Softwareanwendungen ausführen, Daten verarbeiten, Informationen zwischen verschiedenen Systemen übertragen und komplexe Aufgaben erledigen, ohne menschliches Eingreifen zu erfordern (siehe beispielsweise UiPath, einer der führenden Anbieter für RPA-Software).
Potenziale	Für Sozial- und Kultureinrichtungen ergeben sich durch RPA konkrete Vorteile, darunter: • *Effizienzsteigerung:* RPA ermöglicht es, wiederkehrende Verwaltungs- und Organisationsaufgaben zu automatisieren. Dies führt zu einer gesteigerten Effizienz in der Verwaltung und Verringerung der menschlichen Fehleranfälligkeit. • *Mitarbeitendenzufriedenheit:* RPA kann die Mitarbeitendenzufriedenheit steigern, da ungeliebte repetitive Aufgaben durch die Automatisierung wegfallen. Dies ermöglicht den Mitarbeitenden, sich verstärkt auf die soziale und kulturelle Arbeit selbst zu konzentrieren. • *Kosteneinsparungen:* Durch die Automatisierung von Prozessen lassen sich Betriebskosten reduzieren. Weniger manuelle Eingriffe bedeuten weniger personelle Ressourcen und geringere Arbeitskosten.

fehlende Transparenz wirft die Frage reflexiver Professionalität auf, da nicht klar nachvollzogen werden kann, ob eine gerechte Verteilung erfolgt.
- *Kompetenz:* Kompetenz bezieht sich auf das Wissen und die Fähigkeiten der Anwender:innen, die mit KI-Technologien arbeiten. Ein Risiko besteht darin, dass mangelnde Kompetenz oder fehlende Schulung zu Fehlinterpretationen der KI-Ergebnisse führen kann. Ohne das erforderliche Fachwissen können die Anwender:innen möglicherweise nicht angemessen mit den KI-Systemen umgehen oder die Ergebnisse nicht richtig interpretieren, was falsche Entscheidungen oder ungenutzte Potenziale zur Folge haben kann.
Beispiel: Personalmanager:innen ohne ausreichende Kenntnisse in People Analytics könnten falsche Schlussfolgerung aus ihrer Anwendung ziehen, indem sie fälschlicherweise eine Korrelation als Kausalität interpretieren oder wichtige Wechselwirkungen zwischen Variablen übersehen.

Diese Risiken betonen die Notwendigkeit, ethische Grundsätze und verantwortungsbewusstes Handeln bei der Entwicklung, Nutzung und Implementierung von KI-Technologien zu gewährleisten. Dazu gehören die Auswahl einwandfreien Trainingsmaterials, die Förderung von Transparenz in KI-Entscheidungsprozessen und die Sicherstellung, dass die Anwender:innen über das erforderliche Wissen und die Kompetenz verfügen, um KI-Technologien verantwortungsvoll zu nutzen.

3.3.2 Rechtsrahmen

In diese Kategorie fällt insbesondere das *Datenschutzrisiko*. KI-Systeme greifen oft auf große Mengen von Daten zu und verarbeiten diese, um Muster und Modelle zu erstellen. Dabei können personenbezogene Daten, wie Name, Adresse, Gesundheitsinformationen und andere sensible Informationen, enthalten sein. Wenn diese Daten unzureichend geschützt sind oder KI-Systeme nicht ordnungsgemäß darauf zugreifen und verarbeiten, besteht die Gefahr von Datenschutzverletzungen und dem unbefugten Zugriff auf persönliche Informationen. Die Einhaltung der Datenschutzbestimmung ist daher unerlässlich (vgl. Lehmann und König 2022).
Beispiel: Im Kontext eines Pflegedienstes könnte der Einsatz von KI-basierten Sensoren oder Überwachungskameras in den Wohnräumen der Pflegebedürftigen dazu führen, dass sensible persönliche Daten wie Gesundheitszustand, Bewegungsmuster oder Gewohnheiten der Betroffenen unangemessen oder unbefugt preisgegeben werden, was die Privatsphäre der Pflegebedürftigen verletzen könnte, falls die KI-Systeme nicht ausreichend konfiguriert oder gesichert sind.

Bei der Betrachtung dieser Kategorie ist wichtig zu erwähnen, dass der Rechtsrahmen für KI aufgrund ihrer Neuartigkeit und rasanten Entwicklung, die sich zudem über eine Vielzahl unterschiedlicher Anwendungsbereiche erstreckt (vgl. Abschn. 3.2), noch an vielen Stellen hinterherhinkt bzw. ungeklärt ist (vgl. z. B. Staats 2023, S. 19 sowie Nordemann und Pukas 2023, S. 19). Daraus ergibt sich eine Ungewissheit für den Einsatz von KI-Technologien.

Das betrifft unter anderem:

- *Geistiges Eigentum:* In diesem Kontext stellt sich die Frage, was passiert, wenn KI auf Basis von urheberrechtlich geschützten Elementen lernt und diese dann bei der nächsten Produktion einsetzt. Wer besitzt dann das neue Copyright? (vgl. Dege 2023). Aktuell mahnen verschiedene Verbände innerhalb der Kulturbranche (siehe Initiative „KI aber fair"; https://ki-aber-fair.de/) das Fehlen klarer Regeln an, da sie die Gefahr sehen, dass KI ungefragt und ohne Entschädigung auf ihre bereits existierenden oder urheberrechtlich geschützten Werke zugreifen könnte.
  Beispiel: Angenommen, eine KI wird darauf trainiert, Musikstücke zu komponieren, indem sie auf eine Vielzahl urheberrechtlich geschützter Musikwerke zugreift und daraus neue Melodien und Songtexte generiert. In einem solchen Szenario könnte die Frage aufkommen, wem das neue Copyright für die generierten Musikstücke gehört.
- *Haftung:* Im Bereich der Haftung ist unklar, wer für mögliche Schäden oder Fehler verantwortlich gemacht wird, die durch den Einsatz von KI-Systemen entstehen.
  Beispiel: Ein KI-basierter Chatbot, der in einem sozialen Beratungsdienst zur automatisierten Unterstützung von Menschen in sozialen Notlagen eingesetzt wird, birgt das Risiko von fehlerhaften oder unangemessenen Ratschlägen, was potenziell negative Auswirkungen haben kann. In solchen Situationen ist die Haftungsfrage noch unbeantwortet.

3.3.3 Substitution

KI-Systeme dienen dazu, bestimmte Aufgaben zu unterstützen oder zu übernehmen. In der Sozialwirtschaft ergeben sich hieraus im Allgemeinen zunächst keine grundsätzlichen Substitutionstendenzen, da der menschliche Input weiterhin eine zentrale Rolle spielt. Anders kann dies in einzelnen Branchen der Kulturwirtschaft sein. Hier haben einige Einrichtungen, vor allem in den Bereichen Texten, Lektorat und Journalismus, aber auch Grafik und Design Bedenken hinsichtlich einer möglichen umfassenden Substitution durch Maschinen, die ihre Existenz gefährden könnte (vgl. Winzer und Eggert 2023, S. 23).

Beispiel: KI zeigt heute bereits in vielen Fällen die Fähigkeit, Grammatik und Rechtschreibung zu beherrschen, und übernimmt insbesondere im Bereich des Korrektorats oft die Aufgaben von Lektor:innen. Auch im Journalismus ist der Einsatz von KI-Schreibprogrammen, mit denen sich automatisiert Texte generieren lassen, bereits weit verbreitet.

Mit diesem abschließenden Risiko wird deutlich, wie wichtig es für soziale und kulturelle Einrichtungen ist, die Potenziale und Gefahren von KI im Blick zu haben, unabhängig von möglichen Substitutionsgefahren. In einer zunehmend digitalisierten Welt spielt Agilität eine entscheidende Rolle und Einrichtungen müssen sich kontinuierlich neu erfinden, um langfristige Potenziale und innovative Wege zu erkennen und zu nutzen, die durch den Einsatz von KI zukünftigen Erfolg sichern.

Literatur

Cornelius, A. (2019). *Künstliche Intelligenz: Entwicklungen, Erfolgsfaktoren und Einsatzmöglichkeiten.* Freiburg: Haufe.
Dege, S. (2023). *KI führt zu einem Kulturbruch.* In https://www.dw.com/de/ki-k%C3%BCnstliche-intelligenz-kulturbruch-vincent-m%C3%BCller/a-65317799. Abgerufen am: 20.07.2023.
Duale Hochschule Baden-Württemberg (Hrsg.) (2023). *Forschungsprojekte Active Assisted Living.* In https://www.heidenheim.dhbw.de/forschung-transfer/forschungsprojekte/aal. Abgerufen am: 20.07.2023.
Gruber, A. (2023). *Kleiner geht's nicht.* In https://www.spiegel.de/netzwelt/web/moores-law-die-goldene-regel-der-chiphersteller-broeckelt-a-1083468.html. Abgerufen am: 20.07.2023.
Initiative Intelligente Vernetzung (Hrsg.) (2023). *Künstliche Intelligenz – Impulse zu einem Megatrend.* Berlin: BMWE.
Kreienbrink, M. (2022). *Psychotherapie und KI: „Empathie kann man simulieren".* In https://t3n.de/news/psychotherapie-ki-empathie-simulation-1522127/. Abgerufen am: 20.07.2023.
Krings, M., Heister, W. (2023). *Neue Wege im Personalmanagement.* In SOZIALwirtschaft. Zeitschrift für Führungskräfte in sozialen Unternehmungen. 33 (31): 19–21.
Lehmann, R., König J. (2022). *KI und Soziale Arbeit.* In https://open.vhb.org/themenwelt/kursportraits/ki-und-soziale-arbeit/. Abgerufen am: 20.07.2023. *Hinweis: Die Quelle ist Gegenstand des Kursprogramms KI und Soziale Arbeit der virtuellen Hochschule Bayern. Zugang zur Quelle ist per kostenfreier Einschreibung möglich (siehe Link).*
Lenzen, M. (2020). *Künstliche Intelligenz: Fakten, Chancen, Risiken.* München: C. H. Beck.

Nordemann, J. B., Pukas, J. (2023). *Immense Herausforderungen und Fragen.* In Politik und Kultur. 21 (4): 18.
Rottkemper, B., Kühn, M. C. (2021). *Künstliche Intelligenz und ihre Rolle im Sozialen.* In https://drk-wohlfahrt.de/blog/eintrag/kuenstliche-intelligenz-und-die-rolle-im-sozialen/. Abgerufen am: 20.07.2023.
Schmidhuber, J. (2015). *Künstliche Intelligenz wird alles ändern.* In https://www.wiwo.de/technologie/digitale-welt/serie-wirtschaftswelten-2025-kuenstliche-intelligenz-wird-alles-aendern/11255026.html. Abgerufen am: 20.07.2023.
Staats, R. (2023). *Noch viele Fragen offen!* In Politik und Kultur. 21 (4): 19.
Steiner, O., Tschopp, D. (2022). *Künstliche Intelligenz in der Sozialen Arbeit. Grundlagen, Entwicklungen, Herausforderungen.* In Sozial Extra. 46 (6): 466–471.
TH Köln (Hrsg.) (2021). *Künstliche Intelligenz: Risiken und Regulierungen.* In https://www.th-koeln.de/hochschule/kuenstliche-intelligenz-risiken-und-regulierungen_85892.php. Abgerufen am: 20.07.2023.
Weinhardt, M. (2022). *Algorithmen und professionelles Handeln in der Sozialpädagogik: Das Beispiel Kinderschutz.* In Diebel-Fischer, H., Hellmig, L., Tischler, M. (Hrsg.). Technik und Verantwortung im Zeitalter der Digitalisierung (S. 103–122). Rostock: Universität Rostock.
Winzer, S., Eggert, M. (2023). *Es gibt einen großen Bedarf an Musik, die einfach „benutzt" wird.* In Politik und Kultur. 21 (4): 23.

4 Digitaler Wandel in den Handlungsfeldern der fachlichen Arbeit

Werner Heister

> **Inhalt**
> Die Handlungsfelder der Sozialwirtschaft sind äußerst vielfältig und reichen von der Pflege älterer Menschen über die Unterstützung von Personen mit Behinderungen bis hin zur Förderung der Arbeitsmarktintegration. Zudem widmen sich Organisationen spezifischen sozialen Herausforderungen, wie zum Beispiel zahlreiche Selbsthilfegruppen.
> Ähnlich heterogen gestalten sich die Bereiche der Kulturwirtschaft, die von der bildenden und darstellenden Kunst über die Musik- und Filmindustrie bis zum Verlagswesen, zum Design, zur Architektur, zur Bildung und zum Museumsbetrieb reichen.
> In diesem Kapitel wird die transformative Kraft des digitalen Wandels innerhalb der Sozial- und Kulturwirtschaft exemplarisch beleuchtet. Es wird aufgezeigt, wie die Digitalisierung die Arbeitsweisen verändert und neue, richtungsweisende Entwicklungsmöglichkeiten für beide Sektoren schafft.

Der Einsatz digitaler Technologien in der Sozial- und Kulturwirtschaft und die damit einhergehende digitale Transformation markieren einen entscheidenden Wendepunkt in der Art und Weise, wie Soziale Arbeit geleistet und kulturelle Angebote gestaltet werden. Der digitale Wandel führt nicht nur zu neuen Werkzeugen und Methoden, sondern verändert auch grundlegend die Interaktion zwischen Anbieter:innen und Nutzer:innen. Vgl. beispielsweise Kolhoff (2024), Fischer und Zacher (2024), Gaubiz et al. (2023), Haupt und Reismann (2023), Kreidenweis (2023), Voigt (2022), Endreß und Wandjo (2021), Mayer (2007).

In der Sozialwirtschaft wird beispielsweise eine effizientere und zielgerichtete Unterstützung von Klient:innen ermöglicht. Der Zugang zu Informationen und

© Der/die Autor(en), exklusiv lizenziert an Springer Fachmedien Wiesbaden GmbH, ein Teil von Springer Nature 2025
W. Heister und M. Krings, *Digitalisierung in der Sozial- und Kulturwirtschaft*, Basiswissen Sozialwirtschaft und Sozialmanagement,
https://doi.org/10.1007/978-3-658-45676-4_4

Ressourcen wird erleichtert und bedarfsgerechte Lösungen werden unterstützt. Den in der Kulturwirtschaft tätigen Künstler:innen und Organisationen bieten sich beispielsweise neue Wege, Kulturgüter zu erschließen und einem breiteren Publikum zugänglich zu machen.

Durch digitale Technologien werden traditionelle Grenzen sowohl in der räumlichen Reichweite als auch in der Zugänglichkeit überwunden. In der Sozialwirtschaft bedeutet dies, dass Dienstleistungen (z. B. durch Online-Technologie) auch in entlegenen oder unterversorgten Gebieten verfügbar gemacht werden können, während in der Kulturwirtschaft globale Vernetzung und digitale Präsenz neue Publikumsschichten mittels digitaler Veranstaltungen erschließen. Diese Entwicklung fördert auch eine stärkere Personalisierung von Dienstleistungen, wodurch individuelle Bedürfnisse besser adressiert werden können.

Darüber hinaus ermöglicht die Digitalisierung eine verbesserte Datenerfassung und -analyse. Dies führt zu einem tieferen Verständnis von Mustern und Bedürfnissen in beiden Sektoren, was wiederum die Entwicklung zielgerichteter Strategien und Maßnahmen erlaubt. Die daraus resultierende evidenzbasierte Praxis stärkt die Wirksamkeit und Effizienz der Arbeit in der Sozial- und Kulturwirtschaft.

Der digitale Wandel bietet auch die Möglichkeit, neue Formen der Zusammenarbeit und Vernetzung zu entwickeln. Plattformen für den Austausch von Wissen, Best Practices und Ressourcen können sowohl innerhalb als auch zwischen den Sektoren entstehen, was zu einer stärkeren und effektiveren Gemeinschaft führt.

Gleichzeitig stellt die Digitalisierung die Fachkräfte in beiden Bereichen vor neue Herausforderungen. Sie müssen sich nicht nur mit den technischen Aspekten vertraut machen, sondern auch ethische, rechtliche und datenschutzrelevante Fragen berücksichtigen (vgl. hierzu unter anderem Kap. 8). Die Notwendigkeit einer kontinuierlichen Weiterbildung und Anpassung an die sich schnell verändernden Technologien wird somit zur Konstanten in der professionellen Praxis.

Abschließend ist zu betonen, dass der Einsatz digitaler Technologien in der Sozial- und Kulturwirtschaft also nicht nur eine Anpassung bestehender Praktiken erfordert, sondern auch die Tür zu grundlegend neuen Ansätzen und Innovationen öffnet. Es entstehen wegweisende Möglichkeiten, die sowohl die Art und Weise, wie soziale und kulturelle Leistungen verstanden und angeboten werden, als auch das damit verbundene menschliche Erleben tiefgreifend verändern können.

4.1 Der digitale Wandel in der Sozialwirtschaft

In den kommenden Abschnitten werden zunächst ausgewählte Bereiche der Sozialwirtschaft betrachtet, um den digitalen Wandel in diesen spezifischer zu beleuchten:

- Online-Beratung (vgl. Abschn. 4.1.1)
- Eingliederungshilfe (vgl. Abschn. 4.1.2)
- Altenhilfe (vgl. Abschn. 4.1.3)
- Verbandsarbeit (vgl. Abschn. 4.1.4)

4.1.1 Online-Beratung

Die Entwicklung der Online-Beratung in der Sozialen Arbeit ist eng mit dem Fortschritt der Digitalisierung in unserer Gesellschaft verbunden. Ursprünglich als Ergänzung zu traditionellen Beratungsformen gedacht, hat sie, vor allem seit den 2000er Jahren, signifikant an Bedeutung gewonnen.

Dieser Wandel wurde durch mehrere Faktoren begünstigt, wie den technologischen Fortschritt und damit verbunden eine bessere Internetverbindung, die Verbreitung von Smartphones und die Entstehung diverser Kommunikationsplattformen. Diese Innovationen haben nicht nur den Zugang zur Online-Beratung erleichtert, sondern auch deren Qualität und Effektivität verbessert.

Ein weiterer entscheidender Impulsgeber für die Verbreitung der Online-Beratung war die COVID-19-Pandemie. Durch die Einschränkungen persönlicher Treffen und den gleichzeitig gestiegenen Bedarf an psychosozialer Unterstützung verlagerte sich vieles ins Digitale. Dies führte zu einem enormen Anstieg der Nachfrage nach Online-Beratungsangeboten.

Die Online-Beratung bietet eine Vielzahl an Kommunikationswegen, wie E-Mail, Chat, Videoanrufe oder spezialisierte Beratungsplattformen und bringt bedeutende Vorteile mit sich. Einer der wichtigsten ist die Möglichkeit zur Anonymität, die insbesondere für Menschen, die mit Stigmatisierung oder Schamgefühlen etc. zu kämpfen haben, eine entscheidende Rolle spielen kann. Des Weiteren ist die Online-Beratung oft leichter zugänglich als traditionelle Angebote und ermöglicht eine individuell angepasste Unterstützung, die sich flexibel an die Bedürfnisse und Lebensumstände der Klient:innen anpassen lässt.

Die Bedeutung der Online-Beratung in der Sozialen Arbeit wächst stetig. Sie erweitert die Erreichbarkeit von Beratungsangeboten, indem sie Menschen Leistungen bereitstellt, die aufgrund geografischer, physischer oder psychologischer

Barrieren bisher ausgeschlossen waren. Zusätzlich ermöglicht sie eine Spezialisierung und Diversifizierung der Angebote, wodurch verschiedenste Zielgruppen und Themenfelder abgedeckt werden können.

Die Online-Beratung birgt jedoch auch Herausforderungen und kritische Aspekte. Dazu gehören Fragen zur Datensicherheit, die Notwendigkeit spezifischer Kompetenzen bei den Fachkräften sowie die mögliche Reduzierung des persönlichen Kontakts. Diese Aspekte sind bedeutende Diskussionspunkte bei der Weiterentwicklung und Bewertung der Online-Beratung.

Zusammenfassend lässt sich sagen, dass die Online-Beratung eine wertvolle und zunehmend wichtige Ergänzung im Spektrum der Sozialen Arbeit darstellt. Ihre zukünftige Entwicklung wird maßgeblich von technologischen Innovationen, gesellschaftlichen Trends und politischen Entscheidungen abhängen und sowohl Chancen als auch Herausforderungen für die Soziale Arbeit mit sich bringen.

Formen und Ausprägungen der Online-Beratung

Abb. 4.1 zeigt die inhaltliche Vielfalt der derzeit von der Caritas Deutschland angebotenen Online-Beratungen.

In Feldern wie diesen wird sowohl synchrone als auch asynchrone Online-Beratung angeboten, sowie Kombinationen aus beiden.

Online-Beratung, die in Echtzeit stattfindet, wird als synchrone Online-Beratung bezeichnet, gelegentlich auch als Live-Online-Beratung. Hierbei kommunizieren Berater:innen und Klient:innen unmittelbar in Echtzeit, meist über Videoanrufe, Telefonate oder Live-Chats. Diese Form der Beratung ähnelt in ihrer Interaktivität und Direktheit der traditionellen persönlichen Beratung und ermöglicht ein sofortiges Feedback.

Im Gegensatz dazu steht die asynchrone Online-Beratung, bei der Fragen unabhängig von Ort und Zeit gestellt und Antworten zu einem späteren Zeitpunkt eingesehen werden. Diese Form der Beratung findet oft über E-Mails, spezielle Online-Plattformen oder durch den Austausch von Nachrichten in Foren und ähnlichen Plattformen statt. Asynchrone Beratung bietet sowohl Berater:innen als auch Klient:innen die Flexibilität, Nachrichten zu versenden und zu empfangen, wann es ihnen zeitlich passt. Sie ist besonders geeignet für Klient:innen, die ihre Anliegen sorgfältig formulieren möchten und Zeit benötigen, um über ihre Fragen oder Probleme nachzudenken, bevor sie diese mit einer:einem Berater:in teilen.

Die Entscheidung für eine Mischform aus synchroner und asynchroner Online-Beratung bietet eine flexible und umfassende Lösung, die die Vorteile beider Ansätze vereint. Diese hybride Beratungsform ermöglicht es, ein breites Spektrum

4.1 Der digitale Wandel in der Sozialwirtschaft

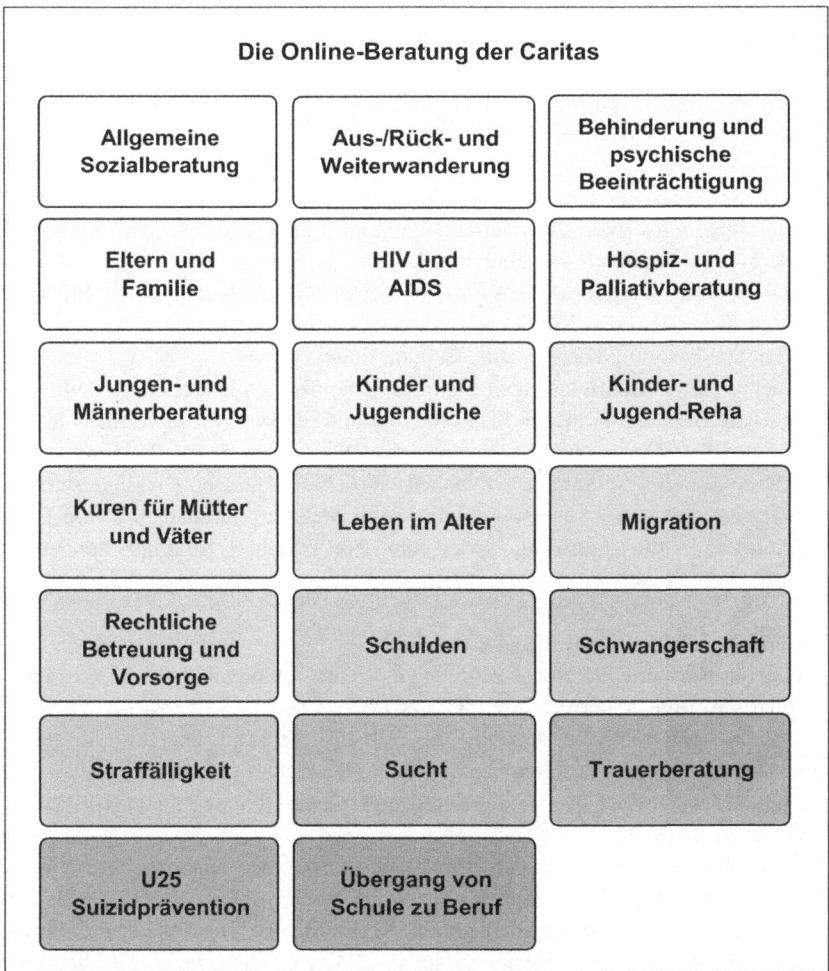

Abb. 4.1 Felder der Online-Beratung am Beispiel der Caritas Deutschland (in Anlehnung an Caritas 2024)

an Bedürfnissen und Präferenzen der Klient:innen zu adressieren, während gleichzeitig die Effektivität und Zugänglichkeit der Beratungsdienstleistung maximiert werden.

Nachfolgend finden sich konkrete Beispiele für Online-Beratungen aus der Praxis der Sozialwirtschaft und Sozialen Arbeit:

Beispiel 1: Deutscher Caritasverband
Quelle: https://www.caritas.de/hilfeundberatung/onlineberatung, https://www.caritas.de/hilfeundberatung/onlineberatung/anleitung, abgerufen am: 09.03.2024:

„Die Online-Beratung der Caritas. Ihr Leben schlägt Purzelbäume? Probleme wachsen Ihnen über den Kopf? Lassen Sie sich von Fachleuten der Caritas online beraten. Die Beratung kostet nichts, ist anonym und sicher."

Nach dieser Einführung folgen Links zu den einzelnen Feldern (vgl. Abb. 4.1).

„Für die Beratung brauchen Sie keine E-Mail-Adresse. Um zu vermeiden, dass Unbefugte Ihre Frage und die Antwort der Berater lesen, hat die Caritas eine gesicherte Beratungsplattform entwickelt. Für diesen müssen Sie sich zunächst registrieren – das ist natürlich anonym möglich! Dort schreiben Sie Ihre Frage (ähnlich wie in einer normalen E-Mail, nur eben gesichert), und dort können Sie auch die Antwort abholen."

Beispiel 2: Telefonseelsorge Deutschland
Quelle: https://online.telefonseelsorge.de/, https://online.telefonseelsorge.de/content/mailseelsorge, abgerufen am: 09.03.2024:

„Anmeldung zur Onlineseelsorge. Es fällt Ihnen schwer, über Ihre Sorgen zu sprechen? Vielleicht fällt Ihnen das Schreiben leichter. Hier können Sie zwischen Mail und Chat wählen. Ein oder eine Seelsorger*in wird Ihnen in einem schriftlichen Kontakt zur Seite stehen."

„Die Mailseelsorge ermöglicht Ihnen auch über einen längeren Zeitraum mit einer Person in Kontakt zu bleiben. Wie beim Briefe schreiben, können Sie sich Zeit nehmen, ihre Gedanken zu sortieren. In der Regel können Sie innerhalb von 72 Stunden mit einer ersten Antwort auf ihre Mail rechnen. In Einzelfällen kann die Beantwortung länger dauern. Sollte dies so sein, bitten wir um ihr Verständnis. […].

Um die Möglichkeit der Mailseelsorge nutzen zu können, müssen Sie sich registrieren und anmelden. Wir erbitten dabei weder ihren Namen noch ihre Adresse. Lediglich eine funktionierende Mailadresse, über die wir Sie erreichen können, und ein Benutzername, um Sie ansprechen zu können, sind für die Nutzung erforderlich."

4.1 Der digitale Wandel in der Sozialwirtschaft

Beispiel 3: Pro Familia Bundesverband
Quelle: https://www.profamilia.de/beratung/beratungsformen, abgerufen am: 09.03.2024:
„Bei pro familia können Sie wählen, wie Sie beraten werden. Sie können zu uns vor Ort in eine Beratungsstelle kommen, sich per Video oder Telefon beraten lassen oder an die Mail-Beratung schreiben. Nicht alle Beratungsstellen bieten aktuell alle Formen der Beratung an. Was die Beratungsstelle in Ihrer Nähe anbietet, können Sie über die Icons erkennen. Und nicht für alle Anliegen ist jede Beratungsart möglich oder geeignet."
 Es stehen Beratung vor Ort, Video-Beratung und Telefonberatung zur Verfügung. Konkrete lokale Beratungsangebote können dann unter https://www.profamilia.de/beratung/unsere-beratungsstellen recherchiert werden.

Beispiel 4: Diakonisches Werk Berlin Stadtmitte („echt unersetzlich")
Quelle: https://www.echt-unersetzlich.de/wir-und-unser-angebot-fuer-pflegende-jugendliche/, abgerufen am: 09.03.2024:
„Wir sind ein gemeinnütziges und kostenfreies Hilfsangebot für Jugendliche und junge Erwachsene in Berlin. Wir sind für Euch da, wenn Ihr in Eurer Familie oder im Freundeskreis jemand schwer krank ist oder eine Behinderung hat. Wir beraten kostenlos und auf Wunsch anonym.
 Zusätzlich bieten wir auch Familiengespräche an. Wenn Du und Deine Familie gerne mal zusammen über die Situation zu Hause, die Krankheit, Pflege und anderes gemeinsam sprechen wollt, aber jemanden braucht, der das Gespräch neutral leitet, unterstützen wir Euch dabei."

Beispiel 5: Lukas-Werk Gesundheitsdienste
Quelle: https://www.lukas-werk.de/sucht/beratung, abgerufen am: 09.03.2024:
„Sie haben Fragen zum Thema Sucht? Sind selber betroffen oder machen sich Sorgen um betroffene Angehörige oder Freunde? Bei uns erhalten Sie die nötigen Informationen zu allen Fragen rund um das Thema Sucht. Eine Online-Beratung ist ideal für Betroffene und Interessierte, wenn:

- Sie sich nicht sicher sind, wer für Ihr Problem zuständig ist,
- Sie zu den Öffnungszeiten unserer Fachambulanzen keine Zeit haben,
- Sie nicht mobil sind,
- es Ihnen leichter fällt, zu schreiben als zu reden,
- Sie sich erst einmal unverbindlich informieren wollen,
- Sie besonderen Wert auf die Wahrung Ihrer Anonymität legen."

4.1.2 Eingliederungshilfe

In der Eingliederungshilfe findet die Künstliche Intelligenz (KI) bereits breite Anwendung, wobei die Umsetzung von Texten in leicht verständliche Sprache ein anschauliches und überzeugendes Beispiel für ihren Nutzen darstellt. Wenn man die computerbasierte maschinelle Intelligenz ChatGPT selbst nach der Unterstützung durch intelligente Maschinen in Bezug auf Leichte Sprache befragt, liefert sie eine aussagekräftige und zutreffende Antwort:

„Künstliche Intelligenz leistet einen wertvollen Beitrag zur Förderung der leichten Sprache, indem sie Texte automatisiert vereinfacht, ohne dabei den Kerninhalt zu verändern. Sie unterstützt dabei, komplexe Sätze in einfachere Strukturen umzuwandeln und Fachjargon durch allgemein verständliche Begriffe zu ersetzen. Die KI kann auch sicherstellen, dass die vereinfachten Texte den Regeln der Leichten Sprache entsprechen, was die Barrierefreiheit der Information für Menschen mit Lese- oder Lernschwierigkeiten erhöht" (Quelle: ChatGPT, abgerufen am: 18.12.2023).

Durch die Verwendung von leichter Sprache können entscheidende Alltagsinformationen und -kenntnisse einem breiteren Publikum zugänglich gemacht werden. Dies trägt nicht nur dazu bei, komplexe Inhalte besser zu verstehen, sondern fördert auch die Inklusion und Selbstständigkeit von Personen mit verschiedenen Lernbedürfnissen.

Abb. 4.2 zeigt ein Beispiel für die Übersetzung komplexer Ausgangstexte in barrierefreie und leicht verständliche Sprache mittels des KI-basierten Tools „SUMM AI" (abgerufen am: 18.12.2023).

Weitere Beispiele verdeutlichen, welche Potenziale durch den Einsatz von KI in der Eingliederungshilfe bestehen: Künstliche Intelligenz …

- erleichtert die Dokumentation und Verwaltung von Förderplänen.
- hilft bei der Diagnostik von Entwicklungsstörungen durch Mustererkennung.
- ermöglicht barrierefreien Zugang zu digitalen Inhalten durch Bild- und Texterkennung.
- verbessert die Effizienz therapeutischer Maßnahmen durch Datenanalyse.
- assistiert bei der Auswahl geeigneter Arbeitsplätze für Menschen mit Behinderungen.
- unterstützt die Früherkennung von Krisensituationen durch Verhaltensanalyse.
- ermöglicht Echtzeit-Übersetzungen für gehörlose oder schwerhörige Personen.
- trägt zur Verbesserung der Feinmotorik durch robotergestützte Therapiesysteme bei.

4.1 Der digitale Wandel in der Sozialwirtschaft

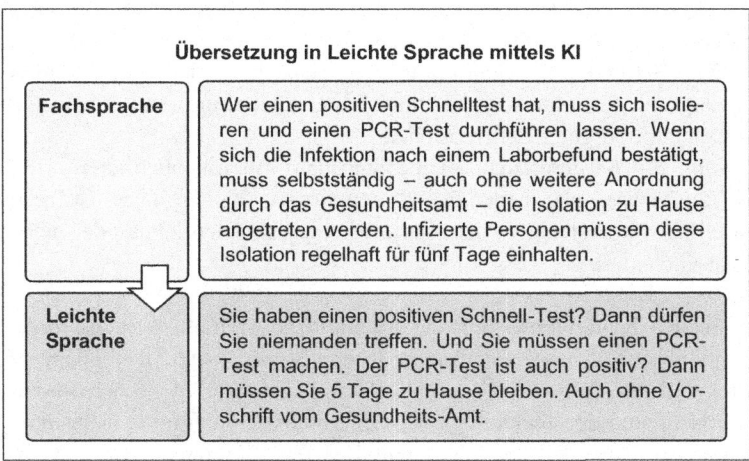

Abb. 4.2 Übersetzung in Leichte Sprache mittels KI. (Eigene Darstellung, Inhalte entnommen aus SUMM AI)

4.1.3 Altenhilfe

Künstliche Intelligenz prägt aktuell auch die Altenhilfe in vielfältiger Weise:

- *Assistenz:* Persönliche Assistenzsysteme, gesteuert durch KI, können Senior:innen im Alltag unterstützen, indem sie an Medikamente, Termine und tägliche Aktivitäten erinnern. Sie können auch einfache Konversationen führen, was zur geistigen Stimulation beitragen und Einsamkeit verringern kann.
- *Überwachung:* KI-Systeme können kontinuierlich elementare Gesundheitsdaten wie Herzfrequenz, Schlafmuster und Aktivitätsniveaus überwachen. Auffälligkeiten oder Abweichungen von den normalen Mustern können frühzeitig erkannt und gemeldet werden, sodass schnell reagiert und präventive Maßnahmen ergriffen werden können.
- *Prävention:* Durch die Analyse von Bewegungsmustern können KI-Systeme Stürze erkennen und vorbeugen, Warnungen aussenden und automatisch Hilfe rufen.
- *Stimulation:* KI-basierte Spiele und Aktivitäten können älteren Menschen mit Demenz oder kognitiven Beeinträchtigungen helfen, ihr Gedächtnis zu erhalten und ihre kognitive Funktion zu stimulieren.

- *Automatisierung:* KI kann Routineaufgaben automatisieren und Datenanalysen durchführen, um das Pflegepersonal zu entlasten und mehr Zeit für die persönliche Betreuung der Senior:innen zu schaffen. Sie kann außerdem bei der Planung und Koordination der Pflege unterstützen, um eine individuelle und effiziente Versorgung sicherzustellen.
- *Zugang:* Mit KI-gestützten Telemedizin-Plattformen können ältere Menschen von zu Hause aus medizinische Betreuung erhalten. Dies ist besonders vorteilhaft für diejenigen, die in abgelegenen Gebieten leben oder mobilitätseingeschränkt sind.

Insgesamt hat KI das Potenzial, die Altenhilfe in vielfältiger Weise zu verbessern, indem sie z. B. personalisierte Unterstützung bietet, das Pflegepersonal entlastet und das Sicherheits- und Wohlbefinden älterer Menschen fördert. Mit dem Fortschreiten der Technologie werden voraussichtlich noch mehr innovative Anwendungen entwickelt, die die Altenpflege transformieren.

4.1.4 Verbandsarbeit

Verbände engagieren sich für die gemeinsamen Anliegen und Belange ihrer Mitgliedsorganisationen. Sie agieren als Vertreter:innen gegenüber politischen Entscheidungsträger:innen, erarbeiten branchenspezifische Standards und Richtlinien und fördern die Vernetzung und Kooperation sowohl innerhalb ihres Verbandes und als auch darüber hinaus. Eine wesentliche Aufgabe dieser Verbände besteht darin, ihre Mitglieder über bedeutsame Entwicklungen, gesetzliche Veränderungen und branchenrelevante Themen auf dem Laufenden zu halten und sie in ihren Prozessen beratend zu unterstützen. Hierbei kann die Digitalisierung auf unterschiedliche Weise hilfreich sein.

Ein konkretes Beispiel für den Einsatz von Digitalisierung zur Stärkung der Verbandsarbeit liegt in der Verbesserung der Kommunikation und des Informationsaustauschs. Durch den Einsatz digitaler Plattformen, Newsletter, Webinare und sozialer Medien kann ein Verband die Kommunikation mit seinen Mitgliedern optimieren. Diese Maßnahmen ermöglichen eine schnelle Verbreitung aktueller Informationen, interaktive Beteiligungsmöglichkeiten, die Klärung von Fragen und den Austausch unter den Mitgliedern.

Weitere Beispiele für die Nutzung digitaler Technologien in der Verbandsarbeit sind:

- *Partizipation:* Digitale Plattformen können die Partizipation der Mitglieder und der Zielgruppen an Entscheidungsprozessen erleichtern. Online-Umfragen und Diskussionsforen ermöglichen eine breitere Einbindung der Stakeholder:innen.
- *Aufklärung:* Digitale Medien bieten eine Möglichkeit, um die Öffentlichkeit über soziale Themen zu informieren und für Anliegen sowie politische Forderungen zu werben. Durch Social-Media-Kampagnen und Online-Petitionen können Wohlfahrtsverbände ihre Anliegen einer breiteren Zielgruppe zugänglich machen.
- *Verwaltung:* Digitale Systeme (z. B. Verwaltungssoftware, CRM-Systeme oder Analysetools) ermöglichen eine verbesserte Verwaltung und Analyse von Mitgliederdaten. Diese Informationen können beispielsweise im Rahmen des Marketings genutzt werden, um die Bedürfnisse der Mitglieder besser zu verstehen und gezielt auf sie einzugehen.

4.2 Der digitale Wandel in der Kulturwirtschaft

Auch die Kulturwirtschaft steht aufgrund des digitalen Wandels im Zeichen tiefgreifender Veränderungen. Mit diesen Veränderungen gehen sowohl Chancen als auch Herausforderungen einher.

- *Verhaltensänderung:* Digitale Medien haben das Verhalten und die Erwartungen des Publikums verändert, was wiederum die Art und Weise beeinflusst, wie kulturelle Inhalte konsumiert und erlebt werden. Beispiel: Wachsende Vorliebe für digitale und interaktive Kulturerlebnisse, insbesondere bei jüngeren Generationen.
- *Archivierung:* Die Digitalisierung ermöglicht die Erstellung, Verbreitung und Archivierung von kulturellen Inhalten in digitalen Formaten. Dies erweitert die Reichweite und Zugänglichkeit kultureller Werke. Beispiel: Durch die Bereitstellung ihrer Sammlungen im Internet ermöglichen Museen einen globalen Zugang zu Kunstwerken und Artefakten.
- *Erweiterung der Angebote:* Digitale Medien und Technologien erweitern die Möglichkeiten der kulturellen Bildung, indem sie Zugang zu Bildungsressourcen und interaktiven Lernformaten bieten. Beispiel: Online-Kurse und -Workshops, die künstlerische Fähigkeiten und kulturelles Wissen vermitteln.
- *Innovation:* Neue Technologien wie Virtual Reality (VR) und Augmented Reality (AR) eröffnen innovative Wege, um kulturelle Erlebnisse zu schaffen, die interaktiv und immersiv sind. Beispiel: VR-Ausstellungen, die Besucher:innen in historische Ereignisse oder fiktive Welten eintauchen lassen.

- *Kuration:* Digitale Werkzeuge ermöglichen neue Formen des Kunstschaffens und der Kuration, bei denen Künstler:innen und Kurator:innen digitale Medien als Teil ihres kreativen und kuratorischen Prozesses nutzen. Beispiel: digitale Kunstinstallationen, die interaktive Elemente und digitale Medien integrieren.
- *Globalisierung:* Digitale Plattformen revolutionieren den Vertrieb kultureller Produkte und Dienstleistungen. Sie ermöglichen Künstler:innen und Kultureinrichtungen, ein globales Publikum zu erreichen. Beispiel: Streaming-Dienste für Filme, Musik und Bücher, die eine vielfältige Auswahl an Inhalten auf Abruf bieten.
- *Interaktion:* Soziale Medien bieten Kulturakteur:innen leistungsstarke Werkzeuge für Marketing, Publikumsentwicklung und direkte Interaktion mit dem Publikum. Beispiel: Künstler:innen und Kultureinrichtungen, die soziale Medien nutzen, um ihre Werke zu promoten und mit ihrem Publikum in Dialog zu treten.
- *Rechtsfragen:* Die Digitalisierung wirft wichtige Fragen zum Urheberrecht und zum Schutz des geistigen Eigentums auf. Beispiel: Debatten über die angemessene Vergütung für Künstler:innen und Urheber:innen in der Ära von Streaming-Diensten und digitaler Verbreitung.

Der digitale Wandel in der Kulturwirtschaft eröffnet neue kreative Möglichkeiten und Geschäftsmodelle, fordert aber auch traditionelle Praktiken und Rahmenbedingungen heraus. Es ist wichtig, dass Kulturakteur:innen sowohl die technologischen Möglichkeiten als auch die gesellschaftlichen Implikationen dieser Entwicklungen berücksichtigen, um die Kultur in einer zunehmend digitalisierten Welt zu erhalten und weiterzuentwickeln.

Transformatorische Wandlungen sind im Folgenden aufgeführt:

- *Veränderung der Produktionsprozesse:* Die Veränderung der Produktionsprozesse durch digitale Technologien in Bezug auf Methoden und Werkzeuge sowie Geschwindigkeit, Effizienz und Zugänglichkeit des kreativen Schaffens in der Kulturwirtschaft ist tiefgreifend und vielfältig. Vielfältige neue Softwareapplikationen wie z. B. Ableton Live (https://www.ableton.com) haben die Musikproduktion revolutioniert, indem sie umfangreiche Aufnahme-, Bearbeitungs- und Mischfunktionen in einer digitalen Umgebung bieten. Diese Tools machen teure Studioausrüstung überflüssig und ermöglichen es Musiker:innen, professionelle Aufnahmen zu Hause zu produzieren.
- *Niedrigere Einstiegsbarrieren:* Eine breite Palette von Sounds kann durch virtuelle Instrumente und Effekte erzeugt werden, ohne physische Instrumente.

4.2 Der digitale Wandel in der Kulturwirtschaft

Dies öffnet kreative Möglichkeiten und senkt die Einstiegsbarrieren für neue Künstler:innen.

- *Innovative Applikationen:* Programme wie Adobe Premiere Pro, Final Cut Pro und DaVinci Resolve haben als innovative Bearbeitungssoftware die Postproduktion von Videos und Filmen dramatisch vereinfacht. Mit fortschrittlichen Funktionen für Schnitt, Farbkorrektur und Effekte können Filmemacher:innen ihre Visionen mit einer Präzision umsetzen, die früher nur mit deutlich höherem Aufwand möglich war. Durch den Einsatz digitaler Technologien wird die Produktion von aufwendigen visuellen Effekten und Animationen möglich, die eine fließende Grenze zwischen dem Realen und dem Imaginären schaffen. Infolgedessen entstehen innovative narrative Methoden und Formen des kreativen Ausdrucks im Bereich der Filmherstellung.
- *Innovative Hard- und Software:* Digitale Kunst- und Designprojekte nutzen Grafiktablets und Software wie Adobe Photoshop und Illustrator, um neue Möglichkeiten zu erhalten, von der digitalen Schöpfung und Bearbeitung bis hin zur Umwandlung digitaler Entwürfe in physische Objekte mittels 3D-Druck.
- *Cloudbasierte Zusammenarbeit:* Kreativteams können cloudbasiert zusammenarbeiten, unabhängig von Ort und Zeit. Aspekte des Schaffens werden zunehmend durch künstliche Intelligenz unterstützt, von der Automatisierung repetitiver Aufgaben bis hin zur Generierung von Inhalten. Dies kann die Produktivität steigern und Künstler:innen ermöglichen, sich auf die kreativsten Aspekte ihrer Arbeit zu konzentrieren.
- *Vereinfachter Zugang zu Werken:* Stark verändert haben sich auch die Verbreitung und Konsumption und damit die Zugänglichkeit von Werken. Der manchmal sogar kostenlose bzw. häufig mit einem niedrigen Festpreis verbundene Zugriff auf eine breite Palette von Inhalten wird durch Streaming-Dienste für Bücher, Filme, Kunstwerke, Musik und anderen Kunstobjekte ermöglicht. Die Zugänglichkeit von Kultur hat sich für ein breiteres Publikum deutlich verbessert, was jedoch gleichzeitig Herausforderungen für traditionelle Vertriebswege und Monetarisierungsstrategien mit sich bringt.
- *Neue Geschäftsmodelle:* Die Digitalisierung hat zur Entwicklung neuer Geschäftsmodelle geführt, wie z. B. Crowdfunding, Abonnementdienste und Mikrotransaktionen. Diese Modelle ermöglichen es Kreativen und Kulturunternehmen, ihre Arbeit direkt zu monetarisieren und eine engere Beziehung zu ihrem Publikum aufzubauen.
- *Einfachere Verbreitung von Werken:* Durch den leichteren Zugang zu digitalen Produktions- und Vertriebstools können nun auch Einzelpersonen und kleinere Gruppen Inhalte erstellen und verbreiten. Dies hat zu einer Explosion

von Indie-Produzenten und einer Vielfalt an Inhalten geführt, die zuvor durch die Barrieren des traditionellen Verlags- und Produktionswesens eingeschränkt waren.

- *Neue Formen der Interaktion:* Digitale Plattformen und soziale Medien haben neue Formen der Interaktion und des Engagements zwischen Schöpfer:innen und ihrem Publikum ermöglicht. Nutzer:innen können direkt Feedback geben, Inhalte teilen und sogar an der Kreation teilnehmen, was die Beziehung zwischen Künstler:innen und Fans vertieft.
- *Komplexeres Urheberrecht:* Die leichte Vervielfältigung und Verbreitung digitaler Inhalte wirft aber auch Fragen zum Urheberrecht und zum Schutz geistigen Eigentums auf. Kreative und Unternehmen müssen neue Wege finden, ihre Werke zu schützen, während sie gleichzeitig die Möglichkeiten der digitalen Welt nutzen.
- *Globalisierung:* Die Digitalisierung ermöglicht es Kulturschaffenden, ein globales Publikum zu erreichen. Dies hat die Märkte erweitert, aber auch zu erhöhtem Wettbewerb und der Notwendigkeit geführt, sich in einem gesättigten Markt zu differenzieren.

Diese Transformationen beeinflussen, wie Kulturschaffende arbeiten, wie Kultur erlebt wird und wie kreative Unternehmen funktionieren. Sie bieten sowohl Chancen für Innovation und Wachstum als auch Herausforderungen, die angegangen werden müssen, um die Vitalität und Vielfalt der Kulturwirtschaft in der digitalen Ära zu erhalten.

Wirkungen des digitalen Wandels in den Teilmärkten der Kulturwirtschaft
Die nachfolgenden Beispiele, stichwortartig dargestellt, zeigen ergänzend umfassende Auswirkungen des digitalen Wandels auf alle Teilmärkte der Kulturwirtschaft und unterstreichen die Vielfalt der Entwicklungen:

- *Darstellende Künste:* Livestreaming von Aufführungen. Virtuelle und Augmented–Reality-Theatererfahrungen. Online-Ticketverkauf und -buchung. Digitale Bühnentechnologien und -effekte. Interaktive Aufführungen durch digitale Einbindung des Publikums. Online-Workshops und -Schulungen. Digitale Archivierung von Aufführungen. Crowdfunding für Theaterprojekte. Social-Media-Promotion und -Marketing für Aufführungen. Virtuelle Theatergruppen und Kollaborationen.
- *Buchmarkt:* E-Books und E-Reader. Selbstveröffentlichung über Plattformen wie Amazon Kindle Direct Publishing. Digitaler Buchhandel. Audiobücher und

4.2 Der digitale Wandel in der Kulturwirtschaft

Streaming-Dienste. Kollaboratives Schreiben und Online-Plattformen. Interaktive und Multimedia-Bücher. Online-Buchclubs und -diskussionen. KI-gestützte Buchempfehlungssysteme. Elektronische Bibliotheken und Archive. Print-on-Demand-Dienstleistungen.

- *Kunstmarkt:* Online-Galerien und -Auktionen. Digitale Kunstwerke und Drucke. Virtuelle und Augmented-Reality-Kunstinstallationen. Künstliche Intelligenz in Kunstschöpfung. Blockchain für Kunstauthentifizierung und -transaktionen. Digitale Portfolios für Künstler:innen. Online-Kunstplattformen für Entdeckung und Verkauf. Kunstmarktplätze und -plattformen. 3D-Druck für Kunstobjekte. Digitale Werkzeuge für Kunstbildung und -vermittlung.
- *Filmwirtschaft:* Streaming-Plattformen wie Netflix und Amazon Prime. Digitale Filmaufnahme und -bearbeitung. Virtuelle Realität und 360°-Filme. Online-Ticketverkauf und -reservierung. KI in Filmproduktion und -bearbeitung. Digitales Filmmarketing und Social Media Promotion. Crowdfunding für Filmprojekte. Online-Filmfestivals und -Wettbewerbe. Augmented Reality in Film und Werbung. Cloud-Technologien für Filmproduktion und -vertrieb.
- *Musikwirtschaft:* Streaming-Dienste wie Spotify und Apple Music. Digitale Vertriebsplattformen und Online-Musikshops. Digitale Aufnahmetechnologien und Musikproduktionssoftware. Social-Media-Marketing und Künstler:innenpromotion. Online-Ticketverkauf für Konzerte. Digitale Sampling-Techniken. Crowdfunding und -sourcing für Musikprojekte. Virtuelle Konzerte und Livestreams. Musik-Identifikationsdienste wie Shazam. Podcasts und ihre Integration mit Musik.
- *Rundfunkwirtschaft:* Internet-Radio und Podcasts. On-Demand-Streaming von TV-Sendungen. Online-Plattformen für User-Generated Content. KI-gesteuerte Inhaltsvorschläge. Interaktives Fernsehen. Cloudbasierte Produktions- und Sendungstechniken. Personalisierte Werbung und Inhalte. Social-Media-Integration und -Engagement. Digitaler Journalismus und Berichterstattung. Multimedialer Content und Crossmediale Strategien.
- *Software-/Games-Industrie:* Cloud-Gaming und Streaming-Plattformen. Virtual und Augmented-Reality-Spiele. Künstliche Intelligenz in Spielen. Mobile Gaming und App-Entwicklung. eSports und professioneller Spielwettbewerb. Digitale Vertriebsplattformen wie Steam und Epic Games Store. Social Gaming und Multiplayer-Online-Plattformen. Spieleentwicklungstools und -engines. Monetarisierungsmodelle wie Free-to-Play und In-Game-Käufe. Gamification in Bildung und anderen Branchen.
- *Werbewirtschaft:* Programmatic Advertising und automatisierter Medieneinkauf. Personalisierte und zielgerichtete Werbekampagnen. KI-gestützte Werbeanalyse und -optimierung. Social-Media-Werbekampagnen und Influencer-Marketing.

Virtuelle und Augmented Reality in der Werbung. Digitale Out-of-Home-Werbung. Video-on-Demand-Werbung. Mobile Werbung und App-basierte Werbeformate. Content-Marketing und Native Advertising. Datenanalyse und Customer-Relationship-Management (CRM) in der Werbung.
- *Designwirtschaft:* Digitale Designsoftware und -werkzeuge. Online-Portfolios und -Plattformen. 3D-Druck im Design. Virtuelle und Augmented Reality im Produktdesign. Crowdsourcing und Kollaborative Designprojekte. Online-Marktplätze für Designprodukte. KI im Designprozess. Digitaler Prototypenbau und Simulation. Webdesign und UX/UI-Entwicklungen. E-Learning-Plattformen für Designbildung.

Literatur

Caritas (Hrsg.) (2024). *Die Online-Beratung der Caritas.* In https://www.caritas.de/hilfeundberatung/onlineberatung/onlineberatung. Abgerufen am: 09.03.2024.

Endreß, A., Wandjo, H. (2021). *Musikwirtschaft im Zeitalter der Digitalisierung. Handbuch für Wissenschaft und Praxis.* Baden-Baden: Nomos Verlagsgesellschaft.

Fischer, F., Zacher, J. (2024). *Digitale Chancen in der häuslichen Pflege nutzen.* Berlin, Heidelberg: Springer.

Gaubiz, E., Ebert, K., Förster, M., Schlicht, F., Arlinghaus, J. (2023). *Wo geht das Fax hin? Changemanagement und die digitale Transformation in der psychosozialen Beratung: eine zusammenfassende Studiendarstellung.* Magdeburg: Otto von Guericke University Library. In https://opendata.uni-halle.de/bitstream/1981185920/103747/1/Gaubiz%20et.al.%20_Wo%20geht%20das%20Fax%20hin_2023.pdf. Abgerufen am: 01.03.2024.

Haupt, M., Reismann, H. (2023). *Editorial: Digitalisierung in der Sozialwirtschaft.* In Sozialer Fortschritt. 72 (11): 807–809.

Kolhoff, L. (2024). *Menschen mit Behinderung: Digitalisierung erweitert die beruflichen Chancen.* In SOZIALwirtschaft. Zeitschrift für Führungskräfte in sozialen Unternehmungen. 34 (6): 24–26.

Kreidenweis, H. (2023). *Stand, neuere Entwicklungen und Zukunft der Digitalisierung in der Sozialwirtschaft.* In Sozialer Fortschritt. 72 (11): 811–828.

Mayer, M. (2007). *Kulturwirtschaft im Wandel – Analyse der Digitalisierung von Musikindustrie, Filmindustrie und Literaturmarkt.* Saarbrücken: VDM Verl. Dr. Müller.

Voigt, D. (2022). *Digitalisierung im Sozial- und Gesundheitswesen – Zukunftsnavigator für Sozial- und Gesundheitswesen.* Wiesbaden: Springer Fachmedien.

Digitaler Wandel in den Handlungsfeldern des Managements

5

Werner Heister

> **Inhalt**
> Der digitale Wandel beeinflusst die Handlungsfelder des Managements in der Sozialwirtschaft und Kulturwirtschaft maßgeblich. Die Digitalisierung und die digitale Transformation haben weitreichende Auswirkungen, indem sie die Art und Weise, wie Unternehmen insgesamt operieren, ihre Geschäftsmodelle gestalten, ihre betrieblichen Funktionen konzipieren und ihre Leistungen erbringen, grundlegend verändern. Vgl. beispielsweise Schupp and Wöhner (2023), Heister and Tiskens (2023), Pabst and Mittelmeier (2022), Petry and Jäger (2021), Halfar et al. (2020), Kopf et al. (2020). Ziel der nachfolgenden Ausführungen ist es, diese Veränderungen zu verdeutlichen und entsprechende Schlussfolgerungen zu ziehen.

In den folgenden Abschnitten werden die Handlungsfelder des Managements näher betrachtet, um deren mögliche Beeinflussung spezifischer zu beleuchten:

- Auswirkungen auf das gesamte Unternehmen (vgl. Abschn. 5.1)
- Auswirkungen auf die Geschäftsmodelle (vgl. Abschn. 5.2)
- Auswirkungen auf die betrieblichen Funktionen (vgl. Abschn. 5.3)
- Auswirkungen auf Bürokommunikation und Selbstmanagement (vgl. Abschn. 5.4)

Management bedeutet hier Unternehmensführung, also die zielgerichtete Gestaltung, Steuerung und Entwicklung von Unternehmen, Organisationen, Einrichtungen, Betrieben etc.

5.1 Auswirkungen auf das gesamte Unternehmen

Die Auswirkungen der Digitalisierung und der digitalen Transformation auf zentrale Aspekte eines Unternehmens der Kultur- bzw. Sozialwirtschaft lassen sich wie folgt beschreiben:

- *Vision:* Die Vision eines Unternehmens wird angemessen erweitert, umformuliert oder komplett überarbeitet, um den Veränderungen durch die Digitalisierung und der digitalen Transformation gerecht zu werden.
- *Unternehmenszweck:* Unternehmen und Einrichtungen bewerten aufgrund des digitalen Wandels ihre Rolle in der Gesellschaft neu. Mission, Strategien etc. werden angepasst. Entsprechend wird der Unternehmenszweck angeglichen.
- *Leitbild:* Das Leitbild wird aktualisiert, um die digitale Transformation und ihre Prinzipien wie Innovation, Agilität, Risikomanagement und Technologiebereitschaft besser widerzuspiegeln und Stakeholder:innen zu integrieren.
- *Unternehmenskultur:* Die Unternehmenskultur ändert sich oft erheblich, um eine digitale Kultur zu fördern, die Veränderungen, Zusammenarbeit und Flexibilität begünstigt. Diese neue Kultur treibt die Akzeptanz digitaler Methoden und Werkzeuge voran.
- *Einstellung zu Innovationen:* Die Einstellung zu Innovationen verändert sich von einer konservativen zu einer proaktiven, risikobereiten Haltung. Unternehmen pflegen eine Kultur der kontinuierlichen Verbesserung und des Experimentierens, um im digitalen Zeitalter wettbewerbsfähig zu bleiben und zu überleben.
- *Entwicklung von Kompetenzen/Future Skills:* Die Förderung von Zukunftskompetenzen (Future Skills) wie digitale Kompetenz allgemein (Digital Literacy), Datenkompetenz, digitale Projektlösungskompetenz und kreative Problemlösung (mithilfe digitaler Mittel) etc. wird essenziell. Unternehmen investieren in Weiterbildungsprogramme und Lernplattformen, um sicherzustellen, dass ihre Mitarbeiter:innen für die Herausforderungen und Möglichkeiten der digitalen Wirtschaft gerüstet sind.
- *Technologieinfrastruktur:* Die Technologieinfrastruktur wird modernisiert und grundlegend überarbeitet, um neue Vorgehensweisen zu unterstützen, die Effizienz zu steigern und innovative Services anzubieten. Investitionen in Cloud-Dienste, Cybersecurity und die Integration von IoT-Geräten sind vielfach notwendig.
- *Krisenmanagement:* Unternehmen erkennen die Bedeutung eines effektiven Krisenmanagements und passen ihre Strategien an, um schnell auf unerwartete Ereignisse reagieren zu können. Dazu gehört die Implementierung

von Instrumenten für die frühzeitige Erkennung von Krisen, die regelmäßige Aktualisierung der Krisenpläne und die Einführung geeigneter Maßnahmen.

In der Gesamtschau führt die digitale Transformation zu einer signifikanten Neuausrichtung der Kernbereiche eines Unternehmens. Dies umfasst die Neufassung der Vision, die Reevaluierung des Unternehmenszwecks, die Aktualisierung des Leitbilds sowie strategische Investitionen in die Unternehmenskultur und Technologieinfrastruktur, um eine nachhaltige und resiliente Zukunft zu sichern.

5.2 Auswirkungen auf die Geschäftsmodelle

5.2.1 Strategische Geschäftseinheiten als Schauplätze der Transformation

Strategisches Management bezieht sich sowohl auf einzelne Dienstleistungen und Produkte als auch auf Kombinationen. Letzteres ist häufig zielführender. Strategisches Management bezieht sich weiterhin auf (Teil-)Märkte bzw. Kund:innengruppen. Kombinationen, die eine passende aggregierte und zusammengefasste Perspektive (Leistungen und Märkte/Kund:innengruppen) insgesamt bieten, werden als *Strategische Geschäftseinheiten (SGE)* eines Unternehmens bezeichnet.

Beispielsweise gehören zur SGE „Kunst- und Ausstellungsmanagement" einer Kunstberatungsfirma vielfältige *Leistungen,* die den gesamten Prozess von der Kunstakquise bis zur Nachbetreuung der Käufer:innen abdecken, also etwa: Akquise von Künstler:innen, Ausstellungskonzeption und -planung, Organisation und Koordination von Vernissagen, Marketing und Promotion von Ausstellungen, Transport sowie Montage und Sicherung der Kunstwerke, Erstellung von Katalogen und weiterem Ausstellungsmaterial, Budgetierung und Finanzmanagement für Ausstellungen. Märkte bzw. Kund:innen sind z. B. Galerien und Museen.

Mittels SGE können Synergien zwischen verschiedenen Produkten oder Dienstleistungen erkannt und genutzt werden, was zu effizienteren und gezielteren Managemententscheidungen führt. Dieser Ansatz trägt dazu bei, die Komplexität zu reduzieren, und lässt eine klarere strategische Ausrichtung zu.

Ein großer Vorteil der Konzentration des strategischen Managements auf SGE-Ebene besteht darin, besser auf die Bedürfnisse und Erwartungen der Kund:innen eingehen zu können.

Auf dieser Ebene können Strategien entwickelt werden, die sich nicht nur auf einzelne Produkte oder Dienstleistungen fokussieren, sondern die Bedürfnisse der Zielgruppe in einem breiteren Kontext berücksichtigen. Dies führt zu einer gezielteren Kund:innenansprache und -bindung, da die Angebote und Kommunikationsstrategien spezifischer auf deren Bedürfnisse abgestimmt sind. Strategische Geschäftseinheiten werden durch folgende Merkmale charakterisiert:

- Es existiert ein eindeutig definiertes und dauerhaftes Kund:innenproblem.
- Es lässt sich eine SGE bilden, die zur Lösung des Problems entsprechende Leistungen (Dienstleistungen und/oder Produkte in Kombination) anbietet.
- Die spezifische Kombination der SGE unterscheidet sich deutlich von anderen Kombinationen, z. B. bezüglich der Qualität, des Service, des Preises, des Marketings etc.
- Für diese konkreten SGE können unabhängig von anderen SGE eigene Strategien geplant und realisiert werden.
- Die SGE hat grundsätzlich die Möglichkeit, bestehende Wettbewerbsvorteile zu nutzen oder neue aufzubauen.

Die Dimensionen, unter denen strategische Geschäftseinheiten gebildet werden, sind:

- *Kund:innengruppe, Klient:innengruppe,*
- *Leistungserbringung,*
- *Technik/Technologie.*

Beispiel Sozialwirtschaft: Betrachten wir in der Sozialwirtschaft eine große Hilfsorganisation im Bereich der Wohlfahrt, die eine Vielzahl von Dienstleistungen wie Essen auf Rädern, Hausnotruf, ambulante Pflege, Beratung und Betreuung, technische Hilfsmittel sowie Mobilitätsdienste und vieles mehr anbietet. Innerhalb dieser Organisation können die SGE anhand folgender Kriterien gestaltet werden:

- *Kund:innengruppe, Klient:innengruppe:* pflegebedürftige ältere Menschen, nicht pflegebedürftige ältere Menschen, Menschen mit Behinderungen
- *Leistungserbringung:* Alarmierung von Hilfe im Notfall, Erste Hilfe, Pflege zu Hause, warme und kalte Mahlzeiten
- *Technik/Technologie:* Hausnotruf, Ortung mittels GPS, Essen auf Rädern, ambulante Pflege, stationäre Pflege

In dieser Organisation bildet sich eine SGE heraus, die als *„Ambulante soziale Dienste"* bezeichnet werden kann. Anstelle einer leistungsorientierten Geschäftsfeldbezeichnung wie beispielsweise „Ambulante soziale Dienste" sollte jedoch eine markt- und kund:innenorientierte Philosophie und Bezeichnung wie „Sicher und unabhängig daheim!" präferiert werden. Also erhält die SGE die offizielle Bezeichnung „Sicher und unabhängig daheim".

5.2.2 Transformation in der SGE „Sicher und unabhängig daheim"

Die digitale Transformation hat einen signifikanten Einfluss auf die SGE:
Der digitale Wandel verändert und verbessert z. B. die *ambulanten Pflegedienste* grundlegend.

- Ein wesentlicher Aspekt ist die Einführung elektronischer Patient:innenakten, die eine effiziente Dokumentation und bessere Koordination der ambulanten Pflege ermöglichen. Diese digitalen Akten erleichtern den Informationsaustausch zwischen verschiedenen Pflegekräften und Gesundheitseinrichtungen, wodurch eine kontinuierliche und abgestimmte Pflege gewährleistet wird.
- Zudem nutzen Pflegekräfte vermehrt mobile Apps, um ihre Hausbesuche zu planen und wichtige Informationen direkt vor Ort zu dokumentieren. Diese Apps tragen dazu bei, die administrative Last zu verringern und mehr Zeit für die eigentliche Pflege zu schaffen.
- Telemedizinische Anwendungen spielen ebenfalls eine zunehmend wichtige Rolle. Sie ermöglichen die Fernüberwachung und Beratung von Patient:innen, was besonders in ländlichen Gebieten oder für Patient:innen mit eingeschränkter Mobilität von großem Nutzen ist.
- Ein weiterer wichtiger Punkt ist die digitale Medikamentenverwaltung. Durch spezielle Verwaltungssysteme wird die Medikamentensicherheit erhöht, indem beispielsweise Dosierungsfehler reduziert und die Einhaltung der Medikamentenpläne überwacht werden.
- Schließlich profitieren Pflegekräfte und indirekt damit auch die Klient:innen von Online-Schulungsplattformen, die es ihnen ermöglichen, sich kontinuierlich weiterzubilden und zu spezialisieren. Diese Plattformen bieten Zugang zu einer Vielzahl von Ressourcen und Kursen, die dazu beitragen, das Fachwissen aktuell zu halten und die Qualität der Pflege stetig zu verbessern.

Bei *„Essen auf Rädern"*

- erleichtern digitale Bestellsysteme die effiziente Bestellung und Planung der Lieferungen. Mobile Apps bieten Kund:innen die Möglichkeit, ihre Bestellungen zu verfolgen und Menüs anzupassen,
- optimiert GPS-gesteuerte Fahrzeugverfolgung die Lieferwege,
- vereinfachen Online-Zahlungssysteme die Abrechnung,
- ermöglichen Kund:innen-Feedback-Systeme über digitale Plattformen eine kontinuierliche Serviceverbesserung.

Im Bereich der *Reinigungsdienste*

- sorgen digitale Planungstools für eine effiziente Zuweisung und Verwaltung von Reinigungsaufgaben,
- ermöglicht der Einsatz von „Internet of Things (IoT)"-Geräten die Fernüberwachung der Reinigungsbedürfnisse,
- helfen mobile Reporting-Apps für das Reinigungspersonal bei der Dokumentation und Meldung von Vorfällen,
- unterstützen Online-Schulungsmodule die kontinuierliche Weiterbildung des Personals,
- tragen Kund:innenfeedback-Plattformen zur Qualitätsverbesserung bei.

Im *Krankentransport*

- führen digitale Einsatzplanungssysteme zur Optimierung der Routen und Ressourcen,
- verbessern elektronische Patient:innenakten und Datenübertragung zwischen Rettungsdiensten und Krankenhäusern die Patient:innenversorgung,
- unterstützen mobile Apps die Echtzeit-Kommunikation und Navigation, während Telematik-Lösungen die Fahrzeugüberwachung und Effizienz steigern,
- erhöhen Online-Trainingsmodule die Kompetenz des Fahrpersonals in Sicherheits- und Betreuungsfragen.

Für die Leistungserbringung trägt die digitale Transformation dazu bei, Prozesse zu vereinfachen, die Qualität zu steigern und die Dienste für Kund:innen und Mitarbeiter:innen zugänglicher und effektiver zu machen.

5.2.3 Disruptive Transformationen

Manche Transformationen sind als disruptiv zu bezeichnen. Der Begriff „disruptiv" in Bezug auf die digitale Transformation und die strategischen Geschäftsfelder bezieht sich auf Technologien, Innovationen oder Geschäftsmodelle, die etablierte Branchenstrukturen grundlegend verändern oder sogar vollständig umgestalten (vgl. auch Abschn. 2.1):

- *Marktveränderung:* Disruptive Innovationen schaffen neue Märkte und Wertnetzwerke. Sie können bestehende Produkte oder Dienstleistungen obsolet machen, indem sie einfacher, günstiger, zugänglicher oder effizienter sind.
- *Technologischer Fortschritt:* Häufig sind es neue Technologien, die disruptive Veränderungen antreiben. Diese Technologien können etablierte Geschäftsmodelle herausfordern oder überholen, da sie oft leistungsfähiger, kostengünstiger oder kund:innenfreundlicher sind.
- *Veränderte Kund:innenbedürfnisse:* Disruptive Innovationen sprechen oft neue oder bisher unerfüllte Kund:innenbedürfnisse an. Sie können neue Kund:innensegmente erschließen, die von bestehenden Unternehmen ignoriert wurden.
- *Skalierung und Marktdurchdringung:* Anfangs können disruptive Technologien oder Geschäftsmodelle in einem kleinen Segment beginnen, aber mit der Zeit können sie exponentiell wachsen und eine breite Marktdurchdringung erreichen.

Etablierte Unternehmen haben oft Schwierigkeiten, auf disruptive Innovationen zu reagieren, da diese tiefgreifenden Veränderungen in Geschäftsmodellen, Organisationsstrukturen und Unternehmenskulturen erfordern können.

In der digitalen Transformation der Erwerbswirtschaft sind disruptive Innovationen besonders bedeutsam, da sie das Potenzial haben, ganze Industriezweige zu revolutionieren und Unternehmen dazu zwingen, sich anzupassen oder Gefahr zu laufen, irrelevant zu werden (vgl. Abschn. 6.2.3).

In der Sozialen Arbeit führt die digitale Transformation ebenfalls zu disruptiven Veränderungen, die sowohl die Art und Weise, wie Dienstleistungen erbracht werden, als auch die Interaktion mit Klient:innen und die organisatorischen Strukturen betreffen. Hier sind einige spezifische Beispiele für disruptive Technologien und Ansätze in der Sozialen Arbeit:

- *Apps zur Selbsthilfe und Prävention:* Anwendungen zur Förderung des Wohlbefindens und zur Vorbeugung von Problemen. Diese Apps ermöglichen einen niedrigschwelligen und jederzeit zugänglichen Zugang zu Informationen und Übungen, was die Eigenverantwortung und Selbstfürsorge der Nutzer:innen stärkt.

- *Augmented Reality (AR) für Bildungszwecke und Therapie:* Einsatz von AR-Technologien zur anschaulichen Vermittlung von Inhalten. AR bietet die Möglichkeit, komplexe Sachverhalte interaktiv und anschaulich darzustellen, wodurch sowohl der Lernerfolg als auch der Therapieerfolg gesteigert werden.
- *Big Data und Predictive Analytics:* Durch die Analyse großer Datenmengen können Trends erkannt, Risikobewertungen vorgenommen und präventive Maßnahmen in der Sozialen Arbeit entwickelt werden. Diese Techniken ermöglichen es, Probleme frühzeitig wahrzunehmen und präventiv zu handeln, bevor sie sich verschärfen.
- *Chatbots für Erstberatung:* Bereitstellung erster Hilfestellungen und Informationen via Chatbots. Diese Bots bieten einen sofortigen und rund um die Uhr verfügbaren ersten Kontakt für Ratsuchende, was die Zugänglichkeit sozialer Dienste erleichtert.
- *Digitale Dokumentenverwaltung:* Effiziente Speicherung und Verwaltung von Klient:innenakten, verbesserte Datensicherheit, schnellerer Zugriff auf wichtige Informationen.
- *Digitale Fallverwaltungssysteme:* Verbesserung der Organisation und Effizienz in der Fallbearbeitung. Digitale Systeme erleichtern die systematische Erfassung und Bearbeitung von Fällen, was zu einer verbesserten Betreuungsqualität führt.
- *Interaktive Karten für soziale Ressourcen:* Visualisierung von Dienstleistungen und Hilfsangeboten in einer Region. Solche Karten ermöglichen es Menschen, schnell und einfach Zugang zu lokalen Ressourcen und Unterstützungsangeboten zu finden.
- *Künstliche Intelligenz in der Diagnostik und Intervention:* KI-Systeme können dabei helfen, Muster in der Biografie und im Verhalten von Klient:innen zu erkennen und maßgeschneiderte Interventionspläne zu entwickeln. Dies führt zu einer personalisierten und effektiveren Sozialen Arbeit.
- *Mobile Apps für Krisenintervention:* Schnelle Unterstützung für Personen in Notlagen. Diese Apps bieten direkten Zugang zu Hilfsangeboten und können in Krisensituationen lebensrettend sein.
- *Online- und Tele-Beratung:* Durch digitale Plattformen können Sozialarbeiter:innen Klient:innen über Videokonferenzen oder Chat-Systeme etc. beraten, was den Zugang zu Dienstleistungen für Personen in abgelegenen oder unterversorgten Gebieten verbessert. Dies erhöht die Reichweite sozialer Dienste und ermöglicht eine flexible und bedarfsgerechte Unterstützung.

5.2 Auswirkungen auf die Geschäftsmodelle

- *Online-Beratungsdienste:* Bereitstellung von psychologischer Beratung über das Internet. Diese Dienste ermöglichen einen vertraulichen und leicht zugänglichen Zugang zu professioneller Unterstützung, insbesondere für Menschen, die physische Beratungsstellen nicht aufsuchen können oder wollen.
- *Online-Community-Plattformen:* Schaffung virtueller Räume für den Austausch und Support innerhalb der Gemeinschaft. Solche Plattformen fördern den Zusammenhalt und bieten eine Plattform für gegenseitige Unterstützung und Informationsaustausch.
- *Online-Plattformen für Spenden und Fundraising:* Digitale Werkzeuge zur Unterstützung von Spendenkampagnen. Diese Plattformen erhöhen die Sichtbarkeit von Projekten und erleichtern die finanzielle Unterstützung durch ein breiteres Publikum.
- *Soziale Medien für Aufklärungsarbeit:* Nutzung von Plattformen wie Twitter oder Facebook zur Sensibilisierung. Diese Medien ermöglichen eine schnelle und weitreichende Verbreitung von Informationen und fördern die aktive Teilnahme an gesellschaftlichen Diskussionen.
- *Telematik in der Pflege:* Einsatz von Technologien zur Fernüberwachung und -betreuung. Diese Technologien ermöglichen eine kontinuierliche Überwachung und Betreuung von Patient:innen, insbesondere in ländlichen oder schwer zugänglichen Gebieten.
- *Virtuelle Realität für therapeutische Zwecke:* Einsatz von VR zur Behandlung von Phobien oder posttraumatischen Belastungsstörungen. VR bietet eine sichere und kontrollierte Umgebung, in der Patient:innen mit ihren Ängsten konfrontiert werden können, ohne realen Risiken ausgesetzt zu sein.
- *Wearables und IoT (Internet of Things) in der Betreuung und Überwachung:* Tragbare Technologien können zur Überwachung von Gesundheitsdaten bei älteren Menschen oder Personen mit chronischen Erkrankungen eingesetzt werden.

Diese Beispiele zeigen, wie digitale Technologien die traditionellen Ansätze in der Sozialen Arbeit ergänzen und erweitern können, um effizientere, zugänglichere und individuellere Dienstleistungen zu bieten.

5.3 Auswirkungen auf die betrieblichen Funktionen

Der digitale Wandel manifestiert sich ebenfalls in den betrieblichen Funktionen der Sozial- und Kulturwirtschaft. Nachfolgend einige Beispiele in ausgewählten Bereichen, konkret Beschaffungsmanagement (vgl. Tab. 5.1), Personalmanagement (vgl. Tab. 5.2); Marketing (vgl. Tab. 5.3), Controlling (vgl. Tab. 5.4) sowie Finanz- und Fundraising-Management (vgl. Tab. 5.5).

Tab. 5.1 Personalmanagement. (Eigene Darstellung)

Personalmanagement	
Erläuterung	Personalmanagement (PM) meint die zielgerichtete Gestaltung, Steuerung und Entwicklung von Unternehmen mittels der Managementfunktionen Personal, also dem speziellen Bereich, der sich mit dem Produktionsfaktor menschliche Arbeit beschäftigt. Als synonyme Begriffe finden sich häufig die Bezeichnungen „Personalwesen" oder „Personalwirtschaft" bzw. der englische Begriff „Human-Resource-Management" (HRM, kurz HR). Ziel des Personalmanagements ist es, Mitarbeitende mit passenden Kompetenzen zur richtigen Zeit am richtigen Ort effektiv und effizient bereitzustellen, um die Leistungen des Unternehmens wirtschaftlich zu erbringen. Die wichtigsten Funktionen sind Personalgewinnung/-beschaffung/-akquise, Personalbeurteilung, Personalentwicklung, Personalhonorierung, Personaleinsatz/Arbeitszeitgestaltung, Personalwirtschaft, Personalfreisetzung, Personalcontrolling. Hinzu kommen ggf. spezielle Aspekte wie z. B. Outplacement. Vom Personalmanagement abzugrenzen ist die „Personalführung" als eigenständige Managementfunktion.
Potenziale (beispielhaft)	Im digitalen Zeitalter vollzieht sich ebenfalls eine kontinuierliche Transformation im Personalmanagement, wobei täglich neue Veränderungen und Herausforderungen entstehen (vgl. Petry, Jäger 2021): • Bei der Personalplanung und -beschaffung erleichtern digitale Rekrutierungstools den Prozess der Identifizierung und Ansprache geeigneter Kandidat:innen, indem sie eine effiziente Durchführung und Verwaltung von Bewerbungsprozessen ermöglichen. • Mitarbeiter:innenentwicklung und -förderung werden durch E-Learning- und Trainingsplattformen unterstützt, die den Mitarbeiter:innen flexible und zielgerichtete Weiterbildungsmöglichkeiten bieten. • Im Freiwilligenmanagement sorgt Freiwilligenmanagement-Software für eine verbesserte Koordination und Verwaltung von ehrenamtlichen Tätigkeiten. • Weiterhin erlaubt die Digitalisierung von Bewerbungs- und Auswahlprozessen eine effizientere und objektivere Gestaltung der Personalbeschaffung. • Bei der Gestaltung von Vergütungssystemen und Sozialleistungen führen automatisierte Gehaltsabrechnungssysteme zu einer präzisen und zeitsparenden Abwicklung. • Die Arbeitszufriedenheit und die Mitarbeiter:innenbindung werden durch Online-Mitarbeiter:innenfeedback-Systeme gefördert, die eine regelmäßige und ehrliche Kommunikation zwischen Mitarbeiter:innen und Management ermöglichen. • Schließlich erleichtern E-Learning-Module die Rechtsschulungen und die Vermittlung von arbeitsrechtlichem Wissen und unterstützen die Einhaltung von Compliance-Richtlinien.

5.3 Auswirkungen auf die betrieblichen Funktionen

Tab. 5.2 Beschaffungsmanagement. (Eigene Darstellung)

Beschaffungsmanagement	
Erläuterung	Beschaffungsmanagement meint die zielgerichtete Gestaltung, Steuerung und Entwicklung der Beschaffung. Statt Beschaffung werden auch die Begriffe Einkauf oder im Englischen Acquisition, Procurement, Purchasing und Sourcing verwendet. Ziel der Beschaffung ist es, die richtigen Güter zur richtigen Zeit am richtigen Ort effektiv und effizient bereitzustellen, um die Leistungen des Unternehmens wirtschaftlich zu erbringen. Nachfolgend sind wichtige Funktionen des Beschaffungsmanagements – alphabetisch sortiert – angegeben: Bedarfsermittlung, Bestellabwicklung, Contract-Management, Controlling, Kostenkontrolle, Lieferant:innenauswahl, Marktanalyse, Nachhaltigkeit, Pflege von Lieferant:innenbeziehungen, Rechnungsprüfung, Reklamationsmanagement, Risikomanagement, Sicherstellung der Qualität, Strategische Beschaffungsplanung, Verhandlung von Konditionen, Verwaltung des Lagerbestands, Wareneingangsprüfung.
Potenziale (beispielhaft)	Die Digitalisierung transformiert die Beschaffungsprozesse grundlegend, indem sie alle Phasen von der Bedarfsermittlung bis zur Rechnungsprüfung effizienter und transparenter gestaltet, z. B.: • Automatisierte Bestellsysteme führen zu einer effizienteren und präziseren Abwicklung und Verwaltung von Bestellprozessen (vgl. Schupp, Wöhner 2023). • Optimierte Lieferketten und reduzierte Lagerhaltungskosten können durch eine verbesserte Integration von Lieferern und automatische Datenanalyse erreicht werden. • Mittels KI-gestützter Prognosetools kann die Nachfragegenauigkeit erhöht und können somit Überbestände sowie Fehlbestände minimiert werden. • Bei der Bedarfsermittlung ermöglichen digitale Tools eine präzisere Analyse von Verbrauchsdaten und Trends, um den tatsächlichen Bedarf genau zu prognostizieren. • Im Rahmen der Ermittlung von Bezugsquellen bieten digitale Plattformen und Datenbanken Zugang zu einem globalen Pool von Lieferant:innen, was die Suche nach potenziellen Bezugsquellen vereinfacht. • Die Lieferant:innenauswahl profitiert von digitalen Bewertungssystemen, die Kriterien wie Preis, Qualität, Lieferfähigkeit und Nachhaltigkeit berücksichtigen, wodurch eine fundierte Entscheidungsfindung unterstützt wird. • Für Vertragsverhandlungen ermöglichen digitale Kommunikationsplattformen und KI-basierte Tools eine effizientere und datengestützte Verhandlungsführung. • Die Bestellabwicklung wird durch automatisierte Bestellsysteme beschleunigt, die den Bestellprozess nahtlos und fehlerfrei gestalten. Bei der Bestellüberwachung tragen Tracking-Systeme und Dashboards zur Echtzeit-Überwachung des Bestellstatus und zur Transparenz bei. • Der Wareneingang und die Lagerung profitieren von digitalen Lagerverwaltungssystemen, die eine optimierte Lagerhaltung und einen schnellen Wareneingang sicherstellen. • Abschließend erleichtert die Rechnungsprüfung durch den Einsatz elektronischer Rechnungsstellung und automatisierter Abgleichsysteme die schnelle und genaue Verarbeitung von Zahlungen. Insgesamt ermöglicht die Digitalisierung eine durchgehende Optimierung und Automatisierung der Beschaffungskette, was zu Kostensenkungen, Zeitersparnissen und verbesserten Lieferantenbeziehungen führt.

Tab. 5.3 Marketing. (Eigene Darstellung)

Marketing	
Erläuterung	Marketing fordert die Ausrichtung des Unternehmens an die Kund:innen (Klient:innen, Stakeholder:innen) unter der Berücksichtigung der Aktivitäten der Mitbewerber:innen sowie der Trends im Umfeld und der eigenen Stärken und Schwächen. Ein wichtiges Instrument ist das Marketingkonzept. Ein Marketingkonzept ist ein umfassender, gedanklicher Entwurf, der auf der Basis von Vision, Leitbild und Oberzielen der Unternehmung (Rahmenbedingungen) unter Berücksichtigung der Situationsanalyse (Marktforschung) und Prognosen die gegenwärtig und zukünftig relevanten Strategien, Ziele und die Planung der Marketinginstrumente (Maßnahmen) enthält, sowie eine Erfolgs- und Maßnahmenkontrolle. Im Marketing spielt die Digitalisierung eine entscheidende Rolle bei der Optimierung von Marketingprozessen, beginnend mit den Rahmenbedingungen und der Situationsanalyse bis hin zur Kontrolle der Erfolge und Maßnahmen (vgl. Pabst, Mittelmeier 2022).
Potenziale (beispielhaft)	• Die digitale Technologie ermöglicht eine umfassende und präzise Situationsanalyse durch den Einsatz von Datenanalysetools, welche Einblicke in Markttrends, Zielgruppenverhalten und Konkurrenzaktivitäten bieten. • Auf dieser Basis können maßgeschneiderte digitale Marketingstrategien entwickelt werden, die sich auf Suchmaschinenoptimierung, Content-Marketing, soziale Medien und E-Mail-Marketing sowie Branding konzentrieren, um spezifische Zielgruppen effektiv anzusprechen. • Digitale Maßnahmen wie zielgerichtete Werbekampagnen, Influencer:innen-Kooperationen und virale Marketinginitiativen erlauben es Organisationen der Sozial- und Kulturwirtschaft, ihre Reichweite zu vergrößern und tiefere Beziehungen zu Stakeholder:innen aufzubauen. • Die digitale Technologie verbessert zudem die Kontrolle der Marketingeffekte erheblich, indem sie fortschrittliche Analysetools und Key Performance Indicators (KPIs) zur Bewertung der Wirksamkeit von Kampagnen und zur Feinabstimmung zukünftiger Maßnahmen bietet. • Somit erlaubt die Digitalisierung eine agile, datengestützte Entscheidungsfindung und fortlaufende Optimierung im Marketing der Sozial- und Kulturwirtschaft. • In der Öffentlichkeitsarbeit und Imagepflege führen Social-Media-Management-Tools zu einer effizienteren Gestaltung und Überwachung der Online-Präsenz, was eine gezielte Imagepflege und Kommunikation in der Sozial- und Kulturwirtschaft ermöglicht. • Für das Stakeholder:innen-Engagement und den Netzwerkaufbau sind digitale Networking-Plattformen entscheidend, da sie das Knüpfen und Pflegen beruflicher Kontakte vereinfachen und intensivieren. • Im Bereich Online-Marketing und Social-Media-Management erleichtern Social-Media-Analytik-Tools das Verstehen und Optimieren der Nutzer:inneninteraktionen und Kampagnenleistungen. Für Audience Development und Community Building sind digitale Community-Plattformen unerlässlich, da sie den Aufbau und die Pflege einer engagierten und interaktiven Gemeinschaft unterstützen. • Schließlich erleichtern E-Commerce-Plattformen im Merchandising und in der Verkaufsförderung den Vertrieb von Produkten und Dienstleistungen, indem sie eine breite Reichweite und einfache Handhabung bieten.

5.3 Auswirkungen auf die betrieblichen Funktionen

Tab. 5.4 Controlling. (Eigene Darstellung)

Controlling	
Erläuterung	Controlling meint Steuerung und beinhaltet die Planung, Informationsversorgung und Kontrolle im Unternehmen. Das Controlling im sozialen und kulturellen Sektor (Halfar et al. 2020) wird durch den Einsatz integrierter ERP-Systeme (Enterprise Resource Planning; vgl. auch Kapitel 7.3) wesentlich unterstützt, da diese eine umfassende und integrierte Sicht auf finanzielle und operative Daten bieten, was die Steuerung und Überwachung von Unternehmensprozessen vereinfacht.
Potenziale (beispielhaft)	• Bei der Budgetierung und Abweichungsanalysen helfen KI-basierte Forecasting-Tools, zukünftige Finanzentwicklungen genauer vorherzusagen und Budgetabweichungen frühzeitig zu erkennen. • Das Berichtswesen und Informationsmanagement profitiert von automatisierten Reporting-Systemen, die eine zeitnahe und genaue Erstellung von Berichten ermöglichen, wodurch Entscheidungsträger:innen stets aktuelle Informationen erhalten. • Für das Berichtswesen und die Leistungsmessung sind Dashboards für Leistungsindikatoren unerlässlich, da sie wichtige Kennzahlen übersichtlich darstellen und so eine schnelle Bewertung der Unternehmensperformance schaffen. • Im Bereich des Finanz- und Leistungscontrollings für kulturelle Projekte leistet Projektbudgetierungssoftware wertvolle Dienste, indem sie eine detaillierte Planung und Überwachung von Projektbudgets erlaubt. • Die Erfolgsmessung und Performance-Bewertung wird durch den Einsatz von KPI-Dashboards effizienter, da diese eine klare und konzentrierte Sicht auf die wichtigsten Leistungsindikatoren bieten und somit eine fundierte Bewertung der Unternehmensleistung sicherstellen.

Tab. 5.5 Finanz- und Fundraising-Management. (Eigene Darstellung)

Finanz- und Fundraising-Management	
Erläuterung	„Finanzmanagement meint die zielgerichtete Gestaltung, Steuerung und Entwicklung der finanziellen Mittel und damit insbesondere der Finanzstruktur und der Zahlungsströme eines Unternehmens. ... Und das sowohl in strategischer, also langfristiger Ausrichtung als auch in operativer, also kurzfristiger Ausrichtung. Im strategischen Finanzmanagement geht es um die langfristige Perspektive, also z. B. die Kapitalstruktur. Im operativen Finanzmanagement geht es um die kurzfristige Perspektive, also z. B. die aktuelle Liquiditätssicherung" (Heister, Tiskens 2023, S. 1 f.). Zum Finanzmanagement gehört in der Sozial- und Kulturwirtschaft auch das Fundraising, also die „Beschaffung von Mitteln, ohne dass der Mittelgeber eine Gegenleistung erwartet, z. B. von Spender:innen" (ebenda, S. 141). Die Digitalisierung beeinflusst das Fundraising tiefgreifend (vgl. Kopf et al. 2020), indem sie Visionen und Leitbilder spendensammelnder Organisationen prägt, neue Möglichkeiten in der Marktforschung bietet, die Entwicklung digitalzentrierter Strategien fördert, innovative Maßnahmen unterstützt und das Controlling im Fundraising effizienter gestaltet.

(Fortsetzung)

Tab. 5.5 (Fortsetzung)

Potenziale (beispielhaft)	**Finanzmanagement:** • Investitionsplanung und -controlling werden durch den Einsatz von Finanzplanungssoftware effizienter und genauer, da diese Tools eine detaillierte Übersicht und Analyse der finanziellen Aspekte erlauben. • Beim Liquiditätsmanagement erleichtern Online-Banking- und Finanzverwaltungstools die Überwachung und Verwaltung der finanziellen Ressourcen, was zu einer verbesserten finanziellen Steuerung und Stabilität beiträgt. • Im Risikomanagement und bei Absicherungsstrategien hilft Finanzrisikomanagement-Software, finanzielle Risiken zu identifizieren, zu analysieren und geeignete Maßnahmen zur Risikominderung zu ergreifen. • Schließlich gewährleisten digitale Reporting- und Analysewerkzeuge eine präzise und transparente Finanzberichterstattung, was die finanzielle Transparenz und Rechenschaftspflicht verbessert und das Vertrauen der Stakeholder:innen stärkt. **Fundraising-Management:** • Digitale Crowdfunding-Plattformen erleichtern das Sammeln von Finanzmitteln, indem sie einen direkten Zugang zu einer breiten Investor:innenbasis und so neue Finanzierungsmöglichkeiten in der Sozial- und Kulturwirtschaft eröffnen. • Beispielsweise ermöglicht die Digitalisierung durch soziale Medien und Datenanalytik eine präzisere Zielgruppenanalyse und -ansprache. • In der Marktforschung können Big Data und KI-gestützte Analysen dazu beitragen, Spender:innenverhalten und -präferenzen besser zu verstehen, was die Grundlage für maßgeschneiderte digitale Fundraising-Strategien bildet. • Diese Strategien münden in Maßnahmen wie personalisierte E-Mail-Kampagnen, zielgruppenspezifische Inhalte in sozialen Netzwerken oder die Nutzung von Crowdfunding-Plattformen, die eine direkte und effektive Spender:innenansprache ermöglichen. • Die Digitalisierung hat das Fundraising nachhaltig verändert, indem sich innovative und wirksame Wege zur Ansprache bestehender und potenzieller neuer Spender:innengruppen eröffnet haben und auch die Art und Weise, wie Organisationen und Spender:innen interagieren, sich grundlegend verändert hat. • Obwohl sich die Motive und Bedürfnisse von Spender:innen durch die Digitalisierung übrigens nicht gewandelt haben, sind insbesondere deren Erwartungen an digitale Kommunikationsformen gestiegen. • Plattformen haben generell eine größere Bedeutung erlangt und erleichtern und intensivieren den Aufbau und die Pflege von Netzwerken mit Spender:innen, Mitgliedern und Förderer:innen. Auch beim Kampagnenmanagement spielen Online-Fundraising-Plattformen eine zentrale Rolle, indem sie das Sammeln von finanziellen Mitteln effizienter und zugänglicher machen. • Im Bereich des Controllings erlauben digitale Tools eine Echtzeit-Überwachung und Analyse der Fundraising-Aktivitäten, was eine schnelle Anpassung an Veränderungen und Optimierung der Maßnahmen unterstützt. Die Digitalisierung eröffnet somit neue Horizonte im Fundraising, indem sie Organisationen befähigt, ihre Ziele „smarter" (vgl. zum Begriff „SMART" auch Kapitel 9.2), gezielter und mit größerer Reichweite zu verfolgen.

5.3 Auswirkungen auf die betrieblichen Funktionen

Weitere betriebliche Funktionen, kurz dargestellt:

- *Leistungserbringung (Produktion und Dienstleistungserbringung):* Im Ressourcenmanagement führen digitale Ressourcenplanungssysteme und digitale Kreativwerkzeuge zu einer effizienteren Verwaltung und Nutzung von Material und Personal, was eine optimierte und kreative Ressourceneinsatzplanung in der Sozial- und Kulturwirtschaft und auch ein besseres Eingehen auf die Bedürfnisse der Klient:innen ermöglicht. Das gilt insbesondere für die digitale Beratung, die erhebliche Bedeutung erlangt hat und vielfältig zum Einsatz kommt (vgl. Hörmann et al. 2023). Für die Organisation und Durchführung von kulturellen Veranstaltungen erleichtert der Einsatz von Event-Management-Software die Planung, Koordination und Umsetzung, indem sie komplexe Prozesse vereinfacht und eine effektive Steuerung sicherstellt.
- *Unternehmensleitung:* In der strategischen Planung und Unternehmensentwicklung ermöglicht Business-Intelligence-Software (vgl. Schmitz 2017) eine fundierte und datengestützte Entscheidungsfindung, indem sie umfassende Analysen und Einblicke in Markttrends, Kundenverhalten und interne Prozesse bietet, was für die Sozial- und Kulturwirtschaft essenziell ist, um sich an ein sich ständig veränderndes Umfeld anzupassen.
- *Mitarbeitendenführung:* Bei der Führung und Motivation von kreativen Teams spielen kreativitätsfördernde Collaboration-Tools eine wesentliche Rolle, da sie die Zusammenarbeit und Ideenfindung unterstützen, da sie eine Plattform für Brainstorming, gemeinsame Projektarbeit und effiziente Kommunikation bereitstellen, was in kreativen Arbeitsumgebungen besonders wichtig ist.
- *Organisation:* Die Strukturierung von Unternehmensabläufen wird durch den Einsatz von Workflow-Management-Systemen verbessert, die eine klare und effiziente Gestaltung von Arbeitsprozessen ermöglichen und somit zur Steigerung der Gesamteffizienz beitragen. Im Bereich des Prozessmanagements und der Prozessoptimierung führen KI-basierte Prozessanalysetools zu tieferen Einblicken und machen eine datengestützte Optimierung von Abläufen möglich, was insbesondere in der Sozial- und Kulturwirtschaft zur Leistungssteigerung beiträgt. Die effiziente Gestaltung von sozialen Dienstleistungsprozessen wird durch die Automatisierung von Routineaufgaben erreicht, was die Arbeitsbelastung reduziert und den Fokus auf klient:innenorientierte Tätigkeiten lenkt. Die Koordination zwischen verschiedenen Abteilungen und Teams wird durch den Einsatz virtueller Teamräume erleichtert, die eine Plattform für Zusammenarbeit und Informationsaustausch bieten, unabhängig von räumlichen Beschränkungen. Schließlich führen KI-gestützte Ressourcenplanungssysteme zu einer Effizienzsteigerung und Ressourcenoptimierung, indem

sie eine intelligente Verteilung und Nutzung von Ressourcen ermöglichen (vgl. zur Organisation in der Sozialwirtschaft Kolhoff 2024).
- *Logistikwirtschaft:* Im Bereich des Transport- und Lagermanagements (vgl. Meier und Pfeffer 2022) führen Flottenmanagement-Systeme zu einer verbesserten Überwachung und Steuerung von Fahrzeugflotten, was eine effizientere Nutzung und geringere Betriebskosten zur Folge hat. Für die Routen- und Transportplanung sind GPS- und Routenoptimierungstools entscheidend, da sie die effizienteste Streckenführung gewährleisten und so Zeit und Ressourcen sparen. Die Logistik für soziale Einrichtungen, insbesondere für den Transport von Hilfsgütern, profitiert von GPS-Tracking-Systemen, die für eine genaue Verfolgung der Transporte und eine optimierte Verteilung der Güter sorgen. Das Bestandsmanagement von Hilfsmitteln und Ressourcen wird durch den Einsatz von cloudbasierten Inventarisierungssystemen vereinfacht, indem sie eine zentrale und stets aktuelle Übersicht über Lagerbestände bieten. Die Koordination von Tourneen und Reisen für Künstler:innen und Ensembles wird durch Tour-Management-Systeme erleichtert, die alle Aspekte von der Planung bis zur Durchführung der Tour effizient verwalten. Schließlich erleichtern Produktionslogistiksoftware und Ressourcenplanungstools die Logistik für Film- und Fernsehproduktionen durch eine genaue Planung und Koordination aller logistischen Aspekte der Produktion.
- *Materialwirtschaft:* In der Materialwirtschaft (vgl. Arnolds et al. 2022), also der Beschaffung und Verwaltung von Hilfsgütern und Ausstattung erleichtern E-Procurement-Systeme den gesamten Beschaffungsprozess, indem sie eine effiziente, digitale Abwicklung von Bestellungen und Lieferungen ermöglichen, was sowohl Zeit als auch Ressourcen spart. Für nachhaltige Beschaffungsstrategien sind Tools zur Bewertung der Nachhaltigkeit von Lieferant:innen wichtig, da sie helfen, die Umwelt- und Sozialverträglichkeit der Lieferkette zu überwachen und zu verbessern. Die Beschaffung und Verwaltung von Requisiten und Ausstattung wird durch spezialisierte Beschaffungssoftware optimiert, die auf die spezifischen Anforderungen von künstlerischen und kulturellen Einrichtungen zugeschnitten ist. Das Lagermanagement für künstlerische Materialien und Werkzeuge profitiert von Inventarverwaltungssystemen, die durch eine genaue und effiziente Verwaltung des Lagerbestands sicherstellen, dass Materialien und Werkzeuge stets verfügbar und gut organisiert sind.
- *Informationsmanagement:* Der Einsatz von Technologie zur Verbesserung der Dienstleistungsqualität manifestiert sich durch die Nutzung von Kund:innenbeziehungsmanagement-Systemen (CRM), die es ermöglichen, Kund:inneninformationen zentral zu speichern und zu analysieren, um so einen

5.3 Auswirkungen auf die betrieblichen Funktionen

personalisierten und effizienten Kund:innenservice zu bieten. Die Verwaltung und Archivierung von digitalen und analogen Medien wird durch digitale Asset-Management-Systeme vereinfacht, die eine effiziente Organisation, Speicherung und Abrufbarkeit von Mediendateien ermöglichen. Die Digitalisierung von kulturellem Content wird durch Content-Management-Systeme unterstützt, die für eine einfache Erstellung, Verwaltung und Veröffentlichung digitaler Inhalte sorgen, wodurch kulturelle Inhalte einem breiteren Publikum zugänglich gemacht werden. Wissensmanagement und interne Kommunikation profitieren von Intranet-Lösungen, die als zentrale Plattform für den Informationsaustausch, die Zusammenarbeit und die Wissensspeicherung innerhalb einer Organisation dienen.

- *Forschung und Entwicklung:* Die Kooperation mit Universitäten und Forschungseinrichtungen wird durch digitale Plattformen für Forschungskooperationen gefördert, die den Austausch von Wissen und Ressourcen erleichtern und gemeinsame Projekte effizient unterstützen. Die Forschung zu sozialen Trends und Bedarfslagen profitiert von der Datenanalyse sozialer Medien, die tiefe Einblicke in gesellschaftliche Entwicklungen und Bedürfnisse gewährt. Bei der Evaluation und Wirksamkeitsprüfung sozialer und kultureller Programme sind digitales Monitoring und Reporting wesentlich, da sie eine genaue und zeitnahe Bewertung der Ergebnisse und Auswirkungen ermöglichen. Partnerschaften mit Forschungseinrichtungen werden durch den Einsatz von Online-Kollaborationswerkzeugen gestärkt, die eine effektive und flexible Zusammenarbeit über räumliche Distanzen hinweg erlauben. Die Entwicklung neuer künstlerischer Konzepte und Formate wird durch den Einsatz von Virtual Reality und Augmented Reality in der Kunst revolutioniert, was neue Ausdrucksformen und Erlebniswelten schafft. Kooperationen mit wissenschaftlichen Einrichtungen und Universitäten im Bereich der Kunst profitieren von digitalen Archivierungssystemen für eine dauerhafte und zugängliche Speicherung von Kunstwerken und Forschungsdaten.

Bezüglich jeder Managementfunktion ist es entscheidend, Ziele und Prozesse sowohl auf strategischer als auch auf operativer Ebene effektiv zu gestalten. Die in der folgenden Tab. 5.6 dargestellten, ausgewählten Aspekte sind hierbei hilfreich.

Der digitale Wandel innerhalb aller Managementfunktionen erfordert eine ganzheitliche Betrachtung und die Bereitschaft, bestehende Prozesse kritisch zu hinterfragen und neu zu gestalten. Erfolgreich ist der Wandel dann, wenn er nicht nur als technologisches Update, sondern als Chance für eine umfassende organisatorische Weiterentwicklung verstanden und genutzt wird.

Tab. 5.6 Aspekte zur Umsetzung der Digitalisierung in den Managementfunktionen. (Eigene Darstellung)

Bei der Umsetzung zu beachtende Aspekte	
Verstehen der Ausgangslage	Erfassen des aktuellen Stands der Digitalisierung innerhalb der einzelnen Managementfunktionen und Identifikation von Bereichen, die von der Digitalisierung profitieren könnten.
Analyse der Machbarkeit	Bestimmung der Umsetzbarkeit weiterer Digitalisierung innerhalb der Managementfunktion im Kontext des digitalen Wandels.
Konkretisierung von Zielen	Festlegen klarer, messbarer Ziele für den digitalen Wandel in den verschiedenen Managementfunktionen.
Entwicklung von Strategien	Ausarbeitung von Strategien (langfristigen Verhaltensweisen) zu einer umfassenden Digitalisierung bezüglich der Managementfunktion im Kontext der gesamten Roadmap-Digitalisierung. Setzung von Prioritäten, Zuordnung von Ressourcen, Festlegung von Zeitrahmen.
Auswahl geeigneter Technologien	Auswahl der digitalen Tools und Plattformen, die am besten zu den identifizierten Strategien und Zielen passen.
Planung der Implementierung	Entwicklung eines detaillierten Plans für die Einführung neuer Technologien, einschließlich Schulungsmaßnahmen für Mitarbeitende.
Schulung und Kompetenzaufbau	Sicherstellen, dass alle Mitarbeitenden die notwendigen Kompetenzen entwickeln, um mit den neuen Technologien effektiv zu arbeiten.
Anpassung von Prozessen	Anpassung interner Prozesse und Abläufe, um die neuen digitalen Werkzeuge optimal zu nutzen.
Überwachung der Leistungen	Regelmäßige Überprüfung der Performance der implementierten Technologien gegenüber den gesetzten Zielen.
Regelmäßige Überprüfungen	Einrichtung von Mechanismen für Feedback von Mitarbeitenden und Stakeholder:innen, um Herausforderungen frühzeitig zu identifizieren und anzugehen.
Kontinuierliche Verbesserung	Auf Basis der gesammelten Erfahrungen und des Feedbacks kontinuierliche Anpassungen und Verbesserungen der digitalen Werkzeuge und Prozesse innerhalb jeder Managementfunktion.
Zukunftsfähigkeit stets sicherstellen	Offenheit für neue Technologien und Trends bewahren, um die Organisation langfristig wettbewerbsfähig und zukunftsfähig zu halten.
Förderung eines Kulturwandel	Aufbau einer Kultur innerhalb jeder Managementfunktion, die digitale Innovationen und Veränderungen unterstützt und fördert.
Change-Management	Aktive Gestaltung des Veränderungsprozesses, um Widerstände zu minimieren und die Organisation auf die digitalen Veränderungen einzustimmen.

5.4 Digitaler Wandel im Bereich von Bürokommunikation und Selbstmanagement

Der digitale Wandel wirkt sich auch sehr wesentlich sowohl auf die Bürokommunikation (vgl. Tab. 5.7) und das Selbstmanagement (vgl. Tab. 5.8) aus.

5.4 Digitaler Wandel im Bereich von Bürokommunikation ...

Tab. 5.7 Bürokommunikation. (Eigene Darstellung)

Bürokommunikation	
Potenziale (beispielhaft)	• Der digitale Wandel hat die Bürokommunikation tiefgreifend verändert und zu einer signifikanten Effizienzsteigerung sowie zu einer Erhöhung der Flexibilität am Arbeitsplatz geführt. Die Einführung von E-Mail, Instant Messaging, Videokonferenzsystemen und kollaborativen Plattformen wie Slack oder Microsoft Teams hat traditionelle Kommunikationsmittel wie Briefpost und Faxgeräte weitgehend abgelöst. Diese Technologien garantieren eine sofortige und effektive Kommunikation zwischen Mitarbeiter:innen, unabhängig von ihrem geografischen Standort. Dadurch wird die Zusammenarbeit in Projekten erleichtert und beschleunigt, was wiederum eine schnellere Entscheidungsfindung und Problemlösung fördert. • Ein weiterer wesentlicher Aspekt des digitalen Wandels in der Bürokommunikation ist die Nutzung von Cloud-Diensten. Diese erlauben den Zugriff auf Dokumente und Daten von überall und zu jeder Zeit, was eine enorme Flexibilität und Mobilität der Arbeitskräfte gewährleistet. Die Cloud-Technologie fördert zudem die zentrale Speicherung von Informationen, wodurch Datenverluste minimiert und die Datensicherheit verbessert werden. Die Papierakte hat ausgedient und die digitale Akte ist unabhängig von Ort und Zeit • Künstliche Intelligenz (KI) und automatisierte Workflows spielen ebenfalls eine zunehmende Rolle in der modernen Bürokommunikation. Sie unterstützen bei der Priorisierung von Aufgaben, bei der Automatisierung routinemäßiger Prozesse und bei der Verbesserung der Kund:innenkommunikation durch personalisierte Antworten und Dienstleistungen. Diese Technologien tragen zur Effizienzsteigerung bei und geben den Mitarbeiter:innen Freiräume, um sich auf komplexere und wertschöpfende Aufgaben zu konzentrieren (vgl. hierzu Kapitel 3).

Der digitale Wandel bringt jedoch auch Herausforderungen mit sich, wie die Notwendigkeit der fortlaufenden Schulung der Mitarbeiter:innen in neuen Technologien, den Schutz vor Cyberangriffen und die Wahrung der Work-Life-Balance in einer immer vernetzteren Arbeitswelt. Um diese Herausforderungen zu bewältigen, müssen Unternehmen eine klare Digitalisierungsstrategie entwickeln und umsetzen (vgl. auch Abschn. 2.3 und 6.3.3).

Zusammenfassend lässt sich sagen, dass der digitale Wandel sowohl in der Bürokommunikation als auch im Selbstmanagement zu erheblichen Veränderungen geführt hat und weiterhin führen wird. Während neue Technologien zahlreiche Möglichkeiten zur Effizienzsteigerung und Flexibilisierung bieten, erfordern sie gleichzeitig ein hohes Maß an Anpassungsfähigkeit und eine bewusste Auseinandersetzung mit den damit verbundenen Herausforderungen.

Tab. 5.8 Selbstmanagement. (Eigene Darstellung)

Selbstmanagement	
Potenziale (beispielhaft)	<ul><li>Im Bereich des Selbstmanagements hat der digitale Wandel ebenso grundlegende Veränderungen bewirkt (vgl. auch Kapitel 3.2.1). Digitale Werkzeuge und Anwendungen wie Kalender-Apps, Projektmanagement-Software und Apps zur Gewohnheitsbildung unterstützen Individuen bei der Organisation ihres Arbeitsalltags und bei der Steigerung ihrer Produktivität. Diese Technologien ermöglichen eine präzise Zeitplanung, Zielsetzung und Fortschrittsüberwachung, was zu einer verbesserten Selbstorganisation führt.</li><li>Darüber hinaus hat die Verfügbarkeit von Online-Lernplattformen und -ressourcen das Selbstmanagement im Bereich der persönlichen Weiterbildung und Kompetenzentwicklung revolutioniert. Individuen können nun auf eine breite Palette von Kursen und Materialien zugreifen, um neue Fähigkeiten zu erlernen oder bestehende zu vertiefen. Dies fördert die lebenslange Lernbereitschaft und eine kontinuierliche berufliche und persönliche Entwicklung.</li><li>Die Nutzung digitaler Gesundheits- und Wellness-Apps ist ein weiterer Aspekt, durch den der digitale Wandel das Selbstmanagement positiv beeinflusst. Diese Apps bieten Werkzeuge zur Überwachung der körperlichen Aktivität, der Ernährung, des Schlafs und des allgemeinen Wohlbefindens, was zu einem bewussteren Umgang mit der eigenen Gesundheit führt.</li><li>Die Integration digitaler Technologien in das Selbstmanagement stellt jedoch auch Anforderungen an die Selbstregulation und das Zeitmanagement. Die permanente Verfügbarkeit von Informationen und Kommunikationsmöglichkeiten kann zu Überlastung und Ablenkung führen. Es ist daher wichtig, bewusste Strategien zur Nutzung digitaler Medien zu entwickeln, um deren Vorteile zu maximieren und potenzielle Nachteile zu minimieren.</li></ul>

Literatur

Arnolds, H., Heege, F., Röh, C., Tussing, W. (2022). *Materialwirtschaft und Einkauf: Grundlagen – Spezialthemen – Übungen*. 14. Auflage. Wiesbaden: Springer Gabler.

Halfar, B., Moos, G., Schellberg, K. (2020). *Controlling in der Sozialwirtschaft. Praxishandbuch*. 2. Auflage. Baden-Baden: Nomos.

Heister, W., Tiskens, J. (2023). *Finanzmanagement in Sozial-, Gesundheits- und Kultureinrichtungen. Eine Einführung*. Wiesbaden: Springer Fachmedien.

Hörmann, M., Tschopp, D., Wenzel, J. (2023). *Digitale Beratung in der Sozialen Arbeit*. Stuttgart: Kohlhammer Verlag.

Kolhoff, L. (2024). *Organisation der Sozialwirtschaft. Eine Einführung*. Wiesbaden: Springer VS.

Kopf, H., Krahn, B., Schmolze-Krahn, R. (2020). *Auswirkungen der Digitalisierung auf das Fundraising. Eine kulturelle Herausforderung*. In Urselmann, M. (Hrsg.). Handbuch Fundraising (S. 409–422). Wiesbaden: Springer Gabler.

Meier, K.-J., Pfeffer, M. (Hrsg.) (2022). *Produktion und Logistik in der digitalen Transformation: Analyse – Planung – Praxiserfahrungen*. Wiesbaden: Springer Fachmedien.

Literatur

Pabst, N., Mittelmeier, A. (Hrsg.) (2022). *Handbuch digitales Marketing: für Verantwortliche in Marketing, Kommunikation & Werbung.* 2. Auflage. Wien: Linde Verlag.

Petry, T., Jäger, W. (Hrsg.) (2021). *Digital HR: smarte und agile Systeme, Prozesse und Strukturen im Personalmanagement.* 2. Auflage. Freiburg, München, Stuttgart: Haufe Group.

Schmitz, R. (2017). *Business Intelligence. Daten systematisch nutzen.* In SOZIALwirtschaft. Zeitschrift für Führungskräfte in sozialen Unternehmungen 34 (5): 34–35.

Schupp, F., Wöhner, H. (2023). *Digitalisierung im Einkauf.* 2. Auflage. Wiesbaden: Springer Fachmedien.

Digitaler Wandel gelingt mit der Roadmap zur Digitalisierung

Markus Krings

> **Inhalt**
> Eine systematische Herangehensweise bei der Digitalisierung ist für Organisationen unverzichtbar. Sie eröffnet ihnen die Möglichkeit, die Potenziale der Digitalisierung bestmöglich zu nutzen und ihre Wettbewerbsfähigkeit zu steigern. Das vorliegende Kapitel befasst sich genauer mit dieser systematischen Herangehensweise und beleuchtet wichtige Aspekte und Schritte. Das Ergebnis ist eine Roadmap, bestehend aus vier grundlegenden Prämissen und vier Prozessschritten. Die Roadmap bietet konkrete Tipps und Empfehlungen und dient als wertvolle Orientierungshilfe für die erfolgreiche Durchführung des Digitalisierungsprozesses in der Praxis.

Der digitale Wandel stellt eine komplexe und herausfordernde Aufgabe dar. Um die Vorteile der Digitalisierung optimal auszugestalten, ist es für Organisationen von entscheidender Bedeutung, einen systematischen Ansatz zu verfolgen. Dazu gehören eine umfassende Analyse der aktuellen Organisationssituation, eine klare Definition der Strategie sowie eine gezielte Planung und konsequente Umsetzung von Maßnahmen. Weiter gilt es, die richtigen Technologien, Prozesse und Lösungen zu identifizieren und diese effektiv in die bestehenden Strukturen und Abläufe zu integrieren. Die umgesetzten Maßnahmen sind kontinuierlich zu überwachen und zu bewerten. Nur durch eine regelmäßige Überprüfung des Fortschritts und der Ergebnisse können Organisationen sicherstellen, dass sie auf dem richtigen Weg sind, und gegebenenfalls Anpassungen vornehmen, um ihre Ziele zu erreichen.

Die Originalversion des Kapitels wurde revidiert. Ein Erratum ist verfügbar unter
https://doi.org/10.1007/978-3-658-45676-4_11

© Der/die Autor(en), exklusiv lizenziert an Springer Fachmedien Wiesbaden GmbH, ein Teil von Springer Nature 2025, korrigierte Publikation 2025
W. Heister und M. Krings, *Digitalisierung in der Sozial- und Kulturwirtschaft*, Basiswissen Sozialwirtschaft und Sozialmanagement,
https://doi.org/10.1007/978-3-658-45676-4_6

Die nachfolgend vorgestellte Digitalisierungs-Roadmap knüpft an dieser Stelle an und bietet genau das: einen gezielten, strukturierten und umfassenden Fahrplan für den digitalen Wandel (vgl. auch Krings 2022, S. 77 ff.; Krings und Heister 2023, S. 67 ff.).

6.1 Die Roadmap: Zweck und Struktur

Bevor sich im Folgenden mit den spezifischen Bestandteilen der Roadmap im Detail beschäftigt wird, ist es zunächst wichtig, den Zweck und die Struktur der Roadmap an sich zu erläutern.

- *Zweck:* Die Roadmap versteht sich als strategisches Instrument, das Akteur:innen in der Sozial- und Kulturwirtschaft dabei hilft, ihre digitale Transformation zu planen, zu organisieren und umzusetzen. Sie ist Leitfaden und bietet eine schrittweise Anleitung mit praktischen Empfehlungen, um den Prozess der Digitalisierung erfolgreich durchzuführen.
- *Struktur:* Die Roadmap setzt sich aus vier Prämissen (vgl. Abschn. 6.2) und vier Prozessschritten (vgl. Abschn. 6.3) zusammen. Die Prämissen sind zentrale Voraussetzungen, die als grundlegend für die Umsetzung der Prozessschritte erachtet werden. Sie verstehen sich damit als Leitplanken, die der Roadmap einen übergeordneten Rahmen bieten und umfassen:

1. Ganzheitliches Betrachten
2. Individuelles Ausgestalten
3. Öffnen und Loslassen
4. Zweckorientiertes Handeln

- Die Prozessschritte bilden den Kern der Roadmap und dienen dazu, den komplexen Digitalisierungsprozess in übersichtliche Einzelschritte zu unterteilen. Dies ermöglicht eine klare und strukturierte Vorgehensweise, die alle Beteiligten orientiert und ausrichtet. Die Prozessschritte sind in folgender Reihenfolge gegliedert:

1. Digitalisierungsteam aufstellen
2. Digitalisierungscheck durchführen
3. Strategie und Maßnahmen ableiten
4. Umsetzen und kontinuierlich verbessern

Abb. 6.1 zeigt die grafische Aufbereitung der Roadmap.

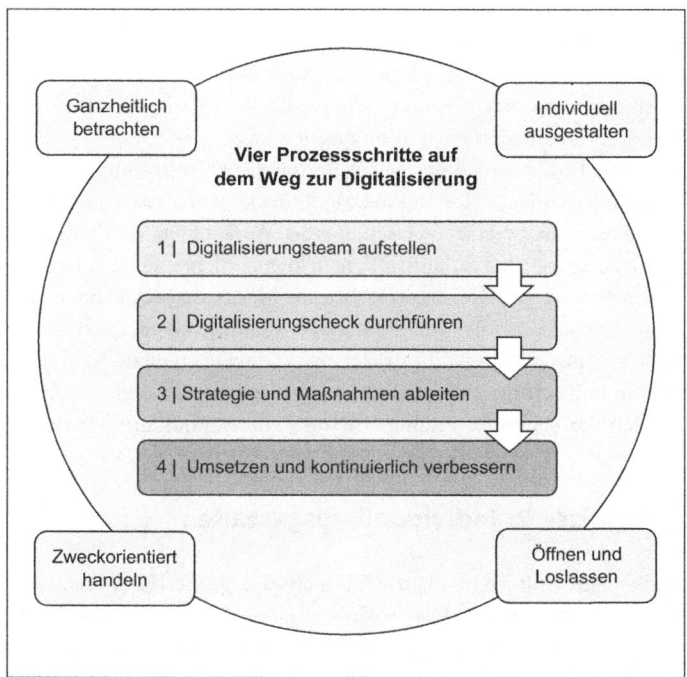

Abb. 6.1 Roadmap zur Digitalisierung sozial- und kulturwirtschaftlicher Organisationen (in Anlehnung an Krings 2022, S. 78)

6.2 Die Voraussetzungen für den Erfolg

Dieser Abschnitt widmet sich zunächst den vier Prämissen der Roadmap. Um das Verständnis zu erleichtern, schließen die Erläuterungen der einzelnen Prämissen jeweils mit einem konkreten Beispiel aus der Praxis ab.

6.2.1 Prämisse 1: Ganzheitlich betrachten

Um einen Erfolg der Digitalisierung zu gewährleisten, muss sie ganzheitlich und bereichsübergreifend gedacht werden. Jedes Digitalisierungsvorhaben beeinflusst letztendlich die Gesamtorganisation. Daher stellt sich ein starres Silodenken einzelner Organisationsbereiche der Digitalisierung und den damit verbundenen

Herausforderungen entgegen. Es ist von großer strategischer Bedeutung, ein einheitliches Verständnis für die Herangehensweise zu entwickeln und das große Ganze im Blick zu haben. Alle Bereiche einer Organisation sollten gemeinsam an der Digitalisierung arbeiten und sicherstellen, dass die einzelnen Puzzleteile harmonisch und effizient in das Gesamtgefüge passen.

Beispiel: Die Einführung einer neuen Betreuungssoftware im stationären Wohnen eines Komplexträgers der Behindertenhilfe kann Auswirkungen auf andere Organisationsbereiche wie das Geschäftsfeld Werkstätten für behinderte Menschen (z. B. aufgrund der Schnittstellen in der täglichen Zusammenarbeit), das Personalmanagement (z. B. Schulungsbedarfe der Mitarbeiter:innen im Zusammenhang mit der neuen Software) oder das Rechnungswesen (z. B. in Bezug auf die Abrechnung mit den Leistungsträger:innen bzw. Entgeltzahler:innen) zeigen. Geht man Digitalisierung ganzheitlich an, werden diese bereichsübergreifenden Auswirkungen der neuen Betreuungssoftware von Beginn an mitbedacht.

6.2.2 Prämisse 2: Individuell ausgestalten

In der Sozial- und Kulturwirtschaft zeigt sich eine große Heterogenität an unterschiedlichen Organisationen: Die Sozialwirtschaft ist geprägt von einer großen Bandbreite an Akteur:innen, angefangen bei kleinen ehrenamtlichen Initiativen bis hin zu großen Komplexträgern mit mehreren tausend Angestellten. Diese Organisationen bieten unterschiedliche Dienstleistungen wie Altenpflege, Behindertenhilfe, Kinderbetreuung und vieles mehr an. Auch in der Kulturwirtschaft zeigt sich ein vielfältiges Bild. Sie umfasst zahlreiche Branchen wie Kunst, Musik, Film, Theater, Literatur, Design, Architektur, Mode und viele andere. Innerhalb dieser Branchen gibt es eine Vielzahl von Organisationen, darunter etablierte Unternehmen, aber auch kleine Start-ups, die sich in ihren Zielen, Aktivitäten und Strukturen deutlich voneinander unterscheiden.

Diese Vielfalt und Unterschiedlichkeit hat auch Auswirkungen auf die Digitalisierung. So gestaltet sich die Entwicklung eines Standardrezepts als herausfordernd und wenig sinnvoll. Selbst innerhalb derselben Branche, wie dem Pflegesektor, können die Anforderungen an eine erfolgreiche Digitalisierung stark variieren, beispielsweise abhängig davon, ob es sich um einen ambulanten Pflegedienst oder eine stationäre Pflegeeinrichtung handelt. Daher ist es von großer Bedeutung, dass digitale Strategien und Maßnahmen individuell auf die spezifischen Bedürfnisse und Herausforderungen einer Organisation abgestimmt werden. Die Roadmap kann dabei als Orientierungshilfe dienen, jedoch muss die

Umsetzung bzw. Ausgestaltung stets an die konkreten Gegebenheiten angepasst werden.

Beispiel: Um beim oben genannten Beispiel aus dem Pflegesektor zu bleiben, könnte ein ambulanter Pflegedienst zu dem Schluss kommen, eine Software für die Tourenoptimierung einzuführen oder seinen Pflegekräften einen mobilen Zugriff auf alle Klient:innendaten über Smartphones und Tablets zu ermöglichen. Für eine stationäre Pflegeeinrichtung sind diese Digitalisierungsmaßnahmen wahrscheinlich vollkommen irrelevant. Stattdessen könnte hier eine Software für das Belegungsmanagement zur langfristigen Auslastungsplanung von Klient:innenzimmern und -apartments einen Mehrwert bieten.

6.2.3 Prämisse 3: Öffnen und Loslassen

Um das Thema Digitalisierung aktiv anzugehen, sind zwei entscheidende Prinzipien von großer Bedeutung: Öffnen und Loslassen (vgl. Epe 2017).

In der Praxis lässt sich immer wieder beobachten, dass man sich der Digitalisierung verschließt und dieser ablehnend gegenübersteht. Es ist jedoch von großer Bedeutung, eine aufgeschlossene Haltung zu entwickeln. Dabei sollte man den mit der Digitalisierung einhergehenden Fortschritt weniger als Bedrohung betrachten, sondern den Blick auf mögliche Potenziale lenken.

Mit dem Öffnen geht ein Loslassen einher:

> „In Zeiten schneller Veränderung wird es immer wichtiger loszulassen. Doch gerade, wenn sich um einen herum alles neu sortiert, wächst die Neigung zu klammern. Privat verklärt man das gern als Nostalgie, im Geschäftsleben kann es schnell ins Aus führen" (Fischer 2017, S. 3).

Dieses Zitat, entnommen aus dem renommierten Wirtschaftsmagazin „brand eins", unterstreicht die Notwendigkeit, bestehende Denk- und Handlungsmuster zu hinterfragen und sich bei Bedarf konsequent von Althergebrachtem zu verabschieden. Das digitale Zeitalter stellt ganze Branchen auf den Kopf und bringt tiefgreifende Veränderungen mit sich. Neue Formen der Kommunikation, Kooperation und Finanzierung eröffnen Start-ups und Quereinsteiger:innen die Möglichkeit, aus vielversprechenden Ideen in kürzester Zeit erfolgversprechende Geschäftsmodelle zu entwickeln. Dadurch dringen sie in neue Märkte vor und stellen etablierte Unternehmen vor große Herausforderungen. Um nicht von der Entwicklung überholt zu werden, sind diese gezwungen, sich rasch anzupassen. Es finden sich inzwischen zahlreiche Beispiele gescheiterter Unternehmen der

Digitalisierung, darunter das einst größte Versandhaus Europas Quelle und Finnlands ehemaliges Vorzeigeunternehmen Nokia (vgl. Management Circle 2019). Diese Fälle sollten als warnendes Beispiel auch für die Sozial- und Kulturwirtschaft dienen, Digitalisierung ernst zu nehmen und sich auf ihre Potenziale auszurichten.

Beispiel: Eine Musikschule könnte ihren Schüler:innen digitale Lernressourcen zur Verfügung stellen, wie z. B. Online-Tutorials, Übungs-Apps oder interaktive Lernmaterialien. Dadurch haben die Schüler:innen die Möglichkeit, außerhalb des Unterrichts zu üben, ihr Wissen zu vertiefen und ihren individuellen Lernfortschritt zu verfolgen. Zusätzlich könnte die Musikschule Online-Kurse oder Webinare zu spezifischen Themen anbieten, um ihr Lernangebot zu erweitern. Musikschulen, die es versäumen, digitale Lernmöglichkeiten anzubieten, und stattdessen weiterhin ausschließlich auf den klassischen Präsenzunterricht setzen, erfahren einen Wettbewerbsnachteil und werden im schlimmsten Fall sogar aus dem Markt gedrängt.

6.2.4 Prämisse 4: Zweckorientiert handeln

Diese Prämisse lässt sich mit der Redewendung *Mittel zum Zweck* umschreiben. Damit ist gemeint, dass Digitalisierung nicht nur um ihrer selbst willen verfolgt werden darf, ohne auf einen konkreten Vorteil ausgerichtet zu sein. Digitalisierung dient dazu, Probleme zu lösen, Arbeitsabläufe effizienter zu gestalten und insgesamt einen Mehrwert zu generieren. Daher sollte der Fokus von Anfang an und konsequent auf dem Nutzen liegen, den die Digitalisierung mit sich bringt.

Im Kontext der digitalen Transformation ist ein zweckorientiertes Handeln eng mit einem umfassenden digitalen Denken verbunden. An dieser Stelle lässt sich auf ein treffendes Zitat von Christian Dopheide, ehemaliger theologischer Vorstand der Evangelischen Stiftung Hephata in Mönchengladbach und Vorstandsvorsitzender des Verbandes diakonischer Dienstgeber in Deutschland (VdDD), verweisen:

„Mist, wenn er digitalisiert wird, bleibt nämlich Mist. Digitalisierter Mist. Der größte anzunehmende Unfall besteht deshalb vermutlich darin, dass man das, was man immer schon gemacht hat, mithilfe digitaler Lösungen noch schneller macht. So steigert man im schlechtesten Fall bloß die Geschwindigkeit, mit der man sich aus dem Markt schießt" (Dopheide 2017, S. 124).

6.2 Die Voraussetzungen für den Erfolg

Es geht also nicht nur darum, analoge in digitale Prozesse zu überführen. Prozesse müssen vor ihrer Überführung einer kritischen Prüfung unterzogen werden, sowohl aus fachlicher als auch aus wirtschaftlicher Perspektive. Dabei gilt es auch an der Wurzel anzusetzen und die grundsätzliche Zweckmäßigkeit von Prozessen zu hinterfragen: Trägt der Prozess zur Erreichung der Unternehmensziele bei? Liefert er einen spürbaren Mehrwert? Oder ist es an der Zeit, ihn disruptiv zu überdenken? (vgl. Krings 2024, S. 10 ff.).

Eine erfolgreiche Digitalisierung nimmt auch die Zielgruppe in den Blick. Viele soziale und kulturelle Dienstleistungen, einschließlich ihrer Zugänge, sind bislang stärker durch die Finanzierungslogik der Leistungsträger:innen bzw. Entgeltzahler:innen als durch die Bedürfnisse der Adressat:innen geprägt. Angesichts des Aufkommens neuer Geschäftsmodelle und Marktteilnehmer:innen im Zuge der Digitalisierung und der Veränderung von Zugangswegen ist es zukünftig unerlässlich, die Prozesse viel stärker an den Bedürfnissen der Adressat:innen auszurichten.

Wenn es darum geht, Digitalisierung an den Nutzen und den Wünschen der Zielgruppe auszurichten, ist der Fokus auch auf (potenzielle) Mitarbeiter:innen zu legen. Angesichts eines zunehmenden Fachkräftemangels gehören sie ebenfalls zur Zielgruppe. Befragungen kommen zu dem Ergebnis, dass es häufig monotonrepetitive Routineaufgaben sind, die Mitarbeiter:innen wenig Freude bereiten und zu einer Fluktuation im Sozial- und Kulturwesen führen (vgl. beispielsweise Huber und Giger 2022). Hier kann die Digitalisierung unterstützen, indem sie lästige Aufgaben erleichtert oder abnimmt und so für eine höhere Zufriedenheit der Mitarbeiter:innen sorgt (vgl. Kreidenweis 2020, S. 78).

Beispiel: Obwohl es keine klare Nachfrage nach oder Zielgruppe von digitalen Angeboten gibt, investiert ein Theater in die Entwicklung einer eigenen Streaming-Plattform, um seine Aufführungen online anzubieten. In diesem Fall wird Digitalisierung als Selbstzweck vorangetrieben, um mit dem allgemeinen Trend der Online-Verfügbarkeit von Kulturveranstaltungen Schritt zu halten.

Ein Theater setzt Digitalisierung hingegen zweckmäßig ein, indem es seine Veranstaltungen auf digitalen Kanälen wie sozialen Medien bewirbt, um dadurch ein breiteres Publikum anzusprechen. Durch dieses gezielte Online-Marketing können potenzielle Besucher:innen erreicht werden, die sonst nicht von den Aufführungen erfahren hätten.

6.3 Schritt für Schritt zum Ziel[1]

Mit dem Bewusstsein für die vorausgegangenen Prämissen sollten die nachfolgend beschriebenen Prozessschritte angegangen werden (vgl. auch Epe 2018, S. 6 f.; Bitkom 2017). Für eine praktische Anwendung werden die Inhalte der einzelnen Prozessschritte um zahlreiche Beispiele aus der Sozial- und Kulturwirtschaft ergänzt. Dieses Vorgehen dient dazu, einen konkreten Bezug herzustellen und die theoretischen Inhalte und Konzepte mit praxisnahen Situationen zu verknüpfen.

6.3.1 Schritt 1: Digitalisierungsteam aufstellen

Zunächst ist festzuhalten, dass die Digitalisierung beim Vorstand bzw. der Geschäftsführung verankert sein sollte. Auf diese Weise wird gewährleistet, dass sie als vorrangiges Ziel eines Unternehmens betrachtet wird und eine strategische Ausrichtung, gezielte Steuerung, angemessene Bereitstellung von finanziellen und personellen Ressourcen und Integration in das Gesamtgefüge ermöglicht.

Es empfiehlt sich, dass der Vorstand oder die Geschäftsführung eine Position schafft, die für die federführende Umsetzung der Digitalisierung verantwortlich ist. Diese Funktion wird auch als Digitalisierungsbeauftragte:r oder Chief Digital Officer (CDO) bezeichnet. Ein CDO ist eine Führungsperson im Unternehmen, die die treibende Kraft für die digitale Transformation ist, sie federführend verantwortet und koordiniert. Es kann durchaus in Betracht gezogen werden, dass der Vorstand bzw. die Geschäftsführung die Position des CDO selbst übernimmt (gerade bei kleineren Organisationen).

Unter der Leitung des CDO ist ein kompetentes Digitalisierungsteam zusammenzustellen. Um Digitalisierung ganzheitlich anzugehen, ist es von Bedeutung, dass sich in diesem Digitalisierungsteam Führungskräfte aus allen relevanten Bereichen der Organisation wiederfinden.

Darüber hinaus sind Mitarbeiter:innen einzubinden. Die *Mitarbeiter:innenpartizipation* stellt einen wesentlichen Erfolgsfaktor bei der Digitalisierung dar, und das aus verschiedenen Gründen, darunter:

---

[1] *Hinweis: Aufgrund verlagsinterner Layoutvorgaben sind die Abbildungen und Tabellen in diesem Abschnitt nicht immer textparallel angeordnet und ragen mitunter in angrenzende Abschnitte hinein.*

6.3 Schritt für Schritt zum Ziel

- *Fachwissen und Kompetenz:* Mitarbeiter:innen bringen spezifisches Fachwissen und Kompetenzen mit. Durch ihr Know-how in den Bereichen Prozesse, Abläufe und Kund:innenbedürfnisse können sie maßgeblich an der Gestaltung und Optimierung digitaler Lösungen mitwirken.
- *Umsetzung und Akzeptanz:* Mitarbeiter:innen spielen eine wichtige Rolle bei der Einführung neuer Technologien, der Anpassung von Arbeitsweisen und der Integration digitaler Lösungen in ihre tägliche Arbeit. Letztendlich sind sie es, die die digitalen Veränderungen umsetzen. Außerdem haben Mitarbeiter:innen entscheidenden Einfluss auf die Akzeptanz der Digitalisierung im Unternehmen und können dadurch über den Erfolg oder Misserfolg der digitalen Transformation mitentscheiden. Sie können als Multiplikator:innen und Botschafter:innen auftreten und ihre Kolleg:innen motivieren und unterstützen, die digitalen Veränderungen anzunehmen und aktiv an ihrer Gestaltung mitzuwirken. So lässt sich Widerständen, Vorbehalten und Ängsten in Bezug auf Digitalisierung begegnen.
- *Anforderungen:* Durch die Berücksichtigung der Mitarbeiter:innen und das Wissen um ihre digitalen Anforderungen können diese gezielt in die Gestaltung und Umsetzung von Digitalisierungsvorhaben einbezogen werden.

Es kann von Vorteil sein, weitere relevante Stakeholder:innen einzubeziehen, das heißt Personen, Gruppen oder Organisationen, die von den Aktivitäten, Entscheidungen oder Ergebnissen eines Unternehmens betroffen sind oder darauf Einfluss haben. An dieser Stelle sind insbesondere die Adressat:innen der jeweils angebotenen sozialen bzw. kulturellen Dienstleistungen zu nennen. So können konkrete Einblicke in deren Erwartungen und Anforderungen gewonnen und die Digitalisierung kann verstärkt aus deren Perspektive betrachtet werden. Eine überlegenswerte Option ist auch, externe Stakeholder:innen wie Berater:innen einzubeziehen, um bei komplexen Digitalisierungsprozessen von deren Fachwissen zu profitieren. Dabei sollte allerdings nicht nur auf technologische Lösungen, sondern auch auf ein umfassendes Verständnis für die digitale Transformation geachtet werden.

Zum Abschluss dieses ersten Schrittes zeigt Abb. 6.2 beispielhaft, wie ein Digitalisierungsteam in einer Jugendhilfeeinrichtung zusammengestellt werden kann.

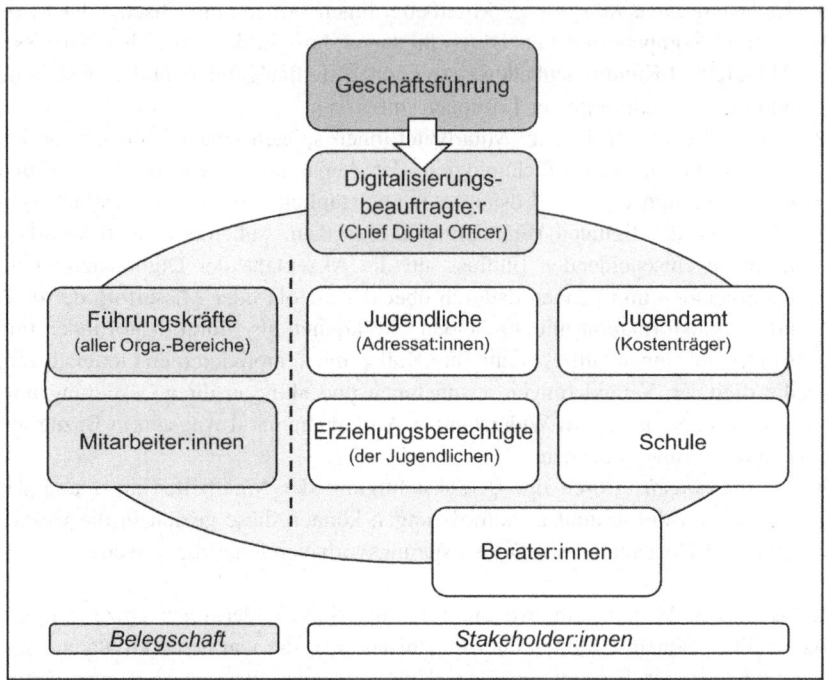

Abb. 6.2 Zusammenstellung eines Digitalisierungsteams am Beispiel einer Jugendhilfeeinrichtung. (Eigene Darstellung)

6.3.2 Schritt 2: Digitalisierungscheck durchführen

Bevor Digitalisierung in Angriff genommen werden kann, ist die Ausgangssituation gründlich zu analysieren. Daher gilt es, vorab den individuellen digitalen Entwicklungsstand im Sinne eines Digitalisierungschecks zu erheben. Dieser beschränkt sich im Idealfall nicht nur auf die Erhebung des Status quo, sondern lässt zeitgleich auch erste Rückschlüsse auf konkrete digitale Handlungsbedarfe zu.

Im Rahmen des Digitalisierungschecks sind sämtliche Bereiche der Organisation eingehend zu analysieren, angefangen bei der IT-Infrastruktur bis hin zu den Prozessen sowie der Führung und Innovation. Wichtig ist auch zu untersuchen, inwiefern einzelne Mitarbeiter:innen sowie Teams innerhalb der Organisation autonom arbeiten und ob sie bereits ihr volles Potenzial ausgeschöpft haben. Eine echte Wertschöpfung und eine erfolgreiche Umsetzung von Neuerungen gelingen nur dann, wenn jede:r Einzelne und die Teams agil und selbstorganisiert auf Veränderungen reagieren können.

Ebenfalls Teil des Digitalisierungschecks ist es, das Umfeld zu berücksichtigen und zu betrachten, wie die Digitalisierung in der Branche, beispielsweise bei Mitbewerber:innen (Benchmarking), vorangetrieben wird (vgl. Epe 2018). Hieraus lassen sich wichtige Erkenntnisse gewinnen, die als Orientierungspunkte für die eigene digitale Transformation dienen können. Eine hervorragende Möglichkeit, Branchenkenntnisse zu erlangen, bieten Fach- und Kongressmessen. Insbesondere im Zusammenhang mit der digitalen Transformation nehmen diese Messen einen immer größeren Stellenwert ein und können wertvolle Impulse liefern. Ein gutes Beispiel ist die jährliche ConSozial in Nürnberg, die als führende Fach- und Kongressmesse für den sozialen Sektor gilt. Dort wird regelmäßig ein Innovationspark angeboten, der digitale Innovationen und Trends präsentiert (vgl. Krings 2024, S. 10 ff.).

Die SWOT-Analyse als Grundlage für den Check
Für die konkrete Durchführung des Digitalisierungschecks eignet sich eine *SWOT-Analyse* (vgl. unter anderem Fröhlich et al. 2022, S. 88 ff.). Hierbei handelt es sich um ein Instrument zur Bewertung der Stärken (Strengths), Schwächen (Weaknesses), Chancen (Opportunities) und Bedrohungen (Threats) eines Unternehmens. Die SWOT-Analyse beruht auf der Grundidee, dass ein Unternehmen seine Stärken nutzen und seine Schwächen verbessern sollte, um Chancen zu ergreifen und Bedrohungen zu bewältigen. Sie ermöglicht es, die vorhandenen Ressourcen, Fähigkeiten und Potenziale eines Unternehmens zu identifizieren und auf dieser Grundlage eine maßgeschneiderte Strategie zu entwickeln.

Die SWOT-Analyse ist ein äußerst anpassungsfähiges Instrument, das sich für vielfältige Anwendungsbereiche eignet und dabei hilft, eine ganzheitliche Bewertung durchzuführen. Im Rahmen dieser Roadmap und für die digitale Transformation ist die SWOT-Analyse auf folgende Weise anzugehen:

1. *Stärken*
   Zunächst sind die internen Stärken eines Unternehmens zu identifizieren, die dem Unternehmen einen Vorteil bei der digitalen Transformation verschaffen.
   Beispiele:
   - Zugang zu umfangreichen Kund:innendaten, die eine wertvolle Ressource für digitale Lösungen und datengesteuerte Entscheidungen darstellen.
   - Vorhandene IT-Infrastruktur und technologische Ressourcen, die eine solide Grundlage für digitale Innovationen sind.

2. *Schwächen*
   In einem zweiten Schritt werden die internen Schwächen analysiert, die die Digitalisierung beeinträchtigen.
   Beispiele:
   - Fehlende digitale Kompetenzen im Unternehmen.
   - Bürokratische Strukturen und langsame Entscheidungswege, wodurch die Agilität und die Fähigkeit zur schnellen Anpassung an digitale Veränderungen beeinträchtigt sind.
3. *Chancen*
   Anschließend sind die externen Chancen zu betrachten, die sich aus der digitalen Transformation ergeben können.
   Beispiele:
   - Verbesserung der Kund:innenerfahrung durch digitale Kanäle.
   - Erschließung neuer Märkte durch den Einsatz von Datenanalysen zur Identifizierung von neuen Geschäftsmodellen.
4. *Risiken*
   Die SWOT-Analyse schließt mit einer Untersuchung der externen Risiken ab, die mit dem digitalen Wandel verbunden sein können.
   Beispiele:
   - Sicherheits- und Datenschutzrisiken im Zusammenhang mit digitalen Technologien.
   - Wettbewerb durch digitale Start-ups.

Tab. 6.1 illustriert anhand eines Konzertveranstalters, wie das Ergebnis einer SWOT-Analyse im Rahmen eines Digitalisierungschecks aussehen kann.

Durch die Analyse von Stärken, Schwächen, Chancen und Risiken erhält man bereits eine umfassende Bestandsaufnahme der aktuellen Situation in Bezug auf die Digitalisierung. Doch es ist möglich, einen Schritt weiterzugehen und die Innen- und Außensicht zu kombinieren. Durch die Verknüpfung der internen Faktoren (Stärken und Schwächen) mit den externen Faktoren (Chancen und Risiken) lassen sich nochmals tiefere Erkenntnisse gewinnen, die vorher möglicherweise nicht erkannt wurden. Dieses ist in Abb. 6.3 dargestellt.

Die gewonnenen Erkenntnisse aus der SWOT-Analyse, einschließlich der weiterführenden *SWOT-Matrix,* sind wertvolle Quellen und wesentliche Voraussetzung für den nächsten Prozessschritt. Sie ermöglichen, kreative Ideen zu generieren sowie passende Strategien und Maßnahmen zu entwickeln, um die digitale Transformation erfolgreich anzugehen.

6.3 Schritt für Schritt zum Ziel

Tab. 6.1 SWOT-Analyse am Beispiel eines Konzertveranstalters. (Eigene Darstellung)

SWOT-Analyse	
Stärken	• *Fachwissen in der Konzertorganisation:* Der Veranstalter verfügt über Erfahrung und Expertise in der Planung und Durchführung von Konzerten, was eine solide Grundlage für die digitale Transformation darstellt. • *Bekanntheit und Reputation:* Der Konzertveranstalter hat möglicherweise eine etablierte Marke und eine treue Fangemeinde, was ihm bei der digitalen Transformation helfen kann. • *Zugang zu Künstler:innen:* Durch bestehende Kontakte und Beziehungen zu Künstler:innen kann der Veranstalter möglicherweise hochwertige Inhalte für die digitale Plattform bereitstellen.
Schwächen	• *Technologische Infrastruktur:* Der Konzertveranstalter könnte möglicherweise über eine veraltete technologische Infrastruktur verfügen, die eine digitale Transformation hemmt. • *Mangelnde interne Kompetenz:* Es besteht die Möglichkeit, dass das Unternehmen nicht über ausreichendes Know-how im Bereich der digitalen Technologien verfügt, was die Umsetzung von digitalen Lösungen erschweren könnte. • *Abhängigkeit von traditionellen Vertriebskanälen:* Der Veranstalter könnte bislang stark von traditionellen Vertriebskanälen wie Ticketverkäufen über physischen Geschäften abhängig sein, was eine Herausforderung bei der Umstellung auf digitale Vertriebskanäle darstellen kann.
Chancen	• *Erweiterter Kund:innenstamm:* Durch die digitale Transformation kann der Konzertveranstalter seinen Kund:innenstamm erweitern, indem er neue Zielgruppen anspricht, die möglicherweise nicht an traditionellen Konzertveranstaltungen interessiert sind. • *Verbessertes Kund:innenerlebnis:* Digitale Lösungen wie mobile Apps, Online-Ticketing und personalisierte Inhalte können das Kund:innenerlebnis verbessern und die Kund:innenbindung stärken. • *Neue Einnahmequellen:* Die digitale Transformation ermöglicht es dem Konzertveranstalter, neue Einnahmequellen zu erschließen, z. B. durch die Zusammenarbeit mit Online-Streaming-Plattformen.
Risiken	• *Wettbewerb von digitalen Plattformen:* Es besteht die Gefahr, dass digitale Plattformen und Streaming-Dienste selbst Konzertveranstaltungen anbieten und somit direkte Konkurrent:innen werden. • *Datensicherheitsrisiken:* Mit der digitalen Transformation gehen potenzielle Risiken in Bezug auf Datenschutz und Datensicherheit einher, die es zu bewältigen gilt. • *Akzeptanz der Zielgruppe:* Es besteht die Möglichkeit, dass nicht alle Zielgruppen die digitale Transformation des Konzertveranstalters akzeptieren oder bereit sind, digitale Kanäle zu nutzen, um Konzerte zu erleben.

6.3.3 Schritt 3: Strategie und Maßnahmen ableiten

Zu Beginn dieses Abschnitts soll darauf hingewiesen werden, dass in Abschn. 2.3 bereits über die Themen Digitalisierungsstrategie und -maßnahmen und ihre Zusammenhänge gesprochen wurde. Es lohnt sich, diese Inhalte auch im Kontext des aktuellen Abschnitts erneut zu betrachten.

Im Folgenden werden Aspekte bzw. Einflussfaktoren dargestellt, die für die Entwicklung von Digitalisierungsstrategie und -maßnahmen eine bedeutende Rolle spielen (vgl. Abb. 6.4).

Im Detail handelt es sich um (vgl. Kreidenweis 2020, S. 75 f.):

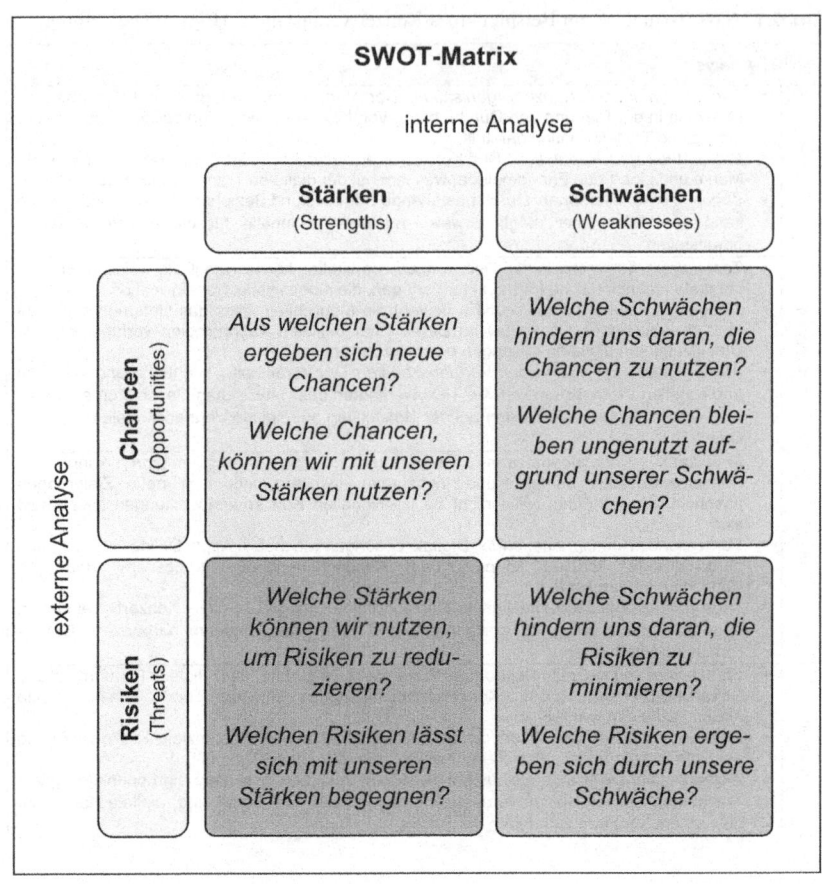

Abb. 6.3 SWOT-Matrix (in Anlehnung an Dillerup und Stoi 2013, S. 273)

- *Unternehmensstrategie:* Es gilt eine Herangehensweise zu entwickeln, die von der Unternehmensstrategie abgeleitet und in diese integriert wird. Zunächst sollte eine Organisation klar definieren, welche Ziele sie in den kommenden Jahren erreichen möchte, um zu untersuchen, wo digitale Technologien auf diesem Weg als nützlich und unterstützend dienen können.
- *Technologische Innovationen:* Sie sind wichtige Treiber des digitalen Wandels (vgl. Abschn. 2.2). Daher sollten Sozial- und Kultureinrichtungen diese

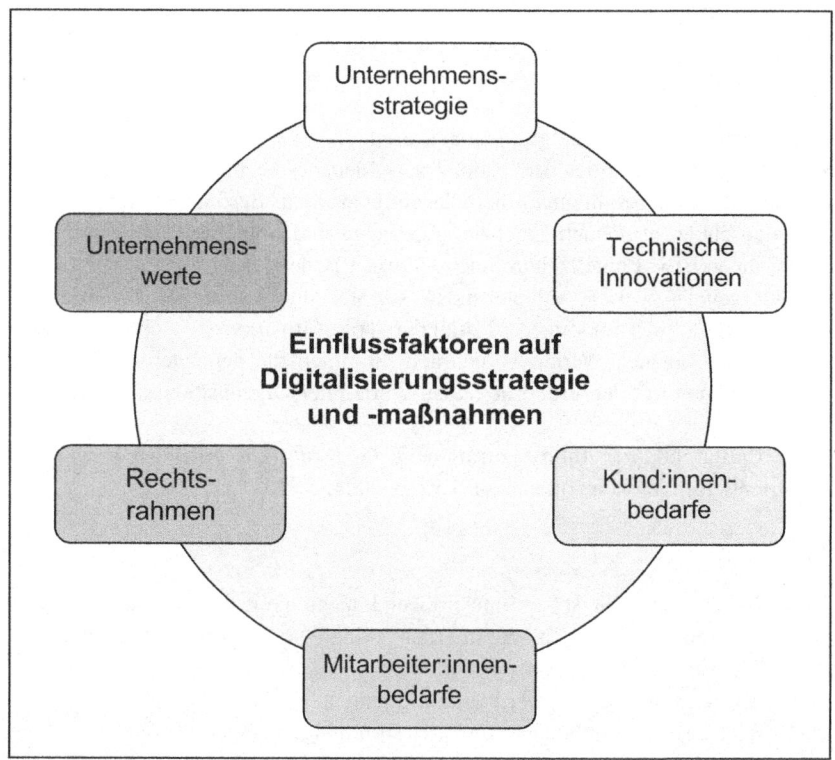

Abb. 6.4 Einflussfaktoren auf Digitalisierungsstrategie und -maßnahmen (in Anlehnung an Kreidenweis 2020, S. 79)

Innovationen genau im Blick behalten. Die frühzeitige Erkennung von Technologien, die das Kerngeschäft beeinflussen oder möglicherweise sogar gefährden könnten, ist von entscheidender Bedeutung. Gleichzeitig eröffnet sich die Möglichkeit, passende Innovationen in bestehende Sozial- und Kulturdienstleistungen, interne Prozesse und die Mitarbeiter:innenakquise zu integrieren, um den Mehrwert der Digitalisierung zu nutzen. Durch einen proaktiven Ansatz im Umgang mit technologischen Entwicklungen lässt sich optimal auf die Zukunft vorbereiten und die Leistungsfähigkeit im digitalen Umfeld stärken.

- *Zielgruppenbedarfe:* Ein wesentlicher Einflussfaktor sind die Zielgruppen, also sowohl die Kund:innen als auch die Mitarbeiter:innen. In diesem Zusammenhang sei die Prämisse „zweckorientiert handeln" in Erinnerung gerufen (vgl. Abschn. 6.2.4), die die Notwendigkeit betont, Angebote verstärkt an den Bedürfnissen dieser Zielgruppen auszurichten.
- *Rechtsrahmen:* Bei der Anwendung verschiedener Technologien müssen zahlreiche Rahmenbedingungen berücksichtigt werden. Besonders wichtig ist der Datenschutz, aber auch Finanzierungsfragen und Vorgaben der Leistungsträger:innen bzw. Entgeltzahler:innen sind von Bedeutung.
- *Unternehmenswerte:* Anbieter:innen sozialer und kultureller Dienstleistungen sollten auch im Zuge der digitalen Transformation stets einen Abgleich mit ihren eigenen Werten vornehmen: Stimmen die geplanten Projekte und Maßnahmen mit den grundsätzlichen Werten der Organisation überein?

Diese Einflussfaktoren führen zusammengefasst zu sechs leitenden Fragen, die als Orientierung dienen sollen (vgl. Krings 2024, S. 10 ff.):

1. Welche technologischen Innovationen können die jeweiligen Sozial- und Kulturdienstleistungen oder internen Abläufe und Prozesse unterstützen?
2. Was sind die Bedarfe der Kund:innen?
3. Was sind die Bedarfe der Mitarbeiter:innen?
4. Werden (daten-)schutzrechtliche Bestimmungen eingehalten?
5. Steht die Digitalisierungsstrategie (einschließlich der Maßnahmen) im Einklang mit der Organisationsstrategie?
6. Werden die grundlegenden Wertevorstellungen der Organisation gewahrt?

Durch die Beantwortung dieser Fragen lassen sich im Ergebnis eine übergeordnete Digitalisierungsstrategie entwickeln, Teilstrategien für die einzelnen Organisationseinheiten herausarbeiten (z. B. Geschäftsfeldstrategie, Personalstrategie, Kommunikationsstrategie etc.) und konkrete Digitalisierungsmaßnahmen festlegen.

Abb. 6.5 veranschaulicht am Beispiel eines Museums, wie sich das Ergebnis des dritten Prozessschrittes darstellen kann.

6.3 Schritt für Schritt zum Ziel

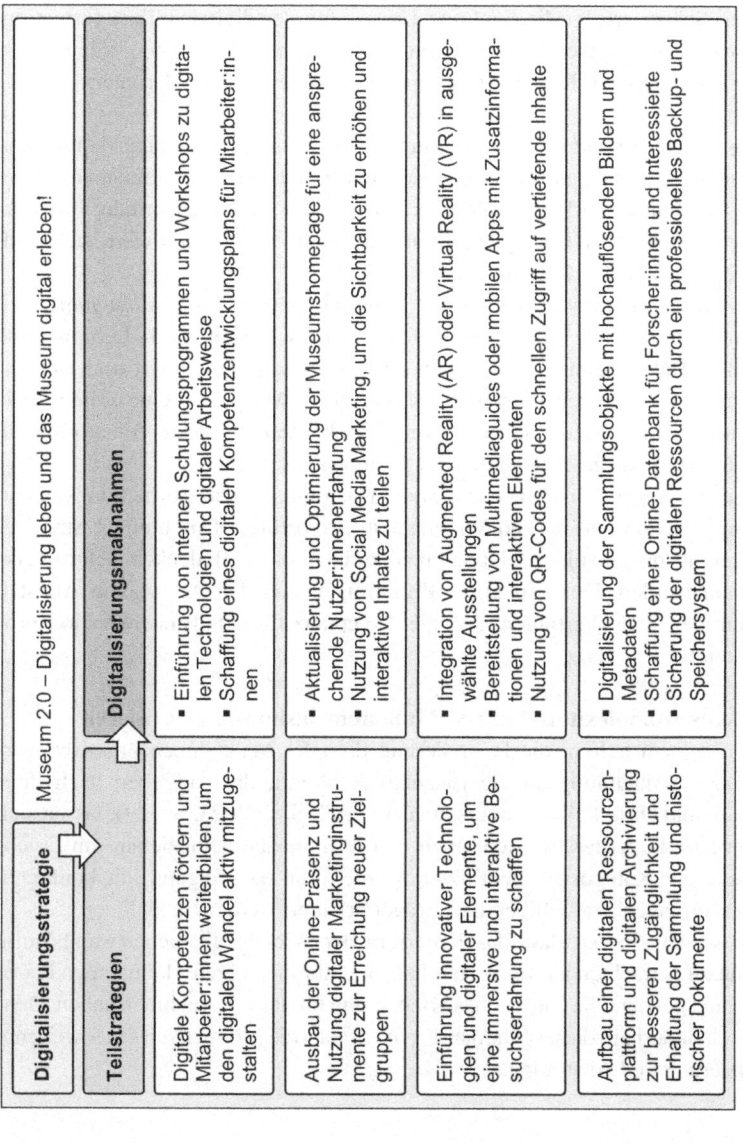

Abb. 6.5 Digitalisierungsstrategie, Teilstrategien und Maßnahmen am Beispiel eines Museums. (Eigene Darstellung)

6.3.4 Schritt 4: Umsetzen und kontinuierlich verbessern

Im vierten Schritt erfolgt die konkrete Umsetzung der digitalen Transformation. Eine sinnvolle Herangehensweise besteht darin, zu *priorisieren* und mit leichteren Maßnahmen zu starten. Dieser Ansatz bietet mehrere Vorteile, darunter:

- *Erfolgserlebnisse und Motivation:* Durch den Einstieg mit weniger komplexen Digitalisierungsmaßnahmen lassen sich rasch erste Erfolge verbuchen. Diese Erfolgserlebnisse stärken die Motivation und das Vertrauen in den Transformationsprozess. Das Team gewinnt an Zuversicht und ist motiviert, sich auch schwierigeren Herausforderungen zu stellen.
- *Lernen und Anpassung:* Durch die Umsetzung einfacher Maßnahmen zu Beginn lassen sich wertvolle Erfahrungen sammeln und Lernprozesse anstoßen. Dabei können bewährte Vorgehensweisen identifiziert und Herausforderungen besser bewältigt werden. Auf diese Weise wird eine solide Basis geschaffen, um sich der komplexeren Aspekte der digitalen Transformation anzunehmen und diese entsprechend anzupassen.
- *Abbau von Ängsten und Widerständen:* Die digitale Transformation kann in der Organisation Ängste und Widerstände hervorrufen. Durch einen Start mit weniger anspruchsvollen Maßnahmen können diese Bedenken schrittweise abgebaut werden. Durch positive Erfahrungen und den Abbau von Ängsten gewinnt das Team Vertrauen, und die Akzeptanz für den Transformationsprozess steigt.

Wichtigkeits-Komplexitäts-Matrix: Maßnahmen sinnvoll priorisieren
Eine Matrix kann helfen, die Priorisierung digitaler Maßnahmen praktisch vorzunehmen. In Anlehnung an die Eisenhower-Matrix, die Aufgaben nach ihrer Wichtigkeit und Dringlichkeit unterscheidet (vgl. Heister 2023, S. 129), lassen sich in diesem Fall die Kriterien Wichtigkeit und Komplexität heranziehen. Im Ergebnis können vier Kategorien identifiziert werden, die nachfolgend mit konkreten Beispielen für einen Freiwilligendienstträger erläutert werden.

Vorab sei angemerkt, dass das Kriterium der Wichtigkeit nicht zwangsläufig als absolut zu betrachten ist. Im besten Fall sind nur diejenigen Maßnahmen bis zu diesem Punkt gelangt, die eine gewisse Bedeutung für das Unternehmen haben. Dennoch besteht innerhalb dieser Maßnahmen nochmals die Möglichkeit einer weiteren Differenzierung und Abstufung.

6.3 Schritt für Schritt zum Ziel

1. *Wichtig und einfach (A-Maßnahmen):* Maßnahmen, die sowohl wichtig als auch einfach sind, eignen sich hervorragend für erste Umsetzungsversuche der digitalen Transformation. Sie sollten zunächst oberste Priorität haben und lassen sich somit als A-Maßnahmen identifizieren.
Beispiel: Eine digitale Maßnahme, die für einen Freiwilligendienstträger sehr wichtig und vergleichsweise einfach umzusetzen sein könnte, wäre das Erstellen von Profilen auf relevanten Social-Media-Plattformen wie Instagram oder TikTok, um mit potenziellen Freiwilligen in Kontakt zu treten und ihren Freiwilligendienst aktiv zu bewerben.
2. *Wichtig und komplex (B-Maßnahmen):* Maßnahmen dieser Kategorie sind nicht weniger wichtig, ihre Umsetzung wird allerdings als komplexer eingestuft. Oftmals geht es dabei um Maßnahmen, die größere interne und/oder externe Auswirkungen haben. Nachdem bereits erste Erfahrungen bei der Umsetzung einfacherer Maßnahmen gesammelt wurden, ist es nun an der Zeit, sich diesen komplexeren Aufgaben zu stellen.
Beispiel: Die Einführung eines Customer-Relationship-Management(CRM)-Systems könnte für einen Freiwilligendienstträger von großem Nutzen sein, da es ermöglicht, Beziehungen zu Freiwilligen, Spender:innen und Partner:innen effektiv zu verwalten und zu pflegen. Allerdings erfordert die Implementierung eine gründliche Planung, Anpassung an die spezifischen Anforderungen der Organisation und Schulung des Teams, um das System optimal zu nutzen.
3. *Unwichtig und einfach (C-Maßnahmen):* In dieser Kategorie können Maßnahmen platziert werden, die vergleichsweise unwichtig erscheinen, aber leicht umzusetzen sind. Diese Maßnahmen sollten nicht die höchste Priorität genießen, können aber bei vorhandenen Ressourcen und unter der Prämisse, dass sie keinem Selbstzweck unterliegen, durchaus ergänzend zu den A- und B-Maßnahmen angegangen werden.
Beispiel: Ein E-Mail-Newsletter, der Freiwillige über Neuigkeiten und ergänzende Angebote auf dem Laufenden hält, kann vergleichsweise einfach implementiert werden. Allerdings könnte der Mehrwert, im Vergleich zu den beiden anderen vorgestellten Digitalisierungsmaßnahmen, begrenzt sein.
4. *Unwichtig und komplex (D-Maßnahmen):* Digitalisierungsmaßnahmen dieser Kategorie sind im Vergleich eher unwichtig und in ihrer Umsetzung sehr komplex. Es ist ratsam, diese Maßnahmen nochmals zu überdenken und ggfs. von der Agenda zu streichen, um Zeit und Ressourcen für die wesentlichen Aspekte der Transformation zu sparen.
Beispiel: Obwohl VR-Technologie spannend und innovativ ist, könnte sie für einen Freiwilligendienstträger als weniger relevant angesehen werden. Die Einrichtung einer VR-Plattform erfordert spezialisiertes technisches Wissen,

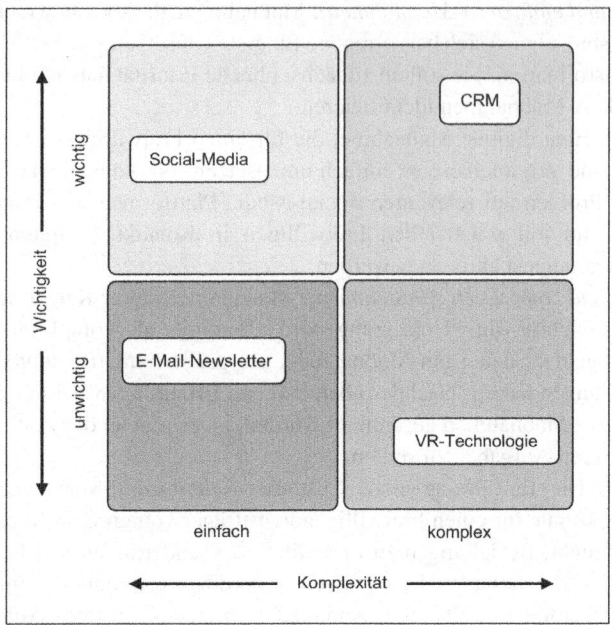

Abb. 6.6 Wichtigkeits-Komplexitäts-Matrix am Beispiel eines Freiwilligendienstträgers. (Eigene Darstellung)

erhebliche Investitionen in Hardware und Software sowie kontinuierliche Wartungsaufgaben. Wenn die VR-Technologie nicht unmittelbaren Mehrwert für die Ziele und den Betrieb des Freiwilligendienstes bietet, könnte sie als zu unwichtig und zu komplex eingestuft werden.

Die Abb. 6.6 illustriert grafisch die *Wichtigkeits-Komplexitäts-Matrix* am Beispiel des Freiwilligendienstträgers, wie sie zuvor beschrieben wurde.

Fortschritt durch Iteration und Regelkreis
Bei der konkreten Umsetzung von Digitalisierungsmaßnahmen kann ein nachhaltiger Ansatz darin bestehen, schrittweise und experimentell vorzugehen. Durch das Vorangehen in kleinen Schritten und durch kontinuierliches Monitoring der Umsetzung lassen sich frühzeitig Probleme erkennen, um entsprechend reagieren zu können.

6.3 Schritt für Schritt zum Ziel

Abschließend ist darauf hinzuweisen, dass Digitalisierung ein *kontinuierlicher Prozess* ist, der sich über einen längeren Zeitraum erstreckt und eine stetige Veränderung und Weiterentwicklung mit sich bringt. Während einzelne digitale Maßnahmen in Form von Projekten mit definierten Anfangs- und Endpunkten umgesetzt werden (vgl. Kap. 9), bleibt die Digitalisierung als Ganzes ein fortlaufender Prozess. Nachstehend finden sich wesentliche Gründe hierfür:

- *Technologische Fortschritte:* Im Zeitalter der digitalen Transformation entwickeln sich Technologien und Tools rasch weiter. Unternehmen, die mit den neuesten Entwicklungen Schritt halten, können Wettbewerbsvorteile erzielen.
- *Veränderung der Unternehmenskultur:* Digitalisierung erfordert, die Unternehmenskultur und die Denkweise der Mitarbeiter:innen zu verändern. Dies bedeutet, dass nicht nur technologische Veränderungen stattfinden, sondern auch eine kulturelle Transformation. Dieser kulturelle Wandel erfordert eine langfristige Verpflichtung und kontinuierliche Anstrengungen.
- *Adressat:innenorientierung:* Bei der Digitalisierung geht es häufig um die Anforderungen und Erwartungen der Adressat:innen. Diese ändern sich jedoch im Laufe der Zeit. Um diesen Veränderungen gerecht zu werden, müssen Unternehmen ihre digitalen Strategien kontinuierlich überprüfen, anpassen und verbessern.

Um einen kontinuierlichen Digitalisierungsprozess sicherzustellen, ist es wichtig, einen Regelkreis zu implementieren. Der *PDCA-Zyklus* (auch: Demingkreis) bietet eine bewährte Methode, um diesen Regelkreis zu gestalten (vgl. Deming 1982, S. 88) Mit seinen vier Stufen – Plan, Do, Check, Act – ermöglicht er eine systematische Überprüfung, Umsetzung, Überwachung und Anpassung der digitalen Transformation, um fortlaufend Verbesserungen vorzunehmen (vgl. Abb. 6.7).

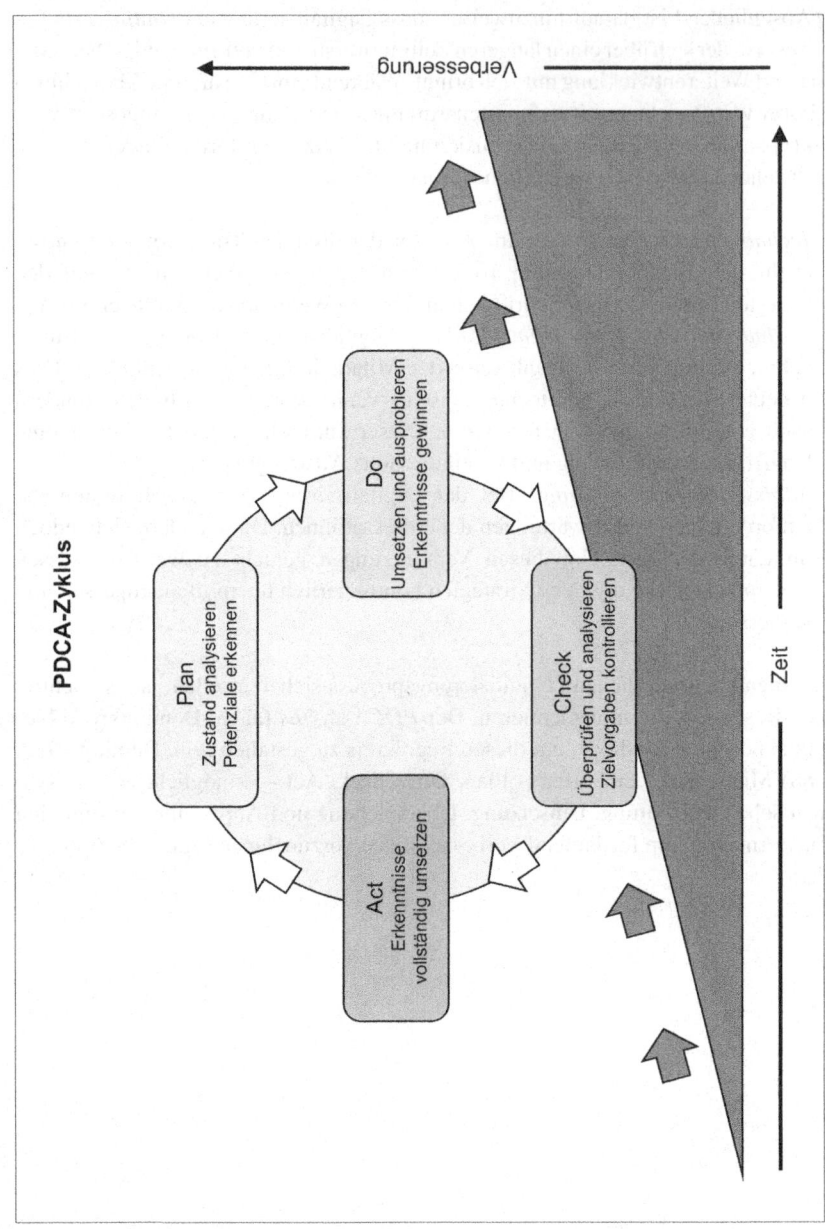

Abb. 6.7 PDCA-Zyklus (in Anlehnung an Brandl und Ehrenmüller 2019, S. 34)

Literatur

Bitkom (Hrsg.) (2017). *In 10 Schritten digital. Ein Praxisleitfaden für Mittelständler.* In https://www.bitkom.org/sites/main/files/file/import/170601-In-10-Schritten-digital-Praxisleitfaden.pdf. Abgerufen am: 15.07.2023.
Brandl, P., Ehrenmüller, I. (2019). *pQMS extended: Neues Qualitätsmanagementsystem für die Langzeitpflege.* Regensburg: Walhalla und Praetoria Verlag.
Deming, W. E. (1982). *Out of the Crises: quality, productivity and competitive position.* 2. Auflage. Cambridge, Massachusetts: Cambridge University Press.
Dillerup, R., Stoi, R. (2013): *Unternehmensführung.* 4. Auflage. München: Verlag Franz Vahlen.
Dopheide, C. (2017). *Zur Digitalisierung des Sozialen. Ethische und ökonomische Reflexionen.* Baden-Baden: Nomos Verlag.
Epe, H. (2018). *Organisationale Digitalkompetenz. Erste Schritte zur Digitalisierung Sozialer Organisationen.* In https://www.partnerschaftlich.org/themenmagazine/2018-02/organisationale-digitalkompetenz-erste-schritte-zur-digitalisierung-sozialer-organisationen.html#pagetop. Abgerufen am: 15.07.2023.
Epe, H. (2017). *How to deal with the Digitalisierung.* In https://www.ideequadrat.org/digitalisierung_erste_schritte/. Abgerufen am: 15.07.2023.
Fischer, G. (2017). *Lockerungsübungen.* In brand eins Wirtschaftsmagazin. 19 (8): 3.
Fröhlich, E., Lord, S., Steinbiß, K., Weber, T. (2022): *Marketing: Theorie und Praxis.* 2. Auflage. Stuttgart: UTB.
Heister, W. (2023). *Studieren mit Erfolg. Prüfungsvorbereitung – wissenschaftliches Arbeiten – Selbstmanagement.* Stuttgart: Schäfer-Poeschel Verlag.
Huber, S., Giger, M. (2022). *Wieso wechseln Arbeitnehmer*innen im Sozialwesen ihre Stelle?* In https://www.sozialinfo.ch/fachinformationen/fokusartikel/wieso-wechseln-arbeitnehmerinnen-im-sozialwesen-ihre-stelle. Abgerufen am: 15.07.2023.
Kreidenweis, H. (2020). *Sozialinformatik. Digitaler Wandel und IT-Einsatz in sozialen Organisationen.* Baden-Baden: Nomos Verlag.
Krings, M. (2024). *Sechs Praxistipps zur Digitalisierung.* In SOZIALwirtschaft. Zeitschrift für Führungskräfte in sozialen Unternehmungen. 34 (1): 10–12.
Krings, M. (2022). *Das Personalmanagement sozialer Organisationen im Zeitalter der Digitalisierung.* Baden-Baden: Tectum Verlag.
Krings, M., Heister, W. (2023): *Digitaler Wandel meets Soziale Arbeit. Eine Roadmap zur Digitalisierung.* In Soziale Arbeit. Zeitschrift für soziale und sozialverwandte Gebiete. 72 (2): 67–73.
Management Circle (Hrsg.) (2019). *Etablierte Unternehmen scheitern an der Digitalisierung.* In https://www.managementcircle.de/blog/gescheiterte-unternehmen-digitalisierung.html. Abgerufen am: 15.07.2023.

Integrierte digitale Systeme: Basis des digitalen Erfolgs

Werner Heister

▶ **Inhalt**
Kapitel 7 verdeutlicht, wie integrierte digitale Systeme insbesondere durch die Vernetzung von ERP-Systemen und branchenspezifischer Software grundlegende Unterstützung für die Geschäftsprozesse in der Sozial- und Kulturwirtschaft leisten.

Integrierte digitale Systeme verbinden verschiedene Softwareanwendungen und Plattformen nahtlos miteinander, um den Daten- und Informationsfluss innerhalb eines Unternehmens zu optimieren.

Sie spielen eine zentrale Rolle bei der Steuerung und Automatisierung von Geschäftsprozessen, steigern die Effizienz und unterstützen die Entscheidungsfindung durch den Einsatz datengestützter Informationen.

Durch die Integration von Enterprise-Resource-Planning(ERP)-Systemen mit branchenspezifischer Fachsoftware der Sozial- und Kulturwirtschaft werden Daten auch für diese Branchen aus verschiedenen Quellen effizient zusammengeführt und in Echtzeit bereitgestellt, was die Geschäftsabläufe wesentlich verbessert.

Aufgrund der hohen und wachsenden Bedeutung werden integrierte digitale Systeme hier näher betrachtet. Dabei werden im Folgenden grundlegende Aspekte behandelt:

- Architektur (vgl. Abschn. 7.1)
- Fachsoftware (Diensteprogramme) (vgl. Abschn. 7.2)

- Betriebswirtschaftliche Software (ERP-Systeme) (vgl. Abschn. 7.3)
- Digitalisierung in der öffentlichen Verwaltung (vgl. Abschn. 7.4)
- Aufbau- und Ablauforganisation (vgl. Abschn. 7.5)

7.1 Architektur: Kernkonzepte und Technologien

Der Aufbau eines integrierten (digitalen) Systems wird als *Architektur* bezeichnet. Der Begriff hat seinen Ursprung in der physischen Baukunst und ist historisch eng mit dem Bau von Gebäuden und anderen physischen Strukturen verbunden. Das Wort selbst stammt aus dem Griechischen, wobei „archi-" „Haupt-" oder „führend" und „-tektura" „Baukunst" bedeutet. Im klassischen Sinne bezieht sich Architektur also auf die Kunst und Wissenschaft des Entwerfens und Bauens von Gebäuden und anderen physischen Gestaltungen.

Der Begriff wird in der Neuzeit jedoch in weiteren und teilweise ganz anderen Kontexten verwendet. Er dient dazu, das grundlegende Design und die Strukturierung von komplexen Systemen zu beschreiben. Diese Ausweitung spiegelt sich in Begriffen wie „Organisationsarchitektur", „politische Architektur", „Sozialarchitektur", „Wirtschaftsarchitektur", „Bildungsarchitektur", „Architektur des Gesundheitswesens", „Umweltarchitektur" etc. und insbesondere in Bezug auf digitale Systeme „Softwarearchitektur", „Systemarchitektur", „Netzwerkarchitektur" und ähnlichen wider. In diesen Kontexten beschreibt Architektur die organisatorische Struktur eines Systems, einschließlich seiner Komponenten, die Beziehungen zwischen diesen Komponenten und die Richtlinien und Prinzipien, die die Konstruktion und Evolution des Systems leiten etc.

Im Kern bezieht sich der Begriff Architektur also auf:

- Gestaltung und Planung der Elemente sowie deren
- Aufbau, Bauweise, Gefüge, Gliederung, Konstitution, Ordnung, Organisation, Strukturierung, Zusammensetzung ebenso wie das
- Zusammenspiel und die Wechselwirkung der Elemente und
- die Funktion, also die Verrichtungen, die das System leistet.

In Sozial- und Kulturunternehmen ist die Architektur digitaler IT-Systeme besonders darauf auszurichten, die einzigartigen und vielfältigen Anforderungen dieser Sektoren zu erfüllen.

Neben einem ERP-System (vgl. Abschn. 7.3) steht deshalb *Fachsoftware (Diensteprogramme)* im Mittelpunkt, die speziell entwickelt wird, um Prozesse in der Sozialen Arbeit und in Kulturbetriebe zu unterstützen. In Sozial- und Kulturunternehmen ist Fachsoftware (Diensteprogramme) oft über Schnittstellen mit betriebswirtschaftlicher Software verbunden. Zusätzlich werden spezialisierte Tools für Aufgaben wie Personalabrechnung, Fundraising-Management und Freiwilligenmanagement eingesetzt. Darüber hinaus werden Business-Intelligence-Tools (BI) verwendet, um Daten zu sammeln und zu analysieren, was die strategische Entscheidungsfindung unterstützt. In der Praxis setzen viele Unternehmen auf cloudbasierte Lösungen, um Flexibilität und Zugänglichkeit zu maximieren.

Die *Schlüsselfaktoren* für die Architektur solcher Systeme umfassen:

- *Modularität:* Die Systeme müssen aus einzelnen Bausteinen bestehen, damit sie leicht an besondere Wünsche angepasst und erweitert werden können.
- *Skalierbarkeit:* Sie sollten mit dem Wachstum der Unternehmen mithalten können und sich leicht an neue Bedürfnisse anpassen.
- *Interoperabilität:* Es ist wichtig, dass sie gut mit anderen Systemen zusammenarbeiten, um einen einfachen Austausch von Daten und eine Verbesserung der Abläufe zu ermöglichen.
- *Benutzer:innenfreundlichkeit, Usability:* Die Systeme müssen leicht zu bedienen sein, sodass Nutzer:innen sie ohne viel Einarbeitung nutzen können.
- *Performance:* Sie müssen auch bei der Verarbeitung großer Datenmengen und komplexen Analysen zuverlässig und schnell arbeiten.
- *Datenschutz und Sicherheit:* Besonders im sozialen Sektor ist der Schutz sensibler Daten von höchster Bedeutung. Die Systemarchitektur muss also robuste Sicherheitsmaßnahmen integrieren.
- *Customizing, Wartbarkeit und Support:* Die Systeme sollten einfach nach dem Bedarf der sie einsetzenden Unternehmen angepasst werden können (Customizing), leicht zu warten sein und schnelle Hilfen bieten, um Störungen umgehend zu beheben.

Die effektive Architektur dieser Systeme *unterstützt die Mission* von Sozial- und Kulturunternehmen, indem sie die administrativen Lasten reduziert und es den Fachkräften ermöglicht, sich auf ihre Kernkompetenzen und die kreative sowie Soziale Arbeit zu konzentrieren.

Nachfolgend wird beispielhaft gezeigt, wie die Architektur in einem sehr kleinen, mittelgroßen und großen Sozialunternehmen sowie einem mittelgroßen bis großen Unternehmen der Kulturwirtschaft aussehen kann.

Die Architektur in einem *sehr kleinen Sozialunternehmen* kann sich etwa wie folgt darstellen: In einem sehr kleinen Sozialunternehmen, wie einer einzelnen kleinen Einrichtung oder einem kleinen eingetragenen Verein, sollte das Informationssystem fokussiert und kosteneffizient sein. Hier steht die Vereinfachung der täglichen Arbeitsabläufe im Vordergrund. Ein cloudbasiertes System wäre ideal, da es geringere Vorabinvestitionen erfordert und leicht skalierbar ist. Eine Kombination aus grundlegender Buchhaltungssoftware und einem einfachen Fallmanagement-Tool würde hier eventuell ausreichen. Wichtig ist die Benutzer:innenfreundlichkeit, da solche Einrichtungen oft nicht über spezialisiertes IT-Personal verfügen. Datensicherheit und Datenschutz sind dennoch von hoher Bedeutung, besonders im Hinblick auf die sensiblen Daten im sozialen Bereich. Integration mit allgemeinen Kommunikationstools wie E-Mail und Kalender ist essenziell, um die Koordination innerhalb der Teams zu erleichtern. Schulungen für Mitarbeiter:innen sollten aufgrund des begrenzten Budgets effizient und gezielt sein. Eine einfache, intuitive Benutzeroberfläche und ein zuverlässiger, zugänglicher Support sind in einem solchen Umfeld unverzichtbar.

Für ein *mittleres Sozialunternehmen,* das mehrere Einrichtungen wie zum Beispiel zwölf Heime umfasst, ist eine ausgefeiltere IT-Infrastruktur erforderlich. Das System muss die Fähigkeit zur Verwaltung mehrerer Standorte und zur Integration verschiedener Datenquellen bieten. Eine zentrale Datenbank, die alle Einrichtungen vernetzt, ist hier unerlässlich. Neben fortgeschrittenen Buchhaltungs- und Fallmanagement-Systemen sollten auch Funktionen für Dokumentation, Dienstplanung und Personalmanagement (inkl. Personalabrechnung) integriert werden. Die Sicherheit muss stärker fokussiert werden, da mehr Nutzer:innen auf das System zugreifen. Es könnte sinnvoll sein, in maßgeschneiderte Lösungen zu investieren, die speziell auf die Bedürfnisse des Unternehmens zugeschnitten sind. Die Mitarbeitenden an verschiedenen Standorten benötigen regelmäßige Schulungen, um mit dem System vertraut zu bleiben. Zusätzliche Funktionen wie Berichterstattungstools und Analyse-Dashboards sind notwendig, um die Leistung und Effizienz über alle Einrichtungen hinweg zu überwachen. Es wird ein angemessen ausgebildetes IT-Support-Team benötigt, um den störungsfreien Betrieb des Systems zu gewährleisten.

Ein *(sehr) großes Sozialunternehmen,* wie eine Hilfsorganisation oder ein Wohlfahrtsverband, benötigt ein hochgradig skalierbares und flexibles Informationssystem. Aufgrund der Größe und Komplexität der Organisation muss das System in der Lage sein, eine Vielzahl von Funktionen zu integrieren, darunter fortgeschrittene Buchhaltung, umfassendes Fallmanagement, umfangreiche Personalverwaltungstools und möglicherweise auch internationale Funktionalitäten.

7.1 Architektur: Kernkonzepte und Technologien

Die Architektur sollte modular aufgebaut sein, um Anpassungen und Erweiterungen zu erleichtern. Eine robuste, sichere IT-Infrastruktur ist entscheidend, um die Integrität und den Schutz großer Datenmengen zu gewährleisten. Big-Data-Analytik und KI-gestützte Werkzeuge könnten für die Verarbeitung und Analyse von Daten eingesetzt werden, um strategische Entscheidungen zu unterstützen. Ein spezielles Augenmerk sollte auf die Interoperabilität und Integration mit externen Systemen und Partner:innen gelegt werden. Eine umfangreiche Schulung und fortlaufende Unterstützung für Mitarbeitende sind notwendig, um die Nutzung des Systems zu optimieren. Es kann auch sinnvoll sein, ein internes IT-Team zu haben, das sich auf die Entwicklung, Wartung und Anpassung des Systems konzentriert, um auf sich ändernde Anforderungen und technologische Entwicklungen reagieren zu können.

Für *mittelgroße bis große Unternehmen im Kultursektor*, die eine Vielzahl von künstlerischen Projekten, Veranstaltungen und Ausstellungen managen und dabei mehrere Standorte oder Teams koordinieren, ist eine maßgeschneiderte IT-Infrastruktur entscheidend. Das System sollte flexibel anpassbar sein, um speziell den einzigartigen Anforderungen eines Kulturunternehmens gerecht zu werden, von der Veranstaltungsplanung bis zur Besucher:inneninteraktion. Die Instandhaltung muss effizient sein, um Betriebsunterbrechungen zu verhindern, und schneller Support ist unerlässlich. Die IT-Lösung könnte ein zentrales Datenverwaltungssystem beinhalten, das die Kommunikation und Datenflüsse zwischen verschiedenen Abteilungen oder Standorten vereinheitlicht. Funktionen wie spezialisierte Finanzverwaltungssysteme, Projektmanagement-Tools, Personalmanagement und ein auf die Kulturbranche zugeschnittenes Customer-Relationship-Management (CRM) könnten integriert werden, um Beziehungen zu Besucher:innen, Künstler:innen und Sponsoren zu stärken. Mit zunehmender Systemnutzung durch das Personal muss der Datenschutz Priorität haben, um vertrauliche Informationen sicher zu bewahren. Investitionen in individuell entwickelte Lösungen, die exakt auf die Bedürfnisse des Kulturunternehmens abgestimmt sind, könnten von Vorteil sein. Mitarbeitendenschulungen sollten genau auf die Funktionalitäten und Besonderheiten des Systems zugeschnitten sein, um eine optimale Nutzung zu garantieren. Wichtig sind auch Zusatzfunktionen wie Berichtstools und Analyse-Dashboards, die eine umfassende Übersicht über die Leistungsfähigkeit und Effizienz quer durch alle Bereiche ermöglichen. Ein spezialisiertes IT-Support-Team ist essenziell, um einen störungsfreien Ablauf zu gewährleisten und bei technischen Fragen oder Problemen zur Seite zu stehen. So kann die IT-Struktur eines Kulturunternehmens zur maximalen Effektivität beitragen, indem sie die Organisation und Durchführung kultureller Projekte und Veranstaltungen erleichtert.

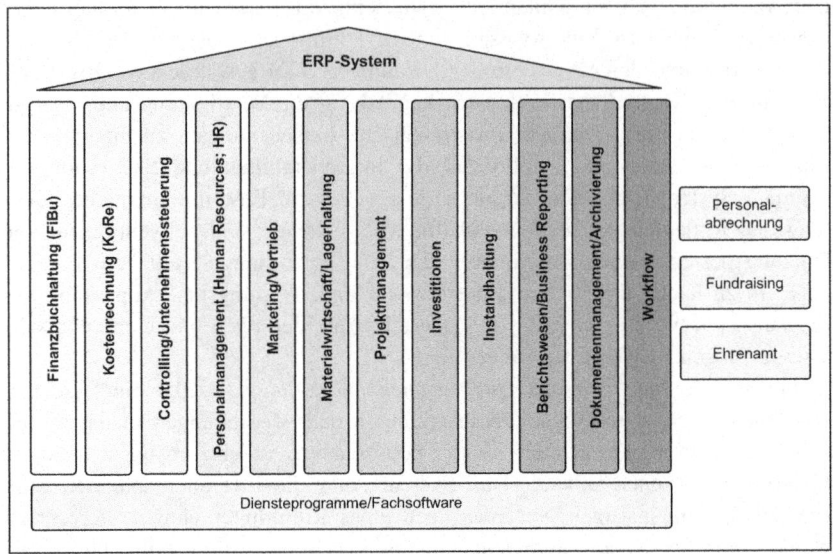

Abb. 7.1 Gesamtarchitektur eines ERP-Systems am Beispiel einer Hilfsorganisation. (Eigene Darstellung)

Die *Gesamtarchitektur des ERP-Systems einer Hilfsorganisation* wie dem Roten Kreuz, dem Johanniter oder dem Malteser Hilfsdienst kann beispielsweise strukturiert sein, wie in Abb. 7.1 dargestellt.

Die Integration eines ERP-Systems mit spezialisierter Software für Personalabrechnung, Fundraising, Ehrenamtsmanagement sowie mit verschiedenen Diensteprogrammen bilden zusammen ein umfassendes integriertes digitales System, das die Effizienz und Effektivität eines Unternehmens erheblich steigern kann und sich je nach individueller Situation durch folgende Merkmale auszeichnet:

- *Zentrale Datenhaltung:* Im Kern des Systems steht die ERP-Datenbank, die Stammdaten wie Mitarbeitendeninformationen, Materialwirtschaftsdaten, Finanz- und Controllingdaten zentral verwaltet. Diese Datenbasis ist zentral für alle verbundenen Anwendungen.

7.1 Architektur: Kernkonzepte und Technologien

- *Zentrale Personalmanagementapplikation und ggf. Outsourcing der Gehaltsabrechnung:* Während das ERP-System grundlegende Personalmanagementaufgaben wie Mitarbeitendendatenverwaltung, Urlaubs- und Abwesenheitsmanagement übernimmt, wird die Gehaltsabrechnung an eine:n externe:n Dienstleister:in ausgelagert. Die Datenübertragung erfolgt sicher und automatisiert, wobei relevante Änderungen in Mitarbeitendendaten zeitnah synchronisiert werden.

- *Integrierte Fundraising-Software:* Die Fundraising-Software, spezialisiert auf die Verwaltung von Spender:innen und Spendenaktionen, ist häufig eine separate Applikation (Software), die jedoch eng mit dem ERP-System verbunden ist. Spendendaten fließen direkt in die Finanzbuchhaltung und das Controlling, was eine nahtlose Berichterstattung und Analyse ermöglicht. Stammdaten von potenziellen Spendenden fließen aus Diensteprogrammen oder dem ERP-System ein.

- *Integration einer Applikation für das Management von Ehrenamtlichen:* Eine Spezialsoftware verwaltet Ehrenamtliche, ihre Einsatzdaten und weitere relevante Informationen. Diese Daten werden mit dem ERP-System synchronisiert, um Ressourcenplanung, Projektmanagement und Berichterstattung zu unterstützen.

- *Integration von Diensteprogrammen für Fachaufgaben:* Für spezifische Aufgaben wie Marketingunterstützung, Controlling oder Dokumentenmanagement werden Fachsoftware und Apps genutzt, die mit dem ERP-System kommunizieren. Informationen und Ergebnisse aus diesen Diensteprogrammen fließen zurück ins zentrale System und gewährleisten so eine einheitliche Datengrundlage.

- *Prozess- und Workflow-Integration:* Alle Systeme sind über definierte Workflows und Prozesse miteinander verbunden. Beispielsweise kann eine im Fundraising-System erfasste Spende automatisch eine Aufgabe im Finanzmodul des ERP-Systems auslösen, um die Buchhaltung zu aktualisieren und entsprechende Dankschreiben über das entsprechende System zu generieren.

- *Kollaboration und Kommunikation:* Digitale Assistenten und Teamkommunikationstools, integriert in das Gesamtsystem, erleichtern die Zusammenarbeit zwischen den Abteilungen und Standorten. Sie ermöglichen einen schnellen Informationsaustausch und fördern eine effiziente Zusammenarbeit an Projekten und Aufgaben.

- *Berichtswesen und Analyse:* Durch die Integration fließen alle Daten in ein zentrales Berichtswesen ein, das umfassende Auswertungen, Leistungsüberwachung und strategische Entscheidungsunterstützung bietet. Controlling- und

Business-Reporting-Tools nutzen die gesammelten Daten, um Trends zu analysieren, Leistungskennzahlen zu überwachen und fundierte Entscheidungen zu treffen.

- *Qualitäts- und Nachhaltigkeitsmanagement:* Daten aus dem Qualitätsmanagement und dem Nachhaltigkeitsmanagement fließen ebenfalls ins ERP-System ein, was eine gesamtheitliche Sicht auf die Performance der Organisation ermöglicht und dabei hilft, Compliance-Anforderungen zu erfüllen.

Diese integrierte digitale Infrastruktur fördert nicht nur die interne Effizienz und Effektivität, sondern verbessert auch das Engagement und die Zufriedenheit der Stakeholder:innen, indem sie eine transparente, reaktionsfähige und verantwortungsbewusste Organisation unterstützt.

7.2 Fachsoftware (Diensteprogramme)

Als *Fachsoftware* für den sozialen Sektor werden spezialisierte Applikationen (Softwareanwendungen) verstanden, die die spezifischen Bedürfnisse und Anforderungen von Organisationen und Fachkräften im sozialen Sektor unterstützen. Diese Gattung von Software wird häufig auch als *Diensteprogramme* (synonym Dienstleistungssoftware, Sozialsoftware oder Sozialdienstsoftware) bezeichnet und beinhaltet – grob unterschieden – insbesondere die Bereiche:

- Erfassung und Pflege/Verwaltung sowie Auswertung von Klient:inneninformationen
- Prozessunterstützung
- Marketingunterstützung
- Controllingunterstützung

Insgesamt gibt es eine umfangreiche Palette an Funktionen und Features, die auf die diversen Bedürfnisse der Organisationen in der Branche zugeschnitten sind. Als Referenz kann hier eine detaillierte Übersicht herangezogen werden, die sich an den Dienstleistungen eines spezifischen Softwareanbieters orientiert, wie zum Beispiel dem auf https://www.connext.de/pdf/Vivendi-Funktionen.pdf (abgerufen am: 01.03.2024) bereitgestellten Angebot. Diese Liste (siehe Tab. 7.1) wurde um zusätzliche Funktionen erweitert und ist zur besseren Übersichtlichkeit alphabetisch angeordnet.

7.2 Fachsoftware (Diensteprogramme)

Tab. 7.1 Funktionen von Diensteprogrammen (Fachsoftware; exemplarische Checkliste). (Eigene Darstellung)

- ☐ Adressmanagement
- ☐ Akte, elektronische
- ☐ Aktivitätenmanagement
- ☐ Alarmplänemanagement
- ☐ Altdatenarchivierung
- ☐ Anamnesedokumentation
- ☐ Anfragenmanagement,
- ☐ Aufgabenverwaltung
- ☐ Auswertungen
- ☐ Bargeldverwaltung
- ☐ Befragungen und Feedback
- ☐ Befreiungsmanagement
- ☐ Belehrungsmanagement
- ☐ Benutzerverwaltung
- ☐ Bereichsverwaltung
- ☐ Berichtswesen
- ☐ Beschwerdemanagement
- ☐ Bestellwesen
- ☐ Besuchsplanung
- ☐ Bewerber:innenverwaltung
- ☐ Biografiedokumentation
- ☐ Budgetplanung
- ☐ Budgetüberwachung
- ☐ Case-Management
- ☐ Compliance-Management
- ☐ Controlling
- ☐ Dash Boarding
- ☐ Datenanalyse
- ☐ Datenaustausch extern
- ☐ Datenvisualisierung
- ☐ Demografische Analysen
- ☐ Depositenverwaltung
- ☐ Diagnoseverwaltung
- ☐ Dienstplanung
- ☐ Digitale Akte
- ☐ Dig. Assistenz z. B. Impfplan
- ☐ Diversitäts- und Inklusionsmanagement
- ☐ Dokumentenmanagement
- ☐ E-Learning-Management
- ☐ Einkauf
- ☐ Einsatz Ehrenamtliche
- ☐ Einwilligungsmanagement
- ☐ Enterprise-Information-System (EIS)
- ☐ Ereignismanagement
- ☐ Erfassung persönlicher Bedarfe in Bezug auf die Leistungserbringung
- ☐ Erinnerungsfunktion für Geburtstage, Jubiläen,
- ☐ Erlösvorschau, je Geschäftsfeld, Bereich, Leistung, Mitarbeitende etc.
- ☐ Ernährungsmanagement
- ☐ Evaluationsmanagement
- ☐ Export von Daten
- ☐ Fachdienstinformationen
- ☐ Fachleistungsstunden
- ☐ Fahrzeugverwaltung
- ☐ Fakturierung (Rechnungstellung)
- ☐ Fallverlauf/-historie
- ☐ Familien/Angehörigenkommunikationstools
- ☐ Feedback-Systeme
- ☐ FiBu-Schnittstelle
- ☐ Finanzhilfen und Stipendienverwaltung
- ☐ Förder-/Hilfeplandokumentation
- ☐ Förderplanmanagement
- ☐ Fortbildungsmanagement
- ☐ Freiheitsbeschränkende Maßnahmen
- ☐ Freiwilligenmanagement
- ☐ Fuhrparkverwaltung inkl. Fahr-, Tank- und Reparaturbuch
- ☐ Gebäudemanagement
- ☐ Gesundheits- und Sicherheitsmanagement
- ☐ Hausnotrufmanagement
- ☐ Hilfeplanmanagement
- ☐ Hilfsmittelverwaltung
- ☐ Hygienemanagement
- ☐ Impfungsmanagement
- ☐ Import von Daten, Dateien, Katalogen etc.
- ☐ Institutionenverwaltung
- ☐ Interessent:innen
- ☐ Kalenderfunktion
- ☐ Kapazitäts- und Auslastungsmanagement
- ☐ Kassenbuch
- ☐ Kennzahlen-Cockpit
- ☐ Klient:innenakte
- ☐ Klient:innenorientierte Risikobewertung und -management
- ☐ Klient:innenportale, Selbstbedienungsfunktion
- ☐ Klient:innenverwaltung
- ☐ Kollaborationsmanagement
- ☐ Kompetenzmanagement Mitarbeitende
- ☐ Kontaktmanagement Klient:innen (CRM)
- ☐ Kontaktpersonenliste
- ☐ Kriseninterventionspläne
- ☐ Künstliche Intelligenz/Chatbot
- ☐ Lagermanagement
- ☐ Leistungsabrechnung
- ☐ Leistungscontrolling
- ☐ Leistungsnachweis und Zertifizierungsmanagement
- ☐ Leistungsnachweise
- ☐ Leistungsverwaltung/-katalog
- ☐ Linienfahrtenverwaltung/-abrechnung
- ☐ Mailverwaltung
- ☐ Management-Information-System (MAIS)
- ☐ Mandant:innenverwaltung
- ☐ Massenkommunikationstools (E-Mail, SMS, App-Benachrichtigungen)
- ☐ Medizinische Werte- und Leistungsverwaltung
- ☐ Meldeverfahren
- ☐ Menümanagement/-service
- ☐ Mitarbeitendenverwaltung
- ☐ Mitarbeitendenstammdaten -verwaltung inklusive Kontaktpersonen
- ☐ Mobile Anwendungen für Mitarbeitende und Klient:innen
- ☐ Multidisziplinäre Fallplanung
- ☐ Nachhaltigkeitsmanagement
- ☐ Netzwerk- und Partnerschaftsmanagement
- ☐ Neuerfassung von Klient:innen per Internetseite bzw. Chatbot
- ☐ Notfallkontakt- und Informationsmanagement
- ☐ OCR
- ☐ Online-Beratung
- ☐ Personalakte, elektronische
- ☐ Personaldaten
- ☐ Pflegegradmanagement und -beratung
- ☐ Planungsvorlagen/individuelle Planungen
- ☐ Präventionsprogramme und -maßnahmen

(Fortsetzung)

Tab. 7.1 (Fortsetzung)

- ☐ Proberechnungslauf
- ☐ Projektmanagement
- ☐ Protokolle z. B. Hygiene
- ☐ Prozessunterstützung
- ☐ Qualitätsmanagement
- ☐ Raumverwaltung
- ☐ Rechnungsprüfung und -abgleich
- ☐ Rechteverwaltung
- ☐ Rehabilitationsplanung und -verfolgung
- ☐ Reisemanagement
- ☐ Reportgenerator zur einfachen Erstellung komplexer Auswertungen
- ☐ Ressourcenbibliothek und Wissensmanagement
- ☐ Ressourcenmanagement mit zeitbezogener Zuordnung
- ☐ Ressourcenverwaltung
- ☐ Risikomanagement
- ☐ Rollenkonzepte
- ☐ Rollenverwaltung
- ☐ Routenplaner
- ☐ Scannen
- ☐ Schlüsselverwaltung
- ☐ Schmerzprotokolle
- ☐ Schnittstelle Kassen
- ☐ Schnittstellen z. B. zu KiTa Web, Agentur für Arbeit etc.
- ☐ Schnittstellen zu anderer Software
- ☐ Schnittstellen zu Archivsystemen
- ☐ Schnittstellen zu Telefonsystemen
- ☐ Schuldenmanagement und Finanzberatung für Klient:innen
- ☐ Schulung
- ☐ Selbsthilfegruppen- und Gemeinschaftsressourcenverwaltung
- ☐ Serviceplanung und -überwachung, individuelle
- ☐ Spendenverwaltung
- ☐ Stammdateneingabe und -pflege
- ☐ Standard-Auswertungen
- ☐ Statistik
- ☐ Stornofunktion
- ☐ Strategische Planung und Entwicklung
- ☐ Tages-, Wochen-, Monats-, Jahresübersicht für Klient:innen
- ☐ Teamarbeit und Fallbesprechungen, interdisziplinäre
- ☐ Teamkommunikation
- ☐ Teilhabe
- ☐ Terminierung/Terminverwaltung
- ☐ Ticketing- und Anfragesysteme für interne und externe Anliegen
- ☐ Tourenplanung
- ☐ Überwachung und Reporting von Gesundheitsindikatoren
- ☐ Umfragen
- ☐ Unterschrift und Dokumentenfreigabe, elektronische
- ☐ Unterstützung von Anamnese und Assessments
- ☐ Unterstützung von Pflege- und Hilfeplanungsmodellen
- ☐ Urlaubsverwaltung
- ☐ Verordnungsverwaltung
- ☐ Vertreter:innenregelungen
- ☐ Verwahrgeldverwaltung
- ☐ Vorsorgeuntersuchungsmanagement
- ☐ Wartelistenmanagement
- ☐ Workflows
- ☐ Wunddokumentation, bildbasierte
- ☐ Zeiterfassung u. a. Plan-/Sonderzeiten
- ☐ Zeitwirtschaftsmanagement
- ☐ Zimmerverwaltung
- ☐ Zuzahlungsmanagement

Spezialisierte Apps und Anwendungen bieten darüber hinaus weitere Funktionen, die darauf abzielen, den Arbeitsablauf in sozialen Einrichtungen zu optimieren, indem sie umfangreiche Verwaltungs- und Dokumentationsaufgaben erleichtern und effizienter gestalten. Zum Beispiel eine App zur Dienstplanung, welche etwa umfasst: (alphabetisch sortierte) automatische Pausenplanung, Benachrichtigungssystem, Berichterstattung und Analysen, Budgetkontrolle, Echtzeit-Aktualisierungen, Einsatzplanung, Mitarbeitenden verfügbarkeitsverwaltung, Feiertagsverwaltung, flexible Schichtgestaltung, Integration mit anderen Systemen, Konfliktmanagement bei der Planung, Leistungsüberwachung, Mehrstandort-Unterstützung, mobile Zugriffsmöglichkeiten, Personalbedarfsplanung, Personalprofilverwaltung, Schichtplanung, Schichttausch-Funktion, Urlaubs- und Abwesenheitsverwaltung, Zeitverwaltung, Zugriffsrechteverwaltung, Zusammenarbeit und Kommunikation.

7.2 Fachsoftware (Diensteprogramme)

Die Integration von KI in Fachsoftware für die Soziale Arbeit kann zahlreiche Prozesse optimieren, die Effizienz steigern und die Qualität der Dienstleistung verbessern. Hier sind mehr als 20 Beispiele, wie KI nützlich sein kann (nachfolgend Empfehlungen von ChatGPT):

- *Auswertung Zufriedenheitsumfragen:* Bewertungen und Feedback von Klient:innen und Mitarbeitenden können analysiert werden, um Stimmungen und Trends zu erkennen.
- *Automatische Erstellung und Anpassung von Förderplänen:* KI kann Lernfortschritte überwachen und Förderpläne automatisch an den aktuellen Bedarf anpassen.
- *Automatische Textanalyse in Dokumenten:* KI kann Dokumente, wie z. B. Protokolle oder Berichte, analysieren, um wichtige Informationen schnell zu extrahieren und zu kategorisieren.
- *Automatisierte Analyse von Gesundheitsdaten:* KI kann kontinuierlich Gesundheitsdaten überwachen, um Veränderungen im Zustand einer/eines Klient:in frühzeitig zu erkennen.
- *Automatisierte Datenerfassung:* Mit Hilfe von KI können Daten aus verschiedenen Quellen (z. B. Online-Formulare, E-Mails, soziale Medien) automatisch erfasst und in Systeme integriert werden. Dies reduziert den manuellen Arbeitsaufwand erheblich.
- *Automatisierte Kommunikation mit Klient:innen:* Chatbots können häufig gestellte Fragen beantworten, Erinnerungen senden oder einfache Anfragen autonom bearbeiten.
- *Automatisierte Protokollerstellung:* KI kann Besprechungen mithören und automatisch Protokolle erstellen, wichtige Punkte hervorheben und Aufgaben zuweisen.
- *Datensicherheit und -schutz:* Mit fortschrittlichen Algorithmen kann KI dabei helfen, die Datensicherheit zu verbessern und gleichzeitig die Einhaltung von Datenschutzvorschriften zu gewährleisten.
- *Effiziente Ressourcenallokation:* KI kann helfen, Ressourcen wie Spenden oder Finanzhilfen basierend auf der Dringlichkeit und dem erwarteten Impact zuzuweisen.
- *Erkennung von Anomalien in der Zeiterfassung:* KI kann Unregelmäßigkeiten oder Muster in der Zeiterfassung erkennen, die auf Fehler oder Missbrauch hinweisen könnten.
- *Erkennung von Betrugsversuchen:* Durch die Analyse von Abrechnungsdaten kann KI Unregelmäßigkeiten erkennen, die auf Betrug hinweisen.

- *Individuelle Lern- und Entwicklungspfade:* Für Mitarbeitende in der Sozialen Arbeit kann KI individuelle Fortbildungsbedarfe erkennen und entsprechende Lerninhalte vorschlagen.
- *Optimierung der Dienstplanung:* KI-Algorithmen können die optimale Zuordnung von Mitarbeitenden zu Schichten unter Berücksichtigung von Verfügbarkeit, Fähigkeiten und Arbeitsbelastung vornehmen.
- *Optimierung von Transportrouten:* Für Dienste, die Transporte beinhalten, kann KI die effizientesten Routen planen, um Zeit und Kraftstoff zu sparen.
- *Personalisierte Betreuungspläne:* KI kann individuelle Betreuungspläne auf Basis von Daten über die Klient:innen, wie Gesundheitszustand und persönliche Vorlieben, erstellen.
- *Personalisierte Dienstleistungen:* KI-Algorithmen können genutzt werden, um maßgeschneiderte Dienstleistungen und Unterstützung basierend auf den spezifischen Daten und Bedürfnissen der Klient:innen anzubieten.
- *Predictive Analytics:* KI kann genutzt werden, um Muster in den Daten zu erkennen und Prognosen zu erstellen, z. B. zur Vorhersage von Trends in der Sozialen Arbeit oder zur Identifizierung von Risikofaktoren bei Klient:innen.
- *Spracherkennung für schnellere Dateneingabe:* Durch die Umwandlung von gesprochener Sprache in Text können Daten schneller erfasst und dokumentiert werden.
- *Unterstützung bei der Diagnosestellung:* KI-Systeme können Muster in medizinischen Daten erkennen, die Fachpersonal bei der Diagnosestellung unterstützen.
- *Verbesserte Interaktion mit Klienten:* Chatbots und virtuelle Assistenten, angetrieben durch KI, können rund um die Uhr Unterstützung bieten, häufig gestellte Fragen beantworten und dabei helfen, die Kommunikation mit den Klient:innen zu verbessern.
- *Verbesserte Risikobewertung:* Durch die Analyse von Daten kann KI Risiken für die Gesundheit oder das Wohlergehen von Klient:innen vorhersagen und frühzeitig Warnungen ausgeben.
- *Verbesserung der Hilfsmittelverwaltung:* KI kann den Verbrauch von Hilfsmitteln analysieren und Bestellungen optimieren, um Kosten zu sparen und die Verfügbarkeit zu gewährleisten.
- *Vorausschauende und vorbeugende Wartung für Fahrzeuge und Geräte:* Durch die Analyse von Nutzungsdaten kann KI vorhersehen, wann Wartungen oder Reparaturen nötig werden, um Ausfallzeiten zu minimieren.
- *Vorhersage von Dienstleistungsbedarf:* Durch die Analyse historischer Daten kann KI zukünftigen Bedarf an sozialen Dienstleistungen vorhersagen und helfen, Ressourcen effektiver zu planen.

- *Vorhersage von Engpässen im Personalbereich:* KI kann Trends analysieren und vorhersagen, wann und wo Personalengpässe auftreten könnten, um proaktiv zu handeln.

Alle diese Funktionen ermöglichen es Organisationen im sozialen Sektor, ihre Dienstleistungen präziser zu planen und auszuführen, wobei sie gleichzeitig auf die individuellen Bedürfnisse ihrer Klient:innen eingehen können. Sie tragen dazu bei, die Effizienz zu steigern, die Qualität der Betreuung zu verbessern und eine umfassende Unterstützung für diejenigen zu gewährleisten, die soziale Dienste benötigen (vgl. zum digitalen Qualitätsmanagement Freisinger et al. 2022.)

7.3 Betriebswirtschaftliche Software (ERP-System)

Die betriebswirtschaftliche ERP-Software ist neben der Fachsoftware (Diensteprogramm) ein zentraler Baustein. ERP steht für Enterprise Resource Planning (Ressourcenplanung) und meint die Aufgabe im Unternehmen, Ressourcen (Personal, Kapital, liquide Mittel, Material etc.) im Sinne der Rahmenbedingungen (Vision, Zweck, Ziele, Leitbild) entsprechend der „Märkte" und des Umfelds/der Entwicklungen zu steuern.

Ziel der auch als betriebswirtschaftliche Software bezeichneten ERP-Systeme ist es, Steuerungsunterstützung zu leisten und Verantwortliche mit Informationen zur rechten Zeit am rechten Ort zu versorgen, damit geeignete Strategien und Maßnahmen entwickelt und umgesetzt werden können. Vier Beispiele (bitte jeweils Name googeln; Beschreibung stammt von ChatGPT):

- *Sage* bietet eine breite Palette an ERP- und Buchhaltungslösungen, die sich an kleine, mittelständische und große Unternehmen richten. Mit Produkten wie Sage 50cloud, Sage 100cloud und Sage X3 deckt das System verschiedene Geschäftsanforderungen ab, von einfacher Buchhaltung bis hin zu umfassendem Finanzmanagement, Produktion, Lagerhaltung und CRM. Sage ist besonders für seine benutzer:innenfreundliche Oberfläche und die Fähigkeit bekannt, mit den wachsenden Anforderungen eines Unternehmens zu skalieren, was es zu einer soliden Wahl für Unternehmen macht, die nach einer langlebigen Lösung suchen.
- *Dynamics 365 Business Central* von *Microsoft* ist eine umfassende Geschäftslösung, die speziell für kleine bis mittelständische Unternehmen konzipiert wurde. Es bietet integrierte Funktionen für Finanzmanagement, Vertrieb, Service und Betrieb, alles innerhalb einer cloudbasierten Plattform.

- *Datev* ist vor allem im deutschsprachigen Raum bekannt und wird häufig von Steuerberater:innen, Buchhalter:innen und mittelständischen Unternehmen genutzt. Das System bietet umfangreiche Lösungen für Buchhaltung, Personalwirtschaft, Rechnungswesen und Steuerberechnung, mit einem starken Fokus auf den deutschen Markt.
- *SAP* ist einer der weltweit führenden Anbieter von ERP-Systemen und bietet Lösungen, die große Unternehmen sowie den Mittelstand unterstützen. Sein umfangreiches Portfolio umfasst aktuell SAP ERP Central Component (ECC) und SAP S/4HANA, die Prozesse in Finanzen, Logistik, Produktionsplanung und vielem mehr optimieren.

7.4 Digitalisierung in der öffentlichen Verwaltung

Die Digitalisierung in der öffentlichen Verwaltung ist ein zentraler Aspekt der Modernisierung öffentlicher Dienstleistungen, ein umfassendes und komplexes Thema.

Wesentliche Aspekte sind beispielsweise die Einführung agiler Methoden, die Auswirkungen der Digitalisierung auf Bildungs- und Sozialpolitik, die Rolle der Blockchain, Cybersicherheit, Datenschutz, der digitale Euro, elektronische Personalausweise, datengesteuerte Verwaltung, digitale Betriebsprüfung, digitale Identitäten, digitale Kommunikationsinfrastrukturen, digitale Polizeiarbeit, Digitalisierung auf Länderebene, Digitalisierung der Ministerialverwaltung, Digitalisierung von Schule und Schulaufsicht, Digitalisierung von Verwaltungsleistungen in Bürgerämtern, E-Kompetenzen, elektronische Gesetzgebung, elektronische Wahlen und Abstimmungen, Homeoffice, der IT-Planungsrat, Online-Partizipation, Open Data, Smart Cities, soziale Medien, standardisierter Datenaustausch, virtuelle Teams und Watchdog-Organisationen (vgl. Klenk et al. 2020; Seckelmann 2024).

Im Weiteren wird eine kurze Erörterung ausgewählter Themenfelder vorgenommen.

- *Digitalisierung und ihre Auswirkungen auf Bildungs- und Sozialpolitik:* Die Digitalisierung hat erhebliche Auswirkungen auf die Bildungs- und Sozialpolitik. Digitale Technologien bieten neue Möglichkeiten für den Zugang zu Bildung und Wissen, ermöglichen individuell angepasste Lernwege und fördern die Inklusion. In der Sozialpolitik ermöglicht die Digitalisierung eine effizientere und zielgerichtetere Unterstützung von Bedürftigen, zum Beispiel durch digitale Plattformen, die eine schnelle und unkomplizierte Beantragung von Leistungen ermöglichen.

7.4 Digitalisierung in der öffentlichen Verwaltung

- *Digitalisierung von Schule und Verwaltungsleistungen:* Die Digitalisierung von Schule, Schulverwaltung und Schulaufsicht ist ein weiterer wichtiger Bereich. Digitale Technologien bieten die Möglichkeit, den Unterricht interaktiver und individueller zu gestalten und administrative Prozesse zu vereinfachen. Auch die Digitalisierung von Verwaltungsleistungen in Bürger:innenämtern, wie die Online-Beantragung von Dokumenten, verbessert den Zugang zu Dienstleistungen und erhöht die Effizienz der Verwaltung.
- *Open Data:* Open Data bezeichnet die Bereitstellung von Datenbeständen durch die öffentliche Verwaltung zur freien Nutzung, Weiterverarbeitung und Verbreitung durch Dritte. Dies fördert Transparenz, ermöglicht Innovation und dient als Grundlage für die Entwicklung neuer Dienstleistungen und Anwendungen, die von Wirtschaft, Wissenschaft und Zivilgesellschaft genutzt werden können. Durch Open Data können beispielsweise Smart-City-Lösungen vorangetrieben, Verkehrsflüsse optimiert und Umweltdaten besser analysiert werden. Die Herausforderung liegt dabei in der Gewährleistung von Datenschutz und der Sicherstellung der Datenqualität.
- *KI:* Künstliche Intelligenz (KI) in der öffentlichen Verwaltung revolutioniert die Art und Weise, wie staatliche Dienstleistungen konzipiert und bereitgestellt werden. Durch den Einsatz von KI-Technologien können Behörden ihre Effizienz steigern, indem sie Routineaufgaben automatisieren und datengestützte Entscheidungen treffen, die zu einer verbesserten Servicequalität führen. KI unterstützt zudem bei der Analyse großer Datenmengen, was eine gezieltere und effektivere Politikgestaltung ermöglicht. Allerdings bringt die Integration von KI auch Herausforderungen mit sich, einschließlich Datenschutzbedenken und der Notwendigkeit, Mitarbeitende in neuen Technologien zu schulen, um das volle Potenzial von KI in der öffentlichen Verwaltung auszuschöpfen.
- *Agile Verwaltung und Digitale Transformation:* Die Einführung agiler Methoden in der Verwaltung ist ein Schlüsselelement der digitalen Transformation. Agile Verwaltung bedeutet, flexibel auf Veränderungen zu reagieren, Projekte iterativ zu entwickeln und dabei stets die Nutzer:innen in den Mittelpunkt zu stellen. Dieser Ansatz ermöglicht es öffentlichen Verwaltungen, effektiver und effizienter auf die sich schnell ändernden Anforderungen der Gesellschaft und Änderungen der Technologie zu reagieren. Zudem kultiviert die agile Verwaltung eine Atmosphäre kontinuierlicher Verbesserung und des fortwährenden Lernens unter den Mitarbeitenden.
- *E-Kompetenzen in der Verwaltung:* Die Förderung von E-Kompetenzen ist entscheidend für den Erfolg der Digitalisierung in der Verwaltung. E-Kompetenzen umfassen nicht nur technische Fähigkeiten im Umgang mit digitalen Tools und Plattformen, sondern auch das Verständnis für digitale

Sicherheit, Datenschutz und die Fähigkeit zur kritischen Bewertung digitaler Inhalte. Die Entwicklung dieser Kompetenzen bei Mitarbeitenden der öffentlichen Verwaltung sowie bei Bürger:innen ist grundlegend, um die Vorteile der Digitalisierung voll ausschöpfen und gleichzeitig Risiken minimieren zu können. Schulungsprogramme und kontinuierliche Bildungsangebote sind daher ein wesentlicher Bestandteil der digitalen Transformation.

- *Virtuelle Teams in der Verwaltung:* Virtuelle Teams spielen in der digitalisierten Verwaltung eine immer größere Rolle, besonders im Kontext von Homeoffice und flexiblen Arbeitsmodellen. Die Zusammenarbeit in virtuellen Teams erfordert effektive Kommunikationstools, eine starke Teamkultur und klare Arbeitsabläufe. Technologien wie Videokonferenzen, Cloud-Services und Kollaborationsplattformen ermöglichen es Teams, ortsunabhängig und effizient zusammenzuarbeiten. Die Herausforderung besteht darin, Nähe und Teamgeist zu fördern ohne die persönliche Interaktion im Büro. Die erfolgreiche Integration virtueller Teams in die Verwaltungsarbeit kann Flexibilität und Mitarbeitendenzufriedenheit steigern und gleichzeitig die Effizienz erhöhen.
- *Elektronische Gesetzgebung und digitale Demokratie:* Die Digitalisierung bietet neue Möglichkeiten für die Gesetzgebung und die Partizipation der Bürger:innen am politischen Prozess. Elektronische Gesetzgebung, also beispielsweise das Vorgehen, Entwürfe digital zu erstellen, zu bearbeiten, zu teilen und abzustimmen, kann den Gesetzgebungsprozess effizienter und transparenter gestalten. Online-Partizipation und elektronische Wahlen und Abstimmungen fördern die direkte Beteiligung der Bevölkerung an politischen Entscheidungen. Dies trägt zu einer lebendigeren und inklusiveren Demokratie bei.
- *Elektronische Wahlen und Abstimmungen:* Elektronische Wahlen und Abstimmungen bieten die Möglichkeit, demokratische Prozesse zu modernisieren und die Partizipation zu erhöhen. Durch die Nutzung digitaler Technologien können Wähler:innen bequem von zu Hause oder von mobilen Endgeräten aus an Wahlen und Abstimmungen teilnehmen, was insbesondere in Zeiten von Krisen wie der COVID-19-Pandemie von Vorteil sein kann. Allerdings stellen elektronische Wahlen hohe Anforderungen an Sicherheit und Datenschutz, um die Integrität des Wahlprozesses zu gewährleisten und das Vertrauen der Öffentlichkeit zu erhalten.
- *Der Digitale Euro:* Der digitale Euro steht für eine elektronische Form der europäischen Währung, die von Zentralbanken ausgegeben wird. Er zielt darauf ab, eine digitale Alternative zu Bargeld zu bieten, die Sicherheit, Effizienz und die Integration in die bestehende Finanzinfrastruktur vereint. Die Einführung des digitalen Euros könnte das Zahlungswesen revolutionieren, indem

7.4 Digitalisierung in der öffentlichen Verwaltung

sie sofortige Transaktionen ermöglicht, die Kosten für den Geldverkehr reduziert und neue Möglichkeiten für das Finanzmanagement bietet. Gleichzeitig wirft sie Fragen bezüglich des Datenschutzes, der Cybersicherheit und der Auswirkungen auf traditionelle Banken und das Finanzsystem auf.

- *Smart Cities:* Smart Cities nutzen digitale Technologien, um städtische Dienstleistungen effizienter zu gestalten, die Lebensqualität zu verbessern und den ökologischen Fußabdruck zu verringern. In Smart Cities werden Technologien wie IoT (Internet of Things), KI (künstliche Intelligenz) und Big Data Analytics eingesetzt, um Verkehrsflüsse zu optimieren, Energieverbrauch zu senken, öffentliche Sicherheit zu erhöhen und Bürger:innenbeteiligung zu fördern. Digitale Kommunikationsinfrastrukturen spielen eine Schlüsselrolle bei der Umsetzung von Smart-City-Konzepten, indem sie die notwendige Konnektivität und Datenverarbeitungskapazität bereitstellen.
- *Blockchain und Cybersicherheit in der öffentlichen Verwaltung:* Die Blockchain-Technologie[1] bietet interessante Perspektiven für die öffentliche Verwaltung, insbesondere in Bezug auf Transparenz, Sicherheit und Effizienz. Beispielsweise könnte die Blockchain für die sichere Speicherung von Dokumenten oder die Abwicklung von Transaktionen genutzt werden, was die Integrität öffentlicher Daten erhöht. Gleichzeitig ist Cybersicherheit von entscheidender Bedeutung, um die zunehmenden Cyberbedrohungen abzuwehren und Vertrauen in digitale Verwaltungsdienste zu schaffen. Durch die dezentrale und fälschungssichere Speicherung von Daten bietet Blockchain eine robuste Lösung für viele Herausforderungen im Bereich der digitalen Verwaltung und kann insbesondere zur Bekämpfung von Korruption und Betrug beitragen.
- *Digitale Kommunikationsinfrastrukturen:* Digitale Kommunikationsinfrastrukturen sind das Rückgrat der digitalen Verwaltung. Sie ermöglichen nicht nur die interne Vernetzung innerhalb der Verwaltung und zwischen verschiedenen Behörden, sondern auch die Kommunikation mit Bürger:innen sowie Unternehmen. Die Entwicklung und Sicherung leistungsfähiger, zuverlässiger und sicherer Kommunikationsnetzwerke ist daher von entscheidender Bedeutung. Dies umfasst sowohl den Ausbau des Breitbandinternets in ländlichen und

---

[1] Blockchain ist wie ein digitales Notizbuch, das Informationen über alle durchgeführten Transaktionen speichert. Jede neue Information wird als ein „Block" hinzugefügt und fest mit den vorherigen Blocks verbunden, wodurch eine lückenlose Kette entsteht. Diese Datenkette wird nicht auf einem einzelnen Computer gespeichert, sondern verteilt auf viele, was Manipulationen extrem schwierig macht. So sorgt Blockchain für Sicherheit und Transparenz, da alle Beteiligten die gleichen Informationen einsehen können, ohne sie ändern zu können.

städtischen Gebieten als auch die Implementierung von Sicherheitsstandards zum Schutz vor Cyberangriffen und Datenlecks.
- *Digitale Identitäten:* Digitale Identitäten sind ein zentrales Element der Digitalisierung der Verwaltung. Sie ermöglichen es Bürger:innen, Unternehmen und anderen Organisationen, ihre Identität sicher im digitalen Raum nachzuweisen. Dies erleichtert den Zugang zu Online-Diensten, vereinfacht Verwaltungsprozesse und verbessert den Datenschutz, indem nur die notwendigen Informationen geteilt werden müssen. Die Einführung des elektronischen Personalausweises ist ein Beispiel für die Anwendung digitaler Identitäten, die sowohl die Sicherheit als auch die Benutzer:innenfreundlichkeit erhöht.
- *Datenschutz und digitale Identitäten:* Der Datenschutz spielt in der digitalen Verwaltung eine zentrale Rolle. Es gilt, die Balance zwischen effizienten Verwaltungsdienstleistungen und dem Schutz der Bürger:innenrechte zu finden. Digitale Identitäten sind ein wesentlicher Bestandteil der Digitalisierung, ermöglichen sie doch eine sichere und einfache Identifizierung und Authentifizierung von Bürger:innen im digitalen Raum. Gleichzeitig müssen Mechanismen implementiert werden, die die Privatsphäre schützen und Missbrauch verhindern.

Fazit: Die Digitalisierung der Verwaltung ist ein komplexes Unterfangen, das zahlreiche Chancen bietet, aber auch Herausforderungen mit sich bringt. Agile Verwaltung, Datenschutz und Cybersicherheit, die Ermöglichung von digitaler Bildung und sozialen Diensten sowie die Förderung von digitaler Partizipation sind wesentliche Aspekte, die es zu berücksichtigen gilt. Um diese Chancen zu nutzen und die Herausforderungen zu bewältigen, ist eine umfassende Strategie erforderlich, die technologische Innovationen, rechtliche Rahmenbedingungen und die Entwicklung digitaler Kompetenzen umfasst. Die erfolgreiche Umsetzung der Digitalisierung in der Verwaltung kann zu effizienteren, bürger:innenfreundlicheren und transparenteren öffentlichen Diensten führen und einen wichtigen Beitrag zur Modernisierung des Staates leisten.

7.5 Aufbau- und Ablauforganisation: Das Erfolgsskelett

Die Digitalisierung hat tiefgreifende Auswirkungen auf die Aufbau- und Ablauforganisation von Sozial- und Kulturunternehmen. Diese Veränderungen bieten sowohl Chancen als auch Herausforderungen in der Art und Weise, wie diese

Organisationen operieren, Innovationen vorantreiben und Werte für ihre Stakeholder:innen schaffen. Durch die Einführung digitaler Technologien und Methoden können Kultur- und Sozialunternehmen ihre Effizienz steigern, ihre Reichweite erweitern und einen größeren gesellschaftlichen Impact erzielen. Im Folgenden werden kurz einige Aspekte angesprochen, was das für die Aufbau- und Ablauforganisation bedeutet.

7.5.1 Aufbauorganisation

Die Aufbauorganisation eines Kultur-/Sozialunternehmens bezieht sich auf seine strukturelle Gestaltung, einschließlich Hierarchien, Bereichs- und Abteilungsbildungen und Rollenverteilungen. Die Digitalisierung fördert flachere Hierarchien und eine größere Transparenz, da Entscheidungsprozesse durch digitale Tools effizienter und nachvollziehbarer werden.

Digitale Technologien ermöglichen flexiblere Organisationsstrukturen. Sozialunternehmen können Teams nach Bedarf zusammenstellen, um spezifische Projekte oder Aufgaben zu bearbeiten. Die digitale Vernetzung erlaubt es, dass Mitarbeitenden unabhängig von ihrem physischen Standort zusammenarbeiten. Dies unterstützt eine projektbasierte und weniger starr hierarchische Organisationsstruktur.

Digitale Tools und Plattformen verbessern die Kommunikation innerhalb von Organisationen erheblich. In Sozial- und Kulturunternehmen, wo Zusammenarbeit und der Austausch von Wissen und Ideen oft eine zentrale Rolle spielen, ermöglichen digitale Kommunikationstools einen direkteren und schnelleren Informationsaustausch. Dies führt tendenziell zu flacheren Hierarchien, da Entscheidungen schneller getroffen werden können und weniger bürokratische Hindernisse bestehen.

Mit der Einführung digitaler Technologien verschiebt sich die Rolle des Managements. Führungskräfte müssen nicht nur digitale Kompetenzen entwickeln, sondern auch eine Kultur der Offenheit für Veränderungen fördern. Die Digitalisierung erfordert von Führungskräften, weniger in starren Strukturen zu denken und mehr Wert auf Empowerment, Mitarbeitendebeteiligung und Agilität zu legen.

Die Notwendigkeit, digitale Technologien effektiv zu nutzen, bedeutet auch, dass Sozial- und Kulturunternehmen digitale Kompetenzen in ihre Organisationsstrukturen integrieren müssen. Dies kann die Schaffung neuer Positionen oder Abteilungen beinhalten, die sich speziell mit digitalen Innovationen, Datenanalyse oder IT-Sicherheit befassen. Die Integration dieser Kompetenzen ist entscheidend, um die Effizienz zu steigern, neue Dienstleistungen zu entwickeln und die Zielgruppen besser zu erreichen.

Die Digitalisierung fördert eine Kultur der Innovation und Agilität in Kultur- und Sozialunternehmen. Digitale Tools können genutzt werden, um Feedback von Stakeholder:innen schnell zu sammeln und in die Weiterentwicklung von Produkten und Dienstleistungen einfließen zu lassen. Agile Arbeitsmethoden, unterstützt durch digitale Technologien, ermöglichen es Sozialunternehmen, schneller auf Veränderungen in ihrem Umfeld zu reagieren und innovative Lösungen für soziale Herausforderungen zu entwickeln.

Digitale Technologien ermöglichen eine größere Transparenz in der Arbeitsweise. Digitale Plattformen können genutzt werden, um über Fortschritte und Erfolge zu berichten, was das Vertrauen von Spender:innen, Förderer:innen und der Gemeinschaft stärkt. Gleichzeitig erhöhen digitale Tools die Rechenschaftspflicht, indem sie eine genauere Überwachung und Bewertung der Leistung und der Auswirkungen ermöglichen.

Digitale Technologien fördern eine Kultur der Zusammenarbeit, sowohl intern als auch mit externen Stakeholder:innen. Open Innovation kann zu einer Öffnung der traditionellen Organisationsgrenzen führen und eine integrativere Struktur schaffen, in der Ideen und Lösungen gemeinsam entwickelt werden.

Während es kontraintuitiv erscheinen mag, kann die bewusste Entscheidung, digitale Werkzeuge zeitweise zu begrenzen, zu einer gesünderen Arbeitsumgebung und zu einem ausgewogeneren Aufbau führen, der das Wohlbefinden der Mitarbeitenden in den Vordergrund stellt („Digital Detox").

Fazit: Die Digitalisierung stellt Kultur- und Sozialunternehmen vor Herausforderungen, bietet aber auch erhebliche Chancen, ihre Aufbauorganisation effizienter, flexibler und innovativer zu gestalten. Durch die Anpassung ihrer Strukturen und Arbeitsweisen können Sozialunternehmen nicht nur ihre internen Prozesse verbessern, sondern auch ihre sozialen Ziele effektiver verfolgen. Die erfolgreiche Integration digitaler Technologien erfordert jedoch eine klare Strategie, kontinuierliche Weiterbildung und eine offene Unternehmenskultur, die den digitalen Wandel unterstützt.

7.5.2 Ablauforganisation

Die Digitalisierung hat ebenfalls weitreichende Auswirkungen auf die Ablauforganisation von Unternehmen. Diese Veränderungen betreffen die Art und Weise, wie Aufgaben ausgeführt, Prozesse gestaltet und Dienstleistungen erbracht

7.5 Aufbau- und Ablauforganisation: Das Erfolgsskelett

werden. Im Folgenden werden wesentliche Aspekte der Veränderungen in der Ablauforganisation durch die Digitalisierung dargestellt.

Die Ablauforganisation bezieht sich auf die Prozesse und Routinen, durch die Arbeit innerhalb der Organisation erledigt wird. Die Digitalisierung ermöglicht es Sozial- und Kulturunternehmen, ihre Prozesse zu optimieren und zu automatisieren, was zu einer effizienteren Leistungserbringung führt.

Durch die Einführung digitaler Technologien können repetitive und zeitaufwändige Aufgaben automatisiert werden, was zu einer signifikanten Effizienzsteigerung führt. In sozialen Unternehmen ermöglicht die Automatisierung den Mitarbeitenden, sich stärker auf ihre Kernkompetenzen zu konzentrieren, wie die persönliche Betreuung und Beratung von Klient:innen. Tools zur Datenverarbeitung und -analyse können beispielsweise administrative Prozesse vereinfachen und beschleunigen.

Digitale Plattformen und Tools fördern die Kommunikation und Zusammenarbeit innerhalb des Unternehmens sowie mit Partnern und Klienten. Cloudbasierte Dienste ermöglichen den Zugriff auf wichtige Informationen und Dokumente von überall und zu jeder Zeit, was besonders in sozialen Einrichtungen mit mehreren Standorten oder mobilen Diensten von Vorteil ist. Die verbesserte Kommunikation unterstützt einen reibungsloseren Ablauf und eine effektivere Koordination von Dienstleistungen.

Digitalisierung ermöglicht eine flexiblere Gestaltung der Dienstleistungen. So können beispielsweise neben analoger Beratung Beratungsgespräche über Videoanrufe durchgeführt oder Informationen und Hilfestellungen über digitale Plattformen angeboten werden. Dies erweitert die Reichweite sozialer Dienstleistungen und macht sie zugänglicher für Menschen, die aus verschiedenen Gründen nicht persönlich erscheinen können oder wollen.

Die Digitalisierung bringt auch Herausforderungen mit sich, wie die Notwendigkeit der kontinuierlichen Schulung der Mitarbeitenden im Umgang mit neuen Technologien und die Sicherstellung der Datensicherheit und des Datenschutzes. Zudem müssen soziale Unternehmen darauf achten, dass die digitalen Angebote inklusiv gestaltet sind und alle Zielgruppen erreichen können.

Folgende Ansätze sind zu empfehlen:

- *Digitales Kanban-Management:* Digitale Tools für das Kanban-Management fördern Transparenz und Effizienz in Arbeitsabläufen. Durch die Visualisierung des Arbeitsfortschritts können Teams besser priorisieren und Engpässe schnell identifizieren. Dies trägt zur Optimierung von Arbeitsprozessen bei und unterstützt ein kontinuierliches Flussprinzip.

- *Design Thinking:* Die Entwicklung von Lösungen durch Empathie und iteratives Feedback ermöglichen Design-Thinking-Ansätze. In der Ablauforganisation ermutigt dies zu einem zyklischen Prozess des Prototypings und Testens, um Dienstleistungen und Produkte besser auf die Bedürfnisse der Zielgruppe abzustimmen.
- *Fail Fast und iterative Entwicklung:* Die Prinzipien Fail Fast und iterative Entwicklung unterstützen die Idee, schnell zu lernen und anzupassen. Kultur- und Sozialunternehmen können dadurch flexibler auf Herausforderungen reagieren und Innovationen schneller umsetzen. Es fördert eine Kultur, in der Fehler als Lerngelegenheiten betrachtet werden.
- *LSD und Kaizen:* Ständige Verbesserung der Prozesse wird digital durch die Methoden Lean-Leistungs-Development (LSD) und Kaizen garantiert. Durch die digitale Umsetzung von Kaizen können Sozial- und Kulturunternehmen ihre Abläufe kontinuierlich analysieren und optimieren, wodurch Verschwendung reduziert und die Effizienz gesteigert wird.
- *Story Mapping und Review:* Die Planung und Reflexion von Projekten wir digital durch Story Mapping und Review unterstützt. Story Mapping hilft bei der Visualisierung des Gesamtprojekts und dessen Anforderungen, während digitale Reviews es Teams ermöglichen, regelmäßig Fortschritte zu bewerten und Anpassungen vorzunehmen.

Fazit: Die Digitalisierung verändert die Ablauforganisation in sozialwirtschaftlichen und kulturwirtschaftlichen Unternehmen grundlegend. Sie bietet die Möglichkeit, Dienstleistungen effizienter, flexibler und wirksamer zu gestalten. Gleichzeitig erfordert sie eine strategische Planung und kontinuierliche Anpassung an neue Technologien und Veränderungen im sozialen Umfeld. Die erfolgreiche Implementierung digitaler Lösungen hängt daher nicht nur von der Technologie selbst ab, sondern auch von der Fähigkeit der Organisation, sich anzupassen und die digitalen Werkzeuge sinnvoll in ihre Abläufe zu integrieren.

Literatur

Freisinger, G., Jöbstl, O., Kögler, B., Lipp, J., Strohrmann, M. (2022). *Die digitale Transformation des Qualitätsmanagements: Potenziale nutzen, Strategien entwickeln, Qualität optimieren.* München: Hanser.
Klenk, T., Nullmeier, F., Wewer, G. (Hrsg.) (2020). *Handbuch Digitalisierung in Staat und Verwaltung.* Wiesbaden: Springer VS.
Seckelmann, M. (2024). *Digitalisierte Verwaltung – Vernetztes E-Government.* 2. Auflage. Berlin: Erich Schmidt Verlag.

Zukunft gestalten: Qualitätsmanagement und Rechtsrahmen

8

Werner Heister

▶ **Inhalt**
Kapitel 8 stellt grundlegend dar, welche weiteren Rahmenbedingungen für die digitalen Transformationen in Unternehmen der Kultur- und Sozialwirtschaft eine besondere Rolle spielen.

Die digitale Transformation kann nur erfolgreich sein, wenn sie auf dem soliden Fundament eines starken (digitalen) Qualitätsmanagements und der Einhaltung rechtlicher Rahmenbedingungen basiert. Durch ein effektives und effizientes (digitales) Qualitätsmanagement wird die digitale Entwicklung vorangetrieben.

Informationssicherheit, IT-Sicherheit, Cybersicherheit und Datenschutz sowie Datensicherheit spielen eine zentrale Rolle, um die Integrität und Vertraulichkeit digitaler Daten zu gewährleisten und Vertrauen in digitale Systeme zu schaffen und zu erhalten.

Arbeits- und vertragsrechtliche Regelungen müssen konsequent eingehalten werden, um den Anforderungen der digitalen Transformation gerecht zu werden.

In einer Werkstatt für Menschen mit Behinderung hat das Fehlen eines soliden (digitalen) Qualitätsmanagements und die Nichteinhaltung rechtlicher Rahmenbedingungen eventuell gravierende Folgen. Digitale Systeme sind anfällig für Fehler, was wahrscheinlich Verzögerungen in der Leistungserbringung und Unzufriedenheit bei den Auftraggeber:innen nach sich zieht. Beispielsweise kann eine fehlerhafte Datenbank im Worst-Case-Szenario dazu führen, dass Arbeitspläne und Ressourcen nicht korrekt zugeordnet werden, was den gesamten Arbeitsablauf stört.

Lücken in der IT- und Cybersicherheit bei Online-Ticketdiensten ermöglichen den Diebstahl sensibler personenbezogener Daten von Kund:innen. Ein Hackerangriff führt im schlechtesten Fall zur Entwendung persönlicher Daten, was Identitätsdiebstahl und Missbrauch zur Folge hat. Dies erschüttert nicht nur das Vertrauen in das System, sondern zieht auch rechtliche Konsequenzen für die/den Dienstleister:in nach sich.

Ohne angemessene Datenschutz- und Datensicherheitsmaßnahmen gelangen personenbezogene Daten eines Literatur-Digest-Dienstes in der Kulturwirtschaft möglicherweise versehentlich an die Öffentlichkeit. Eine unsachgemäß gesicherte Cloud-Datenbank macht unter Umständen sensible Kontoinformationen der Kund:innen öffentlich zugänglich.

Die Nichteinhaltung von arbeits- und vertragsrechtlichen Regelungen resultiert gegebenenfalls in rechtlichen Konflikten und Bußgeldern. Wenn digitale Arbeitszeitnachweise nicht korrekt geführt werden, erhalten Beschäftigte möglicherweise eine unzureichende Entlohnung, was zu arbeitsrechtlichen Auseinandersetzungen und einem Vertrauensverlust in Einrichtungen der Sozialwirtschaft führt.

Die folgenden Ausführungen befassen sich eingehend mit diesen Themen:

- Qualitätsmanagement (Abschn. 8.1)
- Informationssicherheit/IT-Sicherheit/Cybersicherheit (Abschn. 8.2)
- Datenschutz (Abschn. 8.3)
- Arbeitsrecht (Abschn. 8.4)
- Vertragsrecht (Abschn. 8.5)

8.1 Qualitätsmanagement im digitalen Zeitalter

Die Digitalisierung hat das Qualitätsmanagement (QM) nachhaltig verändert (vgl. Freisinger et al. 2022). Sie beschleunigt Prozesse, vereinfacht die Erfassung und Analyse von Daten und verbessert die Effizienz, Genauigkeit und Effektivität von QM-Systemen.

Die Automatisierung von Routineaufgaben ermöglicht es Teams, sich verstärkt auf die Verbesserung der Produkt- oder Dienstleistungsqualität zu konzentrieren. Cloudbasierte QM-Systeme bieten den Vorteil, dass Informationen in Echtzeit aktualisiert und von überall aus abgerufen werden können, was die Reaktionszeiten auf Abfragen signifikant verkürzt.

Die Integration von KI und maschinellem Lernen in QM-Systeme ermöglicht präzisere Vorhersagen von Prognosen und Trends und unterstützt eine proaktive Qualitätskontrolle. Sowohl in kulturellen Bereichen als auch in der Sozialen

8.1 Qualitätsmanagement im digitalen Zeitalter

Arbeit eröffnet die Nutzung von Big Data eine tiefer gehende Einsicht in die Bedürfnisse der Kund:innen und verbessert die Entwicklung maßgeschneiderter Leistungen.

Cloud-Technologien revolutionieren ebenfalls das Qualitätsmanagement, indem sie eine zentrale Speicherung, einfache Zugänglichkeit und die Möglichkeit zur Echtzeit-Kollaboration, unabhängig von physischen Distanzen, bieten. Cloudbasierte Systeme sind flexibel skalierbar und ermöglichen es Organisationen, sich den wachsenden Anforderungen anzupassen, ohne in umfangreiche IT-Infrastruktur investieren zu müssen.

Die Einführung und der Ausbau digitaler Arbeitsplätze verbessern die Kommunikation und den Informationsfluss, was sich direkt auf die Qualität der Arbeitsergebnisse auswirkt. Digitale Tools und Plattformen unterstützen die effiziente Zusammenarbeit und fördern das Qualitätsbewusstsein sowie die Verantwortung aller Mitarbeiter:innen.

Dabei erfordert die Implementierung digitaler QM-Systeme eine gründliche Planung und Durchführung. Technische und organisatorische Herausforderungen müssen insbesondere auch im Hinblick auf Datenschutz und Datensicherheit bewältigt werden.

Die digitale Dokumentenlenkung vereinfacht die Verwaltung und Verteilung von QM-Dokumenten und trägt zur Einhaltung von Normen und gesetzlichen Anforderungen bei. Der Einsatz digitaler Technologien in der Erbringung personenbezogener Dienstleistungen ermöglicht eine individuellere Betreuung und verbesserte Servicequalität.

Die Entwicklung digitaler Anwendungsfälle und Workflows erhöht die Effizienz von Prozessen und erleichtert deren kontinuierliche Verbesserung. Durch ein digitales Leitbild und eine digitale Qualitätspolitik wird die Verpflichtung zur Qualität kommuniziert und das Engagement aller Mitarbeiter:innen gefördert.

Die Entstehung neuer Arbeitsformen wie Homeoffice und hybrides Arbeiten erfordert angepasste QM-Strategien, um die Produktivität und Qualität der Arbeit sicherzustellen. Dabei ist es wichtig, Qualitätsstandards aufrechtzuerhalten und den Mitarbeiter:innen gleichzeitig Flexibilität und Autonomie zu bieten.

Das Potenzial der Digitalisierung – dargestellt am Beispiel der QM-Grundsätze

Im Folgenden illustriert Tab. 8.1 exemplarisch Möglichkeiten der Digitalisierung im Bereich des Qualitätsmanagements anhand der sieben QM-Grundsätze nach DIN 9000. Sie wurde am 07.03.2024 mithilfe von ChatGPT generiert, basierend auf dem vorgegebenen Prompt:

Tab. 8.1 Potenziale der Digitalisierung in Bezug auf das QM. (Eigene Darstellung, Inhalte entnommen aus ChatGPT)

Potenziale der Digitalisierung	
1. Kundenorientierung	• *Digitales Feedback-System:* Einrichten eines Systems zur Erfassung und Analyse von Bewohner:innen- und Angehörigenfeedback. • *Personalisierte Dienstleistungen:* Einsatz von CRM-Systemen zur Personalisierung der Betreuung basierend auf den Präferenzen und Bedürfnissen der Senior:innen. • *Zugängliche Information:* Bereitstellung von Informationen und Diensten über benutzerfreundliche digitale Plattformen. • *Echtzeit-Kommunikation:* Nutzung von Messaging-Apps für direkten Austausch mit Angehörigen. • *Digitale Befragungen:* Regelmäßige Online-Umfragen zur Verbesserung der Servicequalität. • *Virtuelle Touren:* Angebot virtueller Rundgänge für interessierte Bewohner:innen und deren Familien. • *Bewohner:innen-Portale:* Entwicklung von Bewohner:innenportalen für Dienstleistungsanfragen und Informationen.
2. Führung	• *Digital Leadership Training:* Online-Schulungen für Führungskräfte zur Förderung einer digitalen Kultur. • *Strategische Planungstools:* Einsatz von Software zur strategischen Planung und Zielerreichung. • *Kollaborationsplattformen:* Nutzung von Kollaborationswerkzeugen zur Verbesserung der internen Kommunikation und Teamarbeit. • *Digitales Performance-Management:* Implementierung digitaler Werkzeuge zur Leistungsbewertung und Feedback. • *Transparente Zielsetzung:* Einsatz von Management-Software für transparente Kommunikation von Zielen und Ergebnissen. • *Förderung der Digitalisierung:* Vorantreiben der Digitalisierung in allen Bereichen der Einrichtung. • *E-Learning-Angebote:* Bereitstellung von E-Learning-Modulen für kontinuierliche Fortbildung.
3. Engagement von Personen	• *Online-Schulungen:* Bereitstellung von E-Learning für Personal zur Förderung von Kompetenzen und Wissen. • *Digitale Anerkennungssysteme:* Einführung digitaler Plattformen zur Anerkennung und Belohnung von Mitarbeiter:innen. • *Interaktive Workshops:* Nutzung digitaler Tools für interaktive Workshops und Seminare. • *Feedback-Apps:* Implementierung von Apps zur einfachen Abgabe und Verwaltung von Feedback. • *Digitales Onboarding:* Einsatz digitaler Onboarding-Programme für neue Mitarbeiter:innen. • *Wissensdatenbanken:* Aufbau von digitalen Wissensdatenbanken für den schnellen Zugriff auf Informationen und Best Practices. • *Community-Plattformen:* Schaffung von Online-Communities für den Austausch und die Vernetzung des Personals.

(Fortsetzung)

8.1 Qualitätsmanagement im digitalen Zeitalter

Tab. 8.1 (Fortsetzung)

4. Prozessorientierter Ansatz	• *Prozessmanagement-Software:* Implementierung von Softwarelösungen für die Abbildung, Überwachung und Optimierung von Betriebsabläufen. • *Digitales Dokumentenmanagement:* Einführung eines digitalen Dokumentenmanagement-Systems zur Effizienzsteigerung. • *Automatisierung von Routineaufgaben:* Einsatz von Automatisierungstools zur Effizienzsteigerung in administrativen Prozessen. • *Integrierte Pflegesoftware:* Nutzung von Pflegemanagement-Software zur Verbesserung der Pflegeplanung und -dokumentation. • *Digitales Bestandsmanagement:* Einsatz von Systemen für die digitale Bestandsführung und -kontrolle. • *Business-Intelligence-Tools:* Nutzung von BI-Tools zur Prozessanalyse und -optimierung. • *Interoperabilität von Systemen:* Gewährleistung der Interoperabilität zwischen verschiedenen digitalen Systemen und Geräten.
5. Verbesserung	• *Datenanalysetools:* Einsatz von Analysewerkzeugen zur Identifizierung von Verbesserungspotenzialen. • *Qualitätsmanagement-Software:* Nutzung von QM-Software zur kontinuierlichen Überwachung und Verbesserung der Qualität der Dienstleistungen. • *Innovationsmanagement:* Etablierung eines Systems zur Förderung von Innovationen und zur Einbindung von Technologien in die Serviceentwicklung. • *Feedback-Systeme für Verbesserungen:* Integration von digitalen Feedback-Systemen zur Erfassung von Vorschlägen für Verbesserungen durch Mitarbeiter:innen und Bewohner:innen. • *Projektmanagement-Tools:* Einsatz digitaler Projektmanagement-Tools zur Planung, Durchführung und Nachverfolgung von Verbesserungsprojekten. • *Lean-Management-Digital-Tools:* Anwendung digitaler Tools zur Unterstützung von Lean-Management-Methoden für effizientere Abläufe. • *Digitale Audits:* Durchführung von digitalen Audits zur Überprüfung und Verbesserung interner Prozesse.
6. Faktengestützte Entscheidungsfindung	• *Data-Warehouse- und BI-Lösungen:* Nutzung von Data-Warehouse- und Business-Intelligence-Lösungen zur Sammlung, Analyse und Visualisierung von Daten für fundierte Entscheidungen. • *Predictive Analytics:* Einsatz von Predictive-Analytics-Tools zur Vorhersage von Trends und zur Unterstützung strategischer Entscheidungen. • *Digitale Umfragen und Marktforschung:* Durchführung digitaler Umfragen und Marktforschungsaktivitäten zur Informationsgewinnung. • *Performance-Monitoring-Systeme:* Einführung von Systemen zur Überwachung von Leistungsindikatoren in Echtzeit. • *Risikomanagement-Software:* Anwendung von Risikomanagement-Software zur Identifikation und Minimierung von Risiken. • *Cloudbasierte Datenspeicherung:* Nutzung cloudbasierter Speicherlösungen für den sicheren Zugriff und die Analyse von Daten. • *Entscheidungsunterstützungssysteme:* Implementierung von Entscheidungsunterstützungssystemen zur Hilfe bei komplexen Entscheidungsprozessen.

(Fortsetzung)

Tab. 8.1 (Fortsetzung)

7. Beziehungsmanagement	• CRM-Systeme: Einsatz von Customer-Relationship-Management-Systemen zur Pflege und Analyse von Beziehungen zu Bewohner:innen, Angehörigen und anderen Stakeholder:innen. • Digitale Kommunikationstools: Nutzung digitaler Kommunikationstools für den direkten Austausch mit Stakeholder:innen. • Partner- und Lieferantenportale: Entwicklung von digitalen Plattformen für eine effiziente Zusammenarbeit mit Partnern und Lieferanten. • Online-Community-Management: Aufbau und Pflege von Online-Communities zur Förderung des Austauschs zwischen Interessengruppen. • Stakeholder:innen-Feedback-Systeme: Implementierung von Systemen zur Erfassung und Auswertung von Feedback aller Stakeholder:innen. • Soziale Medien für Beziehungspflege: Aktive Nutzung sozialer Medien zur Kommunikation und zum Aufbau von Beziehungen. • Virtuelle Veranstaltungen und Webinare: Organisation von virtuellen Veranstaltungen und Webinaren für den Wissensaustausch und zur Stärkung der Gemeinschaft.

„Die sieben Grundsätze des Qualitätsmanagements nach DIN 9000 sind Kundenorientierung, Führung, Engagement von Personen, prozessorientierter Ansatz, Verbesserung. Recherchiere diese Aspekte und schreibe zu jedem der sieben Grundsätze sieben Empfehlungen, wie Digitales dabei unterstützen kann. Alles ausgerichtet für eine Senioreneinrichtung (Altenheim), wissenschaftlich gut und fokussiert auf die wichtigsten Aspekte."

Das Ergebnis:

„Für eine Senioreneinrichtung kann die Unterstützung durch digitale Lösungen (Digitales) bei der Umsetzung der sieben Grundsätze des Qualitätsmanagements nach DIN EN ISO 9000 wesentlich sein, um Effizienz, Kundenzufriedenheit und die Qualität der Betreuung zu steigern. Im Folgenden werden zu jedem Grundsatz sieben Empfehlungen gegeben, wie Digitales konkret unterstützen kann".

ChatGPT schlussfolgert: „Durch den Einsatz digitaler Technologien können Senior:inneneinrichtungen die Qualität ihrer Dienstleistungen verbessern, Prozesse optimieren und eine hohe Zufriedenheit bei Bewohnern, Angehörigen und Mitarbeiter:innen erreichen. Die Integration dieser Empfehlungen in die strategische Planung und das Qualitätsmanagement fördert eine nachhaltige Verbesserung und Anpassung an zukünftige Herausforderungen."

In der Kulturwirtschaft unterstützen digitale Technologien das Qualitätsmanagement, indem beispielsweise Feedback-Systeme und Kommunikationstools einen stetigen Informationsfluss zwischen Besucher:innen und Mitarbeiter:innen ermöglichen. Dies fördert die Kund:innenorientierung und Mitarbeiter:innenbeteiligung, zwei Kernprinzipien des Qualitätsmanagements.

Datengesteuerte Entscheidungen, basierend auf Echtzeitdaten über Besucherzahlen, Finanzen und Zufriedenheit und unterstützt durch Business-Intelligence-Software, werden schneller möglich.

Digitale Schulungsplattformen tragen zur Entwicklung der Mitarbeiter:innenkompetenzen bei, womit das Engagement und die Führungskompetenz verbessert werden.

Digitale Projektmanagement-Tools steigern insbesondere die Prozesseffizienz und unterstützen generell den prozessorientierten Ansatz im Qualitätsmanagement.

8.2 Informationssicherheit/IT-Sicherheit und Cybersicherheit

In den letzten Jahren haben die Themen Informationssicherheit, IT-Sicherheit und Cybersicherheit auch in der Sozial- und Kulturwirtschaft zunehmend an Bedeutung gewonnen. Mit der fortschreitenden Digitalisierung und dem verstärkten Einsatz von digitalen Technologien in diesen Bereichen sind auch die Risiken und Bedrohungen gestiegen und bewusster geworden.

In der Sozialwirtschaft können elementare Gefährdungen beispielsweise durch den Ausfall oder die Störung der Stromversorgung in Pflegeeinrichtungen auftreten, wodurch überlebenswichtige Geräte lahmgelegt werden können. Ebenso kann der Ausfall von Kommunikationsnetzen oder Geräten die Erreichbarkeit von Notdiensten beeinträchtigen.

Ein Datenverlust, etwa durch versehentliches Löschen, kann dazu führen, dass Organisationen Schwierigkeiten haben, ihre Dienste effektiv zu koordinieren und anzubieten, was wiederum diejenigen benachteiligt, die auf diese Dienste angewiesen sind.

Feuer in einem Sozialzentrum kann sowohl Menschenleben als auch wichtige Daten gefährden, während Identitätsdiebstahl und der Missbrauch personenbezogener Daten das Vertrauen der Klient:innen stark beeinträchtigen können.

Nötigung, Erpressung oder Korruption betreffen die erzwungene Herausgabe von Informationen oder finanziellen Mitteln durch Drohungen. Schadprogramme, auch bekannt als Malware, können Systeme infizieren und schädigen, während Social-Engineering-Angriffe versuchen, Mitarbeiter:innen zur Herausgabe von Informationen zu täuschen. Software-Schwachstellen oder -Fehler sind Sicherheitslücken in Programmen, die ausgenutzt werden können, und unbefugtes Eindringen in IT-Systeme bezeichnet das illegale Hacken von Netzwerken.

In der Kulturwirtschaft könnten ähnliche Gefährdungen auftreten, wie etwa der Ausfall der Stromversorgung und der Kommunikationsnetze, wodurch der Betrieb von Museen oder Theatern gestört werden könnte. Der Ausfall von Geräten oder Systemen könnte die Präsentation und Erhaltung von Kulturgütern beeinträchtigen. Feuer und Wasser stellen physische Bedrohungen für kulturelle Werke wie z. B. wertvolle digitale Archive dar. Identitätsdiebstahl und der Missbrauch personenbezogener Daten können das Vertrauen der Besucher:innen untergraben, während Nötigung, Erpressung oder Korruption sowie Personalausfälle den Betrieb destabilisieren können.

Sowohl in der Sozialwirtschaft als auch in der Kulturwirtschaft ist das Bewusstsein dafür gewachsen, dass ein erfolgreicher Cyberangriff nicht nur finanzielle Schäden verursachen, sondern auch das Vertrauen der Öffentlichkeit und von wichtigen Partner:innenorganisationen nachhaltig beeinträchtigen kann.

Daher ist es für die Akteur:innen beider Branchen unerlässlich, sich intensiv mit Sicherheitskonzepten, also insbesondere Strategien und Maßnahmen auseinanderzusetzen, um z. B. die digitalen Ressourcen schützen zu können und die Integrität und Vertraulichkeit der Daten zu gewährleisten.

Konkret geht es um Cybersicherheit, IT-Sicherheit und Informationssicherheit. Die Begriffe werden nach Säckel wie folgt verstanden (vgl. Säckel 2022):

Cybersicherheit: Der Begriff Cybersicherheit fokussiert auf den Schutz vor Bedrohungen und Angriffen aus dem Internet und dem Cyberspace. Konkret sind Gefahrenszenarien angesprochen wie Hacking, Malware, Phishing, Ransomware.

IT-Sicherheit: Der Begriff IT-Sicherheit konzentriert sich auf den Schutz von Informationstechnologiesystemen, konkret Rechner, andere Hardware, Software, Netzware und Daten. Damit sind Risiken wie Systemausfälle, Hardware-Defekte, unbefugter Zugriff auf IT-Systeme etc. adressiert. Die Cybersicherheit ist ein Teil der IT-Sicherheit.

Informationssicherheit: Die Informationssicherheit umfasst den Schutz aller Arten von Informationen, unabhängig davon, in welcher Form sie vorliegen: digital, physisch oder in anderer Form. Sie kann grob als IT-Sicherheit zuzüglich Datenschutz definiert werden. Typen von Gefahren sind beispielsweise Datenverlust, Diebstahl, physische Zerstörung. Der Aspekt „Datenschutz" wird im Abschn. 8.3 behandelt.

Als *Sicherheitsziele* werden die Gewährleistung von Vertraulichkeit, Integrität und Verfügbarkeit unterschieden, die in der nachfolgenden Abb. 8.1 kurz erläutert sind.

Ein herausragendes Hilfsmittel stellt das vom BSI herausgegebene „*IT-Grundschutz-Kompendium – Werkzeug für Informationssicherheit*" dar (Kurzlink: https://tinyurl.com/digitalvoran001). Das Kompendium (vgl. hier zum Folgenden

8.2 Informationssicherheit/IT-Sicherheit und Cybersicherheit

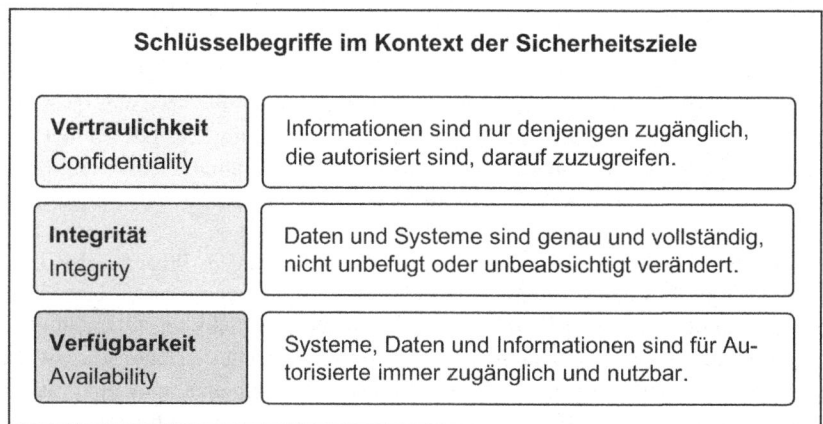

Abb. 8.1 IT-Schutzziele nach der CIA-Triade. (Eigene Darstellung)

die entsprechenden Kapitel im Kompendium) kann im PDF-Format heruntergeladen werden unter dem Kurzlink: https://tinyurl.com/digitalvoran002.

Institutionen in der Kultur- und Sozialwirtschaft können gleichermaßen auf die im Kompendium dargestellten Empfehlungen zurückgreifen, um ihre Sicherheitsstandards zu verbessern. Im Vordergrund steht der Gedanke eines Grundschutzes.

Neben den fachlich-inhaltlichen Aspekten ist es besonders wichtig zu betonen, dass die Unternehmensleitung die volle *Verantwortung für die Informationssicherheit* trägt. Sie ist dafür zuständig, Richtlinien und Maßnahmen zu entwickeln, die sicherstellen, dass insbesondere Informationen angemessen geschützt sind. Dies umfasst die Implementierung von Sicherheitssystemen, Schulungen für Mitarbeiter:innen und die Überwachung der Einhaltung von Sicherheitsstandards etc.

Jede:r Mitarbeiter:in trägt eine direkte Verantwortung für die Informationssicherheit am Arbeitsplatz. Durch umsichtiges und verantwortungsvolles Handeln kann Jede:r dazu beitragen, Sicherheitsrisiken zu minimieren und potenzielle Gefahren zu vermeiden. Dies bedeutet nicht nur, auf sicherheitsrelevante Richtlinien und Verfahren zu achten, sondern auch proaktiv zu handeln, wenn Sicherheitslücken oder verdächtige Aktivitäten identifiziert werden.

Ein starkes Sicherheitsbewusstsein auf allen Ebenen der Organisation ist entscheidend. Mitarbeiter:innen sollten für Phishing-Versuche, Datendiebstahl, ungesicherte Zugänge und andere potenzielle Bedrohungen sensibilisiert sein. Regelmäßige Schulungen und Awareness-Kampagnen können helfen, dieses

Bewusstsein zu fördern und die Mitarbeiter:innen zu befähigen, sicherheitsrelevante Entscheidungen zu treffen.

Zusätzlich zur Prävention ist eine effektive Reaktionsfähigkeit im Falle eines Sicherheitsvorfalls unerlässlich. Alle Mitarbeiter:innen sollten wissen, dass und wie sie verdächtige Vorfälle sofort melden und wie sie im Ernstfall schnell und angemessen reagieren können. Dies erfordert klare Kommunikationswege und vordefinierte Handlungsabläufe, die im Sicherheitsmanagement der Organisation festgelegt sind.

Letztlich ist Informationssicherheit ein kontinuierlicher Prozess, der ständige Überprüfung und Anpassung erfordert. Die Unternehmensleitung sollte regelmäßige Überprüfungen durchführen, um potenzielle Schwachstellen zu identifizieren und zu beheben. Durch eine proaktive und engagierte Herangehensweise können Organisationen sicherstellen, dass sie den aktuellen und zukünftigen Herausforderungen im Bereich der Informationssicherheit gewachsen sind.

Im Folgenden sind wesentliche Aspekte des Grundschutzes für die Sozial- und Kulturwirtschaft beispielhaft erläutert (vgl. im Einzelnen im Kompendium):

- Sicherheitsmanagement (ISMS)
- Organisation und Personal (ORP)
- Konzepte und Vorgehensweisen (CON)
- IT-Betrieb (OPS)
- Detektion und Reaktion (DER)
- App-Anwendungen (APP)
- Infrastruktur (INF)

Sicherheitsmanagement ISMS
Im Grundschutz-Kompendium wird unter Sicherheitsmanagement (ISMS) ein systematischer Prozess verstanden, der die Planung, Lenkung und Kontrolle der Informationssicherheit in einer Organisation umfasst. Ziel ist es, ein funktionierendes Informationssicherheitsmanagement einzurichten und kontinuierlich weiterzuentwickeln. Dies beinhaltet die Erstellung eines umfassenden Sicherheitskonzepts (einer Sicherheitsstrategie) und die Umsetzung spezifischer Sicherheitsmaßnahmen, um die Integrität, Verfügbarkeit und Vertraulichkeit von Informationen zu gewährleisten.

Sicherheitsmanagement muss in die Gesamtmanagementstrukturen des Unternehmens passend eingebaut sein. Zuständig sind der oder die Informationssicherheitsbeauftragte (ISB) sowie Teile des Managements bis hin zur Unternehmensleitung. Die Unternehmensleitung muss die Gesamtverantwortung übernehmen und die Sicherheitsziele und -strategien festlegen. Sie muss eine übergeordnete Leitlinie

8.2 Informationssicherheit/IT-Sicherheit und Cybersicherheit

zur Informationssicherheit verabschieden und Informationssicherheitsbeauftragte benennen. Zusammenfassend soll nochmals darauf hingewiesen werden, wie entscheidend es ist, dass die Unternehmensleitung die Verantwortung für die Informationssicherheit übernimmt. Sie muss insbesondere die erforderlichen Analysen und Kontrollen, Strategien und Maßnahmen festlegen und deren Umsetzung in geeigneter Form überwachen. Es ist wichtig, dass sie regelmäßig über den aktuellen Stand der Informationssicherheit informiert wird und sich aktiv in die Verbesserung der Sicherheitsmaßnahmen einbringt. Darüber hinaus sollte die Unternehmensleitung sicherstellen, dass alle Mitarbeiter:innen geschult und sensibilisiert werden, um ein umfassendes Sicherheitsbewusstsein in der gesamten Organisation zu fördern. Die hierfür notwendigen finanziellen Mittel sind bereitzustellen.

Organisation und Personal (ORP)

Direkt an zweiter Stelle steht Organisation und Personal (ORP). Diese Kategorie umfasst Aspekte, die allgemeine und übergreifende Anforderungen an die Organisationsstruktur und das Personalmanagement abdecken. Das Niveau der Informationssicherheit innerhalb einer Organisation wird durch klar definierte Informationsflüsse, Prozesse, Rollenverteilungen sowie durch die Regelung der Aufbau- und Ablauforganisation gesteigert, beispielsweise durch ein passendes Identitäts- und Berechtigungsmanagement. Verantwortlichkeiten, Zuständigkeiten und Regelungen müssen definiert und kommuniziert werden. Eine Ansprechperson für Informationssicherheitsfragen muss bestellt und bekannt sein. Fremde Personen müssen in der Einrichtung begleitet und beobachtet werden.

Mitarbeiter:innen müssen geregelt eingearbeitet werden, und es sollte klar sein, wie vorzugehen ist, wenn diese ausscheiden. Ebenso wichtig sind Regeln im Vertretungsfall und beim Einsatz von Fremdpersonal. Grundsätzlich müssen Aufgaben und Zuständigkeiten geregelt und kommuniziert sein.

Der *Sensibilisierung und Schulung* des Personals ist besondere Aufmerksamkeit zu widmen. Einweisungen in den sicheren Umgang mit IT und anderen digitalen Systemen sind ebenso durchzuführen wie Sensibilisierungs- und Schulungsprogramme. Es ist sinnvoll, die Personalentwicklung des Unternehmens zu beteiligen, insbesondere zur Messung des Lernerfolgs und zur Generierung von Verbesserungsvorschlägen.

Mitarbeiter:innen sollten beständig, gerne auch mit etwas außergewöhnlichen Maßnahmen an ihre Verantwortung erinnert werden und hier Kompetenzen entwickeln, z. B. mittels witziger Poster, Sicherheits-Maskottchen, Phishing-Simulationen, interaktiver Schulungen (etwa mittels Escape Rooms oder virtueller Realitäten), Sicherheitspaten, Gadget Giveaways wie Webcam-Abdeckungen oder USB-Datenschutzschlüssel, Monthly Challenges mit Preisauslobungen, Sicherheits-Comics und Sicherheitstagen.

Ein *Identitäts- und Berechtigungsmanagement* dient dem wichtigen Ziel, den Zugang zu digitalen Komponenten nur Berechtigten zu ermöglichen. Entsprechende Regelungen sind vorzusehen. Zu regeln sind u. a. die Einrichtung, Änderung und Löschung von Rechten sowie deren Dokumentation. Sehr wichtig ist auch die Regelung des Passwortgebrauchs. Bei allen Systemen ist eine angemessene Identifikation und Authentifizierung (Identitätsprüfung) vorzusehen.

Verstöße gegen relevante gesetzliche, vertragliche und weitere Vorgaben sind im Rahmen eines *Compliance-Managements* zu verhindern.

Konzepte und Vorgehensweisen (CON)

Wesentlich sind Konzepte und Vorgehensweisen (CON), konkret um allgemeine Anforderungen, organisatorische Rahmenbedingungen und Prozesse (Abläufe) für unterschiedliche sicherheitsrelevante Themen bereitzustellen. Nähere Erläuterungen finden sich in der folgenden Tab. 8.2.

Die Konzepte und Vorgehensweisen helfen zusammengefasst dabei, die Informationssicherheit systematisch zu planen und umzusetzen, indem sie klare Richtlinien und Maßnahmen für verschiedene Aspekte bereitstellen.

IT-Betrieb (OPS)

Der IT-Betrieb (OPS) umfasst die Tätigkeiten einer klassischen IT-Abteilung oder eines spezialisierten IT-Teams, das insbesondere für die Implementierung, Betreuung, Wartung und Entwicklung digitaler Systeme verantwortlich ist. Der IT-Betrieb stellt sicher, dass die IT-Infrastruktur zuverlässig funktioniert, Sicherheitsstandards eingehalten werden und technologische Lösungen effektiv genutzt und entwickelt werden können.

Wichtige Aufgaben sind auch die Führung eines *Inventars der Schwachstellen*, die Berücksichtigung von Notfällen und eine entsprechende *Notfallplanung* sowie die korrekte und zeitnahe Aktualisierung aller Kompetenten im digitalen System durch Updates und Upgrades und der Schutz vor Schadprogrammen sowie die Protokollierung von wichtigen betriebs- und sicherheitsrelevanten Vorkommnissen. Weiterhin ist neue Software seitens des IT-Betriebs in Zusammenarbeit mit den Fachabteilungen zu testen.

Eine weitere Aufgabe besteht im *Systemmanagement*, also einer breiten Palette von Aktivitäten, Prozessen und Verfahren, die notwendig sind, um die Hardware, Software und Netzwerke zu überwachen, zu steuern und zu pflegen. Dies umfasst alles von der Installation und Konfiguration von Systemen über die Performance-Überwachung und Fehlerbehebung bis hin zur Aktualisierung und Optimierung.

8.2 Informationssicherheit/IT-Sicherheit und Cybersicherheit

Tab. 8.2 Konzepte und Vorgehensweisen (in Anlehnung an Bundesamt für Sicherheit in der Informationstechnik 2023)

Aspekte von Sicherheitsentwürfen	
Verschlüsselung	Das Kryptokonzept beschreibt die Erstellung der Verschlüsselung und die Absicherung von Informationen durch kryptografische Methoden, insbesondere auch die Datensicherung in Bezug auf genutzte Schlüssel. Es legt die allgemeinen Anforderungen, organisatorischen Rahmenbedingungen und Abläufe für den Einsatz von Verschlüsselungstechnologien fest. Das Kryptokonzept sollte auch regelmäßige Überprüfungen und Aktualisierungen der verwendeten Verschlüsselungstechnologien umfassen, um gegen neue Bedrohungen gewappnet zu sein.
Datenschutz	Das Datenschutzkonzept konzentriert sich auf Maßnahmen zum Schutz personenbezogener Daten gemäß den gesetzlichen Datenschutzanforderungen. Es umfasst die Implementierung organisatorischer und technischer Maßnahmen, um die Vertraulichkeit, Integrität und Verfügbarkeit der Daten zu gewährleisten. Im Datenschutzkonzept ist es essenziell, Schulungsprogramme für Mitarbeiter:innen zu implementieren, um das Bewusstsein für Datenschutzpraktiken zu stärken. Das Datensicherungskonzept muss flexible Wiederherstellungsprozesse enthalten, die unterschiedliche Szenarien von Datenverlust berücksichtigen können.
Datensicherung	Im Rahmen des Datensicherungskonzepts werden Strategien und Verfahren (z. B. Datensicherungspläne; Aufbewahrung von Speichermedien; Verfahren zur Online-Datensicherung) zur Sicherung von Daten entwickelt und beschrieben. Ziel ist es, regelmäßige Back-ups zu erstellen, um Datenverluste zu verhindern und eine schnelle Wiederherstellung im Falle eines Datenverlustes zu ermöglichen. Das Datensicherungskonzept muss flexible Wiederherstellungsprozesse enthalten, die unterschiedliche Szenarien von Datenverlust berücksichtigen können.
Löschung	Ein Konzept zum Löschen und Vernichten behandelt vor allem die sichere und vollständige Löschung sowie Vernichtung von Daten und Datenträgern. Es werden Methoden und Prozesse beschrieben, sodass keine wiederherstellbaren Datenreste verbleiben. Beim Konzept zur Löschung von Daten ist die regelmäßige Überprüfung der Löschverfahren wichtig, um deren Effektivität sicherzustellen.
Auslandsreisen	Das Schema Informationssicherheit auf Auslandsreisen gibt Richtlinien und Maßnahmen für die Informationssicherheit bei Auslandsreisen (z. B. im Rahmen der Auslandshilfe einer Hilfsorganisation) vor. Dies beinhaltet den sicheren Umgang mit mobilen Geräten und die Vorsicht bei der Nutzung von fremden Netzwerken. Im Schema zur Informationssicherheit auf Auslandsreisen sollten auch Verfahren zur sicheren Datenübertragung enthalten sein, die den Schutz sensibler Informationen während der Übertragung gewährleisten.
Softwareentwicklung	Ein Ansatz Softwareentwicklung befasst sich mit Sicherheitsaspekten insbesondere bei Individualsoftware, im Ausnahmefall auch bei Standardsoftware. Er enthält Vorgaben zur sicheren Programmierung, Testung und Wartung sowie Dokumentation etc. von Software, um Sicherheitslücken zu vermeiden. Im Ansatz zur Softwareentwicklung sollte der Fokus auch auf die frühzeitige Integration von Sicherheitsüberlegungen in den Designprozess gelegt werden, um Sicherheitslücken vorzubeugen.
Informationsaustausch	Eine Konzeption Informationsaustausch legt fest, wie der sichere Austausch von Informationen innerhalb und außerhalb der Organisation gewährleistet wird. Sie umfasst Verschlüsselung, sichere Kommunikationskanäle und Richtlinien zur Informationsfreigabe. Die Konzeption des Informationsaustauschs muss Mechanismen für die Überprüfung und Validierung der Identität von Kommunikationspartnern integrieren, um die Authentizität sicherzustellen.

(Fortsetzung)

Tab. 8.2 (Fortsetzung)

Web-anwendungen	Für die Entwicklung von Webanwendungen werden konzeptionell spezifische Sicherheitsanforderungen und -maßnahmen angegeben. Ziel ist es u. a., Webanwendungen gegen Angriffe wie SQL-Injection (schädlicher SQL-Code in einem Eingabefeld einer Webanwendung) oder Cross-Site Scripting (schädlicher Skriptcode, z. B. JavaScript) zu schützen. Für die Entwicklung von Webanwendungen ist es kritisch, regelmäßige Belastungstests durchzuführen, um Schwachstellen frühzeitig zu erkennen und zu beheben.
Dienst-gebrauch	Der Rahmen „Nur für den Dienstgebrauch" behandelt den Schutz von vertraulichen Informationen, die nur für den internen Gebrauch bestimmt sind. Es werden Maßnahmen beschrieben, um den unbefugten Zugriff und die Weitergabe solcher Informationen zu verhindern. Im Rahmen „Nur für den Dienstgebrauch" sollten auch detaillierte Protokollierungs- und Überwachungssysteme implementiert werden, um alle Zugriffe auf vertrauliche Informationen nachvollziehen zu können.

Auch die *Archivierung* gehört zum Systemmanagement. Beim Entwickeln eines Archivierungskonzepts, wie es im Grundschutz-Kompendium des BSI weiterhin vorgesehen ist, sollten geeignete physische und digitale Lagermöglichkeiten geschaffen werden. Diese müssen die Integrität, Verfügbarkeit und Vertraulichkeit archivierter Dokumente gewährleisten. Zusätzlich ist es entscheidend, den Zugriff auf die Archive detailliert zu protokollieren und eine regelmäßige Datensicherung durchzuführen, um die Daten vor Verlust und unbefugtem Zugriff zu schützen.

Spezielle Anforderungen für die Telearbeit sind zu berücksichtigen. Besonders im häuslichen Umfeld (*Homeoffice*) gilt es geeignete Regelungen zu treffen. Diese umfassen sicherheitstechnische Anforderungen an die eingesetzte Technologie und die physische Sicherheit des Arbeitsplatzes. Ebenso wichtig ist die Sensibilisierung und Schulung der Mitarbeiter:innen in Bezug auf gute Praktiken für Sicherheit und Datenschutzrichtlinien, um für die Vertraulichkeit und Integrität der bearbeiteten Informationen zu sorgen.

Im Homeoffice sind insbesondere folgende Sicherheitsaspekte zu beachten: Antivirussoftware – Back-up-Lösungen – Beschädigung von Hardware – Bildschirmschutz – Cloud-Speicher-Sicherheit – Datenverschlüsselung – E-Mail-Sicherheit – Entsorgung z. B. von Datenträgern – Firewall-Einstellungen – Gast-Netzwerkzugang – Hardware-Sicherheit – Identitäts- und Zugriffsmanagement – Java-Updates – Konferenzsoftware-Sicherheit – LAN-Sicherheit – Multi-Faktor-Authentifizierung – Netzwerküberwachung – Operating-System-Updates – Passwortmanagement – Quarantänemanagement – Remote-Desktop-Tools – Software-Updates – Transport von Datenträgern (geschützt) – Trojaner-Schutz – USB-Sicherheit – VPN-Verbindungen – WLAN-Sicherheit – XSS-Schutz – Zugang zu Akten – Zugriffsschutz (Verschlüsselung) Arbeits-PC – Zwei-Faktor-Authentifizierung – Überwachungswerkzeuge.

8.2 Informationssicherheit/IT-Sicherheit und Cybersicherheit

In digitalen Systemen zählt auch die sorgfältige Planung und Absicherung der *Fernwartung*, besonders bei der Wartung von Schnittstellen. Für die Fernwartung sind speziell entwickelte und sichere Werkzeuge zu verwenden und alle Aktivitäten lückenlos zu protokollieren, um Integrität und Sicherheit zu gewährleisten. Die Schnittstellen müssen durch den Einsatz von Firewalls, die Anwendung von Sicherheitsupdates und angemessene Konfigurationen gesichert werden. Außerdem sollten die verwendeten Sicherheitsmaßnahmen und Werkzeuge regelmäßig überprüft und angepasst werden, um Schutz gegenüber neuen Sicherheitsrisiken zu bieten.

In der Sozial- und Kulturwirtschaft gewinnt die Nutzung der *Cloud* weitere Relevanz. Sie bezieht sich auf den Einsatz von Online-Diensten, um Daten zu speichern, auf Ressourcen zuzugreifen und Anwendungen zu betreiben, die traditionell in lokalen Datenzentren gehandhabt wurden. Diese Technologie ermöglicht es sozialen Organisationen, ihre IT-Infrastruktur zu optimieren, Skalierbarkeit zu erleichtern und Kosten zu senken, während sie gleichzeitig Zugang zu fortschrittlichen Technologien und Datenanalysefunktionen erhalten.

Gemäß dem IT-Grundschutz-Kompendium (häufig auch als BSI-Grundschutz-Kompendium bezeichnet) müssen bei der Nutzung der Cloud insbesondere folgende Aspekte berücksichtigt werden: Es ist essenziell, sowohl eine durchdachte Strategie als auch umfassende Sicherheitsrichtlinien zu entwickeln. Weiterhin sind geeignete Verträge mit Dienstleistern auszuarbeiten, die die spezifischen Anforderungen und Sicherheitsstandards berücksichtigen. Außerdem gilt es detaillierte Notfallkonzepte zu erstellen, um auf mögliche Sicherheitsvorfälle vorbereitet zu sein. Schließlich muss die Informationssicherheit in ihrem gesamten Umfang sichergestellt werden, um Daten und Ressourcen effektiv zu schützen.

Bezüglich *Outsourcing* sind auch in der Sozial- und Kulturwirtschaft besondere Sicherheitsaspekte zu beachten. Entsprechende Verträge, die diese Anforderungen festhalten, sind mit externen Dienstleister:innen abzuschließen. Ein robustes Notfallkonzept ist ebenfalls unerlässlich, um auf mögliche Sicherheitsvorfälle vorbereitet zu sein. Zusätzlich müssen spezielle Sicherheitsmaßnahmen, wie die Verschlüsselung von sensiblen Daten, in Betracht gezogen werden, um einen umfassenden Schutz zu gewährleisten.

Detektion und Reaktion (DER)
In einem Sicherheitskonzept spielen „Detektion" und „Reaktion" eine zentrale Rolle. „Detektion" beziehungsweise Erkennung bezieht sich darauf, mögliche *Sicherheitsvorfälle* oder Anomalien frühzeitig zu identifizieren, beispielsweise durch Überwachungssysteme. „Reaktion" umfasst die unmittelbaren Maßnahmen, die ergriffen werden, sobald ein potenzieller Sicherheitsvorfall erkannt wird. Dies schließt die Analyse des Vorfalls, das Ergreifen von Sofortmaßnahmen zur

Schadensbegrenzung und die längerfristige Wiederherstellung der Systemintegrität ein. Zusammen sorgen diese beiden Aspekte für eine proaktive Haltung gegenüber Sicherheitsrisiken, indem sie schnell auf Bedrohungen reagieren und deren Auswirkungen minimieren.

Für eine erfolgreiche Detektion von Sicherheitsvorfällen ist eine umfassende Sicherheitsrichtlinie zu entwickeln und effektiv zu kommunizieren, sodass alle Mitarbeitenden diese nicht nur kennen, sondern auch verstehen. Es ist wichtig, klare Meldeverfahren zu etablieren und die Mitarbeitenden entsprechend zu sensibilisieren, damit sie auf mögliche Sicherheitsrisiken vorbereitet sind und wissen, wie sie im Ernstfall zu handeln haben.

Zuständigkeiten für unterschiedliche Sicherheitsaspekte müssen eindeutig festgelegt werden, um eine schnelle und geordnete Reaktion zu ermöglichen. Außerdem sollte technische Unterstützung, wie automatisierte Überwachungssysteme und Alarmierungsmechanismen, genutzt werden, um die Effektivität der Detektionsprozesse zu steigern.

Audits und Revisionen sind weitere wesentliche Elemente eines professionellen Grundschutzes. Sie beginnen mit einer sorgfältigen Planung, in der Umfang, zu prüfende Bereiche und Kriterien festgelegt werden. Die Durchführung der Audits kann sowohl intern durch geschultes Personal als auch extern durch akkreditierte Prüfer erfolgen. Während dieser Überprüfungen werden die Einhaltung der festgelegten Sicherheitsrichtlinien, die Wirksamkeit der implementierten Sicherheitsmaßnahmen und die Angemessenheit der Reaktionen auf Sicherheitsvorfälle bewertet. Die Ergebnisse führen zu einem Bericht, der Schwachstellen aufzeigt und Empfehlungen für Verbesserungen liefert, um die Konformität mit den Standards kontinuierlich zu gewährleisten und das Sicherheitsniveau stetig zu erhöhen.

Gerade für Institutionen der Sozial- und Kulturwirtschaft ist ein effektives *Notfallmanagement* unerlässlich. Gegenstand eines Notfallmanagements ist die Vorbereitung auf und das effektive Reagieren bei Störungen oder Ausfällen etc., um die Auswirkungen auf den Betrieb zu minimieren. Dies umfasst das Erstellen und Umsetzen von Notfallplänen, das Einrichten von Back-up- und Wiederherstellungsverfahren sowie die schnelle Wiederherstellung der Dienste nach einem Vorfall. Ziel ist es, die Kontinuität der Geschäftsprozesse zu sichern und Datenverluste zu vermeiden. Notfallkonzepte sind angemessen zu dokumentieren.

Es ist sinnvoll, Mitarbeitende aktiv in die Planung und Umsetzung einzubeziehen, da ihr Beitrag wesentlich für die erfolgreiche Implementierung des Notfallmanagements ist. Regelmäßige Übungen mit den Mitarbeitenden sind erforderlich, um die Effektivität des Notfallmanagements sicherzustellen. Dadurch wird nicht nur das Verständnis für die Abläufe im Ernstfall gefördert, sondern auch die Teamfähigkeit und das Engagement der Mitarbeitenden im Krisenmanagement gestärkt.

Software-Programme-Anwendungen (APP)

Der Betrieb von Programmen, Software und Anwendungen muss stets unter strikter Beachtung aller wesentlichen Sicherheitsanforderungen erfolgen. Hier geht es insbesondere um Office-Produkte (Bürokommunikation, aber nicht nur die Anwendungen von Microsoft, sondern vielen weiteren Anbieter:innen). APPs in diesem Sinne sind aber auch Web-Browser, spezielle Fachsoftware der Sozial- und Kulturwirtschaft und auch mobile Anwendungen sowie viele weitere im Einsatz befindliche Applikationen.

Im Hinblick auf die Sicherheitsanforderungen ist darauf zu achten, dass aktive Inhalte nicht automatisch ausgeführt werden, da dies ein Risiko für die Sicherheit darstellen kann. Das bedeutet beispielsweise, dass Videos (z. B. aus dem Internet) nicht automatisch abgespielt werden, ohne dass die Nutzer:innen sicherstellen, dass sie aus vertrauenswürdigen Quellen stammen. Andere Beispiele: Dokumente aus externen Quellen sollten vor ihrer Verwendung mithilfe von Antivirenprogrammen auf Schadsoftware überprüft werden. Eine Liste im Webbrowser mit vertrauenswürdigen Zertifikaten darf nur von den Fachleuten verändert werden. Apps sollten idealerweise nur mit zusätzlichen Authentifizierungsmerkmalen, wie beispielsweise einer Zwei-Faktor-Authentifizierung, genutzt werden können.

Neben diesen weit verbreiteten Lösungen müssen auch andere sicherheitstechnische Aspekte berücksichtigt und abgesichert werden. So etwa z. B. Verzeichnisdienste (Allgemeiner Verzeichnisdienst, Active Directory, OpenLDAP), netzbasierte Dienste (Webanwendungen und Webservices, Webserver, Fileserver, Samba, DNS-Server), Business-Anwendungen wie ERP-System, E-Mail/Groupware/Kommunikation und insbesondere auch Individualsoftware.

Weitere Sicherheitsanforderungen sind für Systeme und deren Komponenten zu beachten, also für Server und Clients sowie mobile Geräte, auch bezüglich unterschiedlicher Aspekte, Systeme und Plattformen wie Windows- und Linux-Server, Virtualisierung, Containerisierung, Speicherlösungen, Terminalserver und unterschiedliche Client-Plattformen wie Windows, Linux, macOS. Weitere Gegenstände sind Drucker, Kopierer, Multifunktionsgeräte und eingebettete Systeme. Es gilt Sicherheitsmaßnahmen zu definieren, die für die Verfügbarkeit, Integrität und Vertraulichkeit der Systeme sorgen und diese gegen Bedrohungen schützen.

Wesentliche Sicherheitsanforderungen an Mobile Arbeitsplätze beispielhaft:

- *App-Verwaltung:* Regelmäßige Überprüfung, welcher Apps auf Geräten installiert und Check der Notwendigkeit, ggf. Deinstallation.
- *Biometrische Sicherheit:* Fingerabdruck- oder Gesichtserkennung nutzen, um Geräte zu schützen.

- *Cloud-Sicherheit:* Sicherstellung, dass die Daten in der Cloud sicher aufbewahrt werden.
- *Datenschutz:* Konsequente Einhaltung der Datenschutzrichtlinien.
- *Endgeräteschutz:* Strikte Sicherung der Geräte gegen unbefugten Zugriff.
- *Fernzugriff:* Externer Zugriff auf Arbeitsdaten von unterwegs ausschließlich mit sicheren Methoden.
- *Geräteverschlüsselung:* Datenverschlüsselung zum Schutz vor Diebstahl.
- *Sichere Internetnutzung:* Strikte Verwendung sicherer, verschlüsselter Verbindungen (HTTPS).
- *Identitätsüberprüfung:* Ausschließlich mit starken Passwörtern und Zwei-Faktor-Authentifizierung.
- *Lokalisierungsdienste:* Besondere Vorsicht bei Apps, die den aktuellen Standort verfolgen können.
- *Mobile Geräteverwaltung:* Z. B. zentrale Verwaltung der Einstellungen und Konfigurationen, besondere VPN-Konfiguration, Datenmanagement und -sicherung, also zentrale Verwaltung von Back-up- und Wiederherstellungsprozessen etc.
- *Sichere Kommunikation:* Verschlüsselte Messenger-Dienste für vertrauliche Gespräche.
- *Sicherheit beim Transport:* Geräte physisch auf Reisen schützen.
- *Update-Management:* Software immer auf dem neuesten Stand halten.
- *Virenschutz:* Stets aktuelle Antivirensoftware als Schutz vor Malware nutzen.
- *WLAN-Sicherheit:* Verbindungen stets nur mit sicheren, passwortgeschützten Netzwerken aufbauen.
- *Schutz vor Hacking-Angriffen:* Vorsicht beim Klicken auf Links in unbekannten E-Mails oder Websites etc.
- *Überwachung:* Regelmäßiger Check und Überprüfung der Sicherheitssysteme.

Diese Liste bietet einfache und grundlegende Tipps, die helfen, die Sicherheit bei der Nutzung von IT und digitalen Geräten in mobilen Arbeitsumgebungen zu erhöhen.

Infrastruktur (INF)
Beim Gebäudemanagement als Teil der Infrastruktur sind weitere Aspekte hinsichtlich der Sicherheit der IT-Infrastruktur und der darin enthaltenen Daten zu beachten. Zunächst ist der *physische Schutz* von Gebäuden und Räumen von zentraler Bedeutung. Dies umfasst den Einsatz von Zugangskontrollen, wie Schlüsselkarten oder biometrischen Scannern, damit nur autorisierte Personen Zutritt zu sensiblen Bereichen (z. B. Archiv mit Klient:innenakten, Personalabteilung) haben. Darüber hinaus sollten Überwachungssysteme wie Kameras und Alarme installiert

werden, um unbefugte Zugriffe oder sicherheitsrelevante Vorfälle zu erkennen und zu verhindern.

Ein weiterer wichtiger Aspekt ist die *bauliche und technische Sicherheit*. Gebäude und Räume müssen so gestaltet und ausgestattet sein, dass sie gegen Umweltgefahren wie Feuer, Wasser oder extreme Wetterbedingungen geschützt sind. Dies beinhaltet die Installation von Brandschutzsystemen, Klimaanlagen und Notstromversorgungen, um den Betrieb kritischer IT-Systeme auch in Notfällen aufrechtzuerhalten. Außerdem sollten regelmäßige Wartungen und Inspektionen durchgeführt werden, um die Funktionalität und Sicherheit der technischen Einrichtungen zu gewährleisten.

Auch die Sicherheit der *IT-Infrastruktur* innerhalb der Gebäude ist zu berücksichtigen. Serverräume und Datacenter sollten physisch geschützt und von anderen Bereichen getrennt sein. Der Zugang zu diesen Räumen muss streng kontrolliert und auf ein Minimum beschränkt werden. Die IT-Systeme selbst sollten in abschließbaren Schränken oder Racks untergebracht sein, um den physischen Zugriff weiter zu erschweren. Zudem ist die Implementierung von Maßnahmen zur Überwachung der Umgebungsbedingungen wie Temperatur und Luftfeuchtigkeit im Interesse einer optimalen Betriebsumgebung für die IT-Systeme wichtig.

Besprechungs-, Veranstaltungs- und Schulungsräume müssen ggf. besondere Beachtung finden. Ebenso *mobile Arbeitsplätze* oder auch *Fahrzeuge*, z. B. müssen Daten in ausgesonderten Fahrzeugen gelöscht werden.

Abschließend gilt es Notfallpläne und -protokolle zu erstellen, um auf Sicherheitsvorfälle vorbereitet zu sein. Diese Pläne sollten regelmäßige Übungen und Schulungen für das Personal beinhalten, damit alle Mitarbeitende über die notwendigen Kenntnisse und Fähigkeiten verfügen, um im Notfall richtig zu handeln. Die Integration von Sicherheitsmaßnahmen in das tägliche Gebäudemanagement trägt entscheidend zur Gesamtstrategie der Informationssicherheit bei und hilft, die Verfügbarkeit, Integrität und Vertraulichkeit der Systeme und Daten zu schützen.

8.3 Datenschutzrechtliche Aspekte der Digitalisierung

Datenschutz ist ein fundamentales Element der digitalen Gesellschaft und spielt eine entscheidende Rolle bei der Sicherung der Privatsphäre, besonders im Kontext der Sozialen Arbeit (vgl. Pehl und Knödler 2020). Die fortschreitende

Digitalisierung in Unternehmen der Kultur- und Sozialwirtschaft, die Verbreitung sozialer Medien und die Nutzung von Cloud-Diensten werfen zunehmend datenschutzrechtliche Fragen auf.

Datenschutzgesetze wie die EU-Datenschutz-Grundverordnung (DSGVO) setzen den rechtlichen Rahmen für den Umgang mit personenbezogenen Daten, definieren die Rechte der betroffenen Personen und die Pflichten der verarbeitenden Unternehmen. Die Einhaltung dieser Gesetze ist für Unternehmen verpflichtend und umfasst den Schutz personenbezogener Daten.

Mit der zunehmenden Nutzung mobiler Geräte und der Verbreitung des Internets der Dinge (Internet of Things, IoT) steigen die Sicherheitsanforderungen, insbesondere im Hinblick auf die mobile Sicherheit und den Schutz von IoT-Geräten. Cloud-Sicherheit und Identitäts- und Zugriffsmanagement (IAM) sind weitere wichtige Aspekte, die spezifische Strategien und robuste Sicherheitsmaßnahmen erfordern.

Die Einwilligung zur Datenverarbeitung muss von den betroffenen Personen spezifisch, informiert und freiwillig erteilt werden. Diese Rechte beinhalten nicht nur das Recht auf Auskunft, Berichtigung, Löschung, Einschränkung der Verarbeitung und Widerspruch gegen die Verarbeitung, sondern auch das Recht auf Übertragung der Daten. Um ein hohes Maß an Datenschutz zu gewährleisten, sind technologische Gestaltungen und datenschutzfreundliche Voreinstellungen von essenzieller Bedeutung.

Unternehmen sind in der Regel dazu verpflichtet, Datenschutzbeauftragte zu ernennen, die die Einhaltung der Datenschutzgesetze überwachen und als zentrale Ansprechpartner:innen fungieren. Im Falle einer Datenschutzverletzung müssen Unternehmen außerdem innerhalb von 72 h Meldung erstatten und unter bestimmten Bedingungen die betroffenen Personen informieren.

Außerdem ist unabdingbar, wirksame Cybersicherheitsvorkehrungen zu treffen, um personenbezogene Daten zu schützen. Auftragsverarbeitungsverträge müssen sicherstellen, dass Dienstleister:innen die Datenschutzanforderungen erfüllen. Zudem sind automatisierte Entscheidungsfindungen und Profiling (Profilerstellungen) speziellen Beschränkungen unterworfen, um die Rechte der betroffenen Personen zu wahren.

Die kontinuierliche Entwicklung neuer Technologien stellt den Datenschutz vor ständig neue Herausforderungen, was die Bedeutung von Datenschutzschulungen und der Führung eines Verzeichnisses von Verarbeitungstätigkeiten hervorhebt. Datenschutzrechtliche Vorschriften haben direkte Auswirkungen auf Marketingaktivitäten. Unternehmen müssen die explizite Einwilligung zur Nutzung personenbezogener Daten für Marketingzwecke einholen.

Die Beachtung der Betroffenenrechte und die Implementierung effizienter Beschwerdemöglichkeiten verdienen ebenfalls höchste Priorität. Datenschutz kann für Unternehmen zu einem bedeutenden Wettbewerbsvorteil avancieren, indem sie das Vertrauen ihrer Kund:innen und Partner:innen stärken. Die Integration von Datenschutzaspekten von Anfang an in den Leistungsentwicklungsprozess fördert die Entstehung datenschutzfreundlicher Produkte und Dienstleistungen.

8.4 Arbeitsrechtliche Aspekte der Digitalisierung

Die Digitalisierung stellt auch das Arbeitsrecht vor neue Herausforderungen (Grimm und Singraven 2022). Die Neugestaltung von Arbeitszeit, -ort und -mitteln benötigt eine ausgewogene Berücksichtigung von Innovation und Sicherheit. *Home-Office und mobiles Arbeiten* erfreuen sich zunehmender Beliebtheit, jedoch werfen sie Fragen zur Arbeitszeiterfassung, Datenschutz und Arbeitssicherheit auf. Entsprechende rechtliche Regelungen müssen dafür sorgen, dass die Arbeitnehmer:innenrechte gewahrt bleiben.

Die Umstellung auf elektronische Personalakten, digitale Arbeitsplätze und der Umgang mit privaten Geräten im beruflichen Kontext (BYOD), also „Bring Your Own Device" sind zu beachten.

BYOD meint die Praxis, dass Mitarbeitende ihre eigenen privaten Geräte wie Laptops, Tablets oder Smartphones zur Arbeit mitbringen und für berufliche Zwecke nutzen. Diese Vorgehensweise erfordert strenge Datenschutzmaßnahmen und klare Vereinbarungen zum Schutz der Privatsphäre der Mitarbeitenden und der Unternehmensdaten. Digitale Arbeitsplätze müssen den gesundheitlichen und sicherheitstechnischen Anforderungen gerecht werden, und der Einsatz von Überwachungstechnologien am Arbeitsplatz muss das Recht der Mitarbeitende auf Privatsphäre respektieren.

Die ständige Erreichbarkeit durch digitale Medien, der Einsatz digitaler Geräte als Arbeitsmittel und neue Arbeitsformen wie Desk-Sharing und Co-Working stellen das Arbeitsrecht vor die Herausforderung, Datenschutz, Vertraulichkeit und die klare Trennung zwischen Arbeit und Freizeit sicherzustellen. Die Nutzung sozialer Netzwerke durch Mitarbeitende und der Einsatz von Big Data für Personalmanagementzwecke unterstreichen die Notwendigkeit, datenschutzrechtliche Bestimmungen und Transparenz einzuhalten.

Mobiles Arbeiten und die digitale Arbeit von Interessenvertretungen erfordern angepasste rechtliche Rahmenbedingungen, die Flexibilität und Sicherheit ermöglichen und die digitale Mitbestimmung unterstützen. Die Verpflichtung zur

Weiterqualifizierung und der Schutz vor physischen und psychischen Belastungen durch digitale Arbeit verdeutlichen die Notwendigkeit, das Arbeitsrecht an die digitale Arbeitswelt anzupassen.

Die rechtliche Absicherung digitaler Personalakten, die Anpassung an agile Arbeitsmethoden und die Förderung von Innovationsprozessen durch Design Thinking erfordern spezielle rechtliche Überlegungen in Bezug auf den Schutz personenbezogener Daten und die Rechte der Mitarbeitenden. Die Möglichkeit für Digital Detox (digitale Auszeit) ist ein weiterer Aspekt, der zur Vermeidung von Überarbeitung und zur Förderung der psychischen Gesundheit beiträgt.

Alles in allem bedarf die Digitalisierung der Arbeitswelt einer dynamischen Anpassung des Arbeitsrechts, um den Schutz der Arbeitnehmer:innen zu gewährleisten und die Innovationsfähigkeit der Unternehmen zu fördern. Eine proaktive Gestaltung arbeitsrechtlicher Rahmenbedingungen und Richtlinien ist unerlässlich, um den Herausforderungen und Chancen der digitalen Transformation zu entsprechen.

8.5 Vertragsrechtliche Aspekte der Digitalisierung

Die Digitalisierung wirkt sich auch erheblich auf das Vertragsrecht aus (vgl. Schmidt-Kessel und Möllnitz 2022), insbesondere in Bezug auf den Vertragsabschluss, die Erfüllung und die Inhalte von Verträgen. Elektronische Signaturen und Online-Identifizierungsverfahren ermöglichen einen schnellen und effizienten Vertragsabschluss, erfordern aber eine sorgfältige Beachtung der Sicherheit und Authentizität sowie der Einhaltung internationaler und nationaler Gesetzgebungen.

Der Digital Services Act (DSA) und Digital Markets Act (DMA) spielen eine zentrale Rolle in der Regulierung digitaler Plattformen, indem sie faire Bedingungen und Transparenz fördern. Diese Gesetzgebungen beeinflussen vertragsrechtliche Beziehungen und adressieren Fragen der Haftung digitaler Anbieter:innen.

Die Digitalisierung ermöglicht zudem die Verwendung von Smart Contracts, die Vertragsbedingungen automatisch ausführen, und stellt neue Herausforderungen bezüglich ihrer rechtlichen Anerkennung und Interpretation. Verträge über digitale Inhalte, Internet der Dinge (Internet of Things, IoT) und Künstliche Intelligenz (KI) müssen Datenschutz, Sicherheit, Haftung und Eigentumsrechte eindeutig regeln.

Assistive Technologien und Verbraucher:innenverträge über digitale Produkte verlangen spezielle vertragsrechtliche Überlegungen hinsichtlich Zugänglichkeit,

Datenschutz und Verbraucher:innenschutz. Die Nutzung von Daten als Gegenleistung in Vertragsbeziehungen wirft wichtige Fragen bezüglich des Werts der Daten, der Nutzungsbedingungen und der Rechte der Dateninhaber:innen auf. Verträge können ein wirksames Instrument zum Schutz der Privatsphäre sein, indem sie klare Bestimmungen zum Umgang mit personenbezogenen Daten enthalten. Die rechtlichen Rahmenbedingungen für den Zugang zu und die Nutzung von Daten muss Haftungsfragen, Rechtsbehelfe und Schutzmaßnahmen umfassend adressieren.

IT-Dienstleistungsverträge müssen Servicelevel, Datenschutz und Datensicherheit klar festlegen. Die Blockchain-Technologie und Smart Contracts lässt neue vertragsrechtliche Fragen aufkommen, insbesondere im Hinblick auf die Unveränderlichkeit von Daten und die rechtliche Anerkennung von Blockchain-Transaktionen.

Die Anpassung des Vertragsrechts an die Anforderungen digitaler Technologien und die Förderung von Transparenz und Fairness in digitalen Transaktionen sind essenziell, um das Potenzial der Digitalisierung auszuschöpfen und gleichzeitig die Interessen aller Parteien zu schützen.

Literatur

Bundesamt für Sicherheit in der Informationstechnik (Hrsg.) (2023). *IT-Grundschutz-Kompendium – Werkzeug für Informationssicherheit*. In https://www.bsi.bund.de/DE/Themen/Unternehmen-und-Organisationen/Standards-und-Zertifizierung/IT-Grundschutz/IT-Grundschutz-Kompendium/it-grundschutz-kompendium_node.html. Abgerufen am: 22.06.2024.

Grimm, D., Singraven, J. (Hrsg.) (2022). *Digitalisierung und Arbeitsrecht: Personalarbeit 4.0 – Gestaltung – Best Practices*. Köln: Otto Schmidt.

Pehl, M., Knödler, C. (2020). *Datenschutz und Schweigepflicht in der Sozialen Arbeit: Erläuterungen und Schaubilder für Ausbildung und Praxis*. Regensburg: Walhalla.

Säckel, A. (2022). *IT-Sicherheit vs. Informationssicherheit – Was ist der Unterschied?* In https://www.dqsglobal.com/de-de/wissen/blog/it-sicherheit-vs.-informationssicherheit-was-ist-der-unterschied. Abgerufen am: 30.05.2024.

Schmidt-Kessel, M., Möllnitz, C. (2022). *Grundfragen des Digitalvertragsrechts: Verträge über digitale Inhalte und digitale Dienstleistungen*. Tübingen: Mohr Siebeck.

Mit Projekten die digitale Zukunft gestalten

9

Markus Krings

> **Inhalt**
> Dieses vorletzte Kapitel lädt zu einem Exkurs ein, der das Thema Projekte gesondert beleuchtet. Angesichts der umfassenden Veränderungen, die die digitale Transformation in Organisationen erfordert, bieten Projekte eine strukturierte Herangehensweise, um gezielte Digitalisierungsmaßnahmen zu planen und umzusetzen. Sie können eine wesentliche Rolle bei der Verwirklichung der Unternehmensvisionen und -ziele spielen und maßgeblich zum Erfolg der digitalen Transformation beitragen. Im Fokus dieses Kapitels stehen zwölf entscheidende Faktoren des Projekterfolgs.

9.1 Projekte: Die Grundlagen

Bevor auf die zentralen Aspekte eingegangen wird, die Projekte erfolgreich machen, ist es sinnvoll, das Wesen von Projekten zu verstehen und ihre positiven Effekte zu erkennen.

Projekte: Eine Begriffsbestimmung
Projekte werden in Organisationen unterschiedlich ausgelegt, daher fehlt es an einem einheitlichen Begriffsverständnis. Dennoch weisen Projekte bei genauerer Betrachtung einige gemeinsame Merkmale auf (vgl. Kuster et al. 2008, S. 4 f.):

- Projekte führen Veränderungen mit sich, die von verschiedenen Emotionen begleitet sein können, von Euphorie bis Widerstand, von Skepsis und Angst

bis Freude und Motivation. Dies stellt hohe organisationspsychologische Anforderungen an die Projektleitung.
- Projekte sind klar abgegrenzte Vorhaben: Sie haben ein festes Ende und stehen unter Zeitdruck.
- Projekte sind Innovationen: Sie stoßen entweder an technische oder organisatorische Grenzen (z. B. neue Informations- und Kommunikationstechnologien) oder sie sind für die Organisation etwas völlig Neues, für das erstmalig Wissen aufgebaut werden muss (z. B. Social-Media-Marketing).
- Projekte sind komplex: Sie überschreiten die gewöhnliche Organisationsstruktur und können verschiedene Disziplinen und Verantwortungsbereiche tangieren.
- Der Projektcharakter verändert sich von Phase zu Phase und erfordert demnach unterschiedliche Managementfähigkeiten.
- Projekte sind schwierig zu planen und zu steuern, daher benötigen sie besondere organisatorische Maßnahmen und periodische klare und eindeutige Entscheidungen.
- Projekte benötigen außergewöhnliche Ressourcen hinsichtlich Wissen, Personal und Finanzen.
- Projekte sind mit verschiedenen Risiken verbunden, sei es finanzieller, personeller, fachlicher oder zeitlicher Art, abhängig von ihrer Größe und Komplexität.
- Projekte erfordern für ihre Abwicklung eine eigene Projektorganisation, da sie quasi als eigenständige Organisationen innerhalb der Gesamtorganisation agieren.

Daraus schlussfolgernd und zusammengefasst lässt sich folgende Definition für Projekte ableiten:

> Projekte sind gekennzeichnet durch ihre Einzigartigkeit, einen klaren Zeitrahmen, definierte Ziele und die Zusammenarbeit verschiedener Disziplinen. Zudem sind sie von hoher Bedeutung, Kritikalität und Dringlichkeit geprägt. Ihre Abwicklung erfolgt außerhalb der üblichen Linienorganisation.

Die positiven Effekte von Projekten
Prinzipiell könnten alle Aufgaben, die im Rahmen eines Projekts erledigt werden, auch im normal organisierten Betrieb bearbeitet werden. Jedoch bietet ein projektorientiertes Vorgehen verschiedene Vorteile im Vergleich zur parallelen Erledigung

im klassischen Tagesgeschäft. Drei wesentliche Vorteile sind (vgl. Heister und Tiskens 2021, S. 178):

- *Effektive und effiziente temporäre Organisation:* Projekte ermöglichen den Einsatz einer temporären Organisation, die in der Regel einfacher, flexibler und reaktionsfähiger gestaltet werden kann. Dadurch wird die Umsetzung der Aufgaben innerhalb des Projekts optimiert.
- *Interdisziplinäre Zusammenarbeit und effektive Kommunikation:* Projekte fördern die Zusammenarbeit verschiedener Fachbereiche und lassen eine bessere Kommunikation zwischen den beteiligten Parteien zu. Dadurch können Herausforderungen schneller gelöst und Informationen effizienter ausgetauscht werden.
- *Aktivierung und Motivation der Mitwirkenden:* Projekte bieten die Möglichkeit, Mitwirkende besser zu aktivieren und zu motivieren. Die klaren Ziele und der temporäre Charakter des Projekts erlauben es den Beteiligten, ihr Leistungspotenzial leichter zu entfalten und sich aktiv in das Projekt einzubringen.

9.2 Schlüssel zum Projekterfolg: Die entscheidenden Faktoren

Im Folgenden werden nun die Erfolgsfaktoren von Projekten eingehend beschrieben (vgl. insbesondere Heister und Tiskens 2021, S. 179 ff.). Eine grafische Übersicht dieser Faktoren ist in Abb. 9.1 dargestellt. Die Erfolgsfaktoren stehen in enger Wechselwirkung zueinander, sind miteinander verflochten und bedingen sich gegenseitig. Sie erlauben jedoch auch eine unabhängige Betrachtung und können isoliert voneinander verstanden werden.

1. Definition des Projektziels

Das Projektziel ist die präzise und klare Beschreibung des angestrebten Ergebnisses oder des gewünschten Zustands, den ein Projekt erreichen soll. Es beschreibt das beabsichtigte Endziel oder den Zweck eines Projekts und dient als Leitlinie für alle Aktivitäten und Entscheidungen während der Projektumsetzung.

Das Projektziel sollte „SMART" sein, um eine klare Ausrichtung und Evaluierung des Projekts zu ermöglichen. *SMART* bedeutet:

- *Spezifisch (specific):* Das Projektziel sollte präzise und klar definiert sein, um ein einheitliches Verständnis darüber zu gewährleisten, was erreicht werden soll.

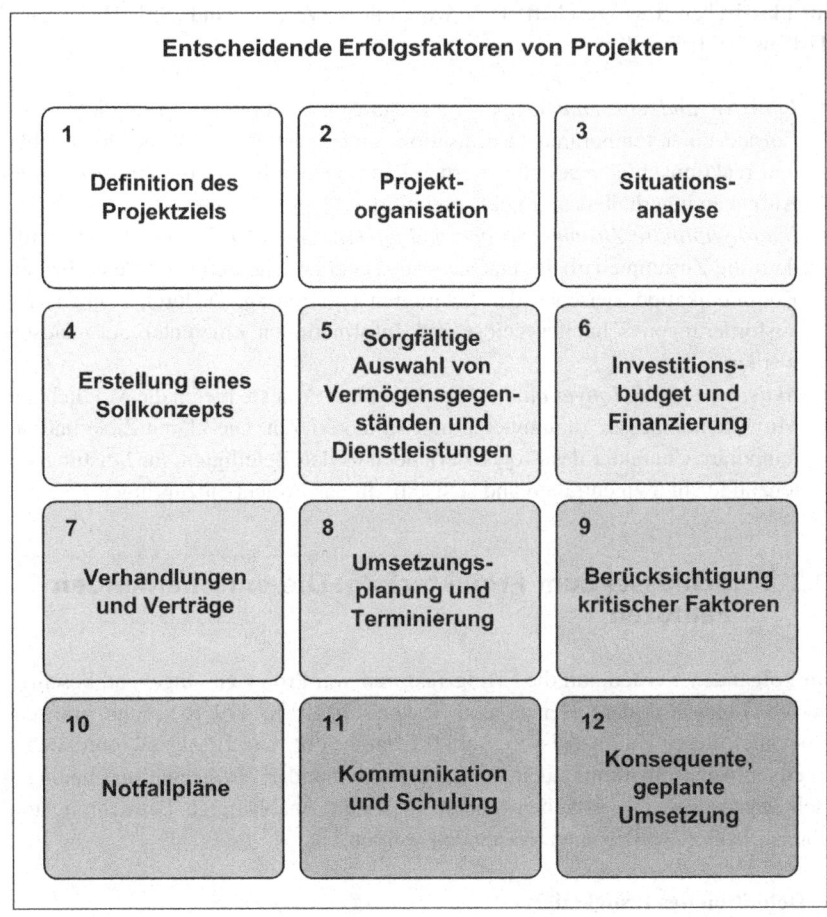

Abb. 9.1 Entscheidende Erfolgsfaktoren von Projekten (in Anlehnung an Heister und Tiskens 2021, S. 179)

- *Messbar (measurable):* Das Projektziel sollte messbar und quantifizierbar sein, sodass der Fortschritt und die Zielerreichung anhand klarer Kennzahlen oder Kriterien überprüft werden können.
- *Erreichbar (achievable):* Das Projektziel sollte realistisch und erreichbar sein, unter Berücksichtigung der verfügbaren Ressourcen und der vorgesehenen Zeitdauer. Es sollte motivierend wirken, aber zugleich realisierbar sein.

9.2 Schlüssel zum Projekterfolg: Die entscheidenden Faktoren

- *Relevant (relevant):* Das Projektziel sollte für das Projekt und die Gesamtziele der Organisation relevant sein. Es sollte einen direkten Beitrag zum Erfolg der strategischen Ausrichtung leisten.
- *Zeitgebunden (time-bound):* Das Projektziel sollte mit einem klaren Zeitrahmen versehen sein, innerhalb dessen es erreicht werden soll. Dadurch wird sichergestellt, dass das Projektziel innerhalb eines bestimmten Zeitraums abgeschlossen und keine endlose Aufgabe wird.

Beispiel: „Bis zum Ende des nächsten Quartals (zeitgebunden) implementieren wir ein digitales Ausleihsystem, das es den Benutzer:innen ermöglicht, Bücher online auszuleihen und elektronische Bücher herunterzuladen (spezifisch und messbar). Unser Ziel ist es, die Effizienz der Ausleihprozesse zu steigern und den Zugang zu digitalen Medien zu erleichtern (erreichbar und relevant)."

2. Projektorganisation

Die Projektorganisation bezeichnet die Struktur und Aufgabenverteilung innerhalb eines Projekts. Sie legt fest, wie das Projektteam aufgebaut ist, welche Rollen und Verantwortlichkeiten es gibt und wie Kommunikation und Koordination innerhalb des Projekts erfolgen. Eine effiziente Projektorganisation ist essenziell, um Digitalisierungsprojekte erfolgreich umzusetzen.

Die Projektorganisation kann je nach Art und Umfang des Projekts variieren. Der Kern einer Projektorganisation besteht typischerweise aus einer Projektleitung und den Projektmitgliedern. Bei Bedarf wird er erweitert um externe Berater:innen, wenn das benötigte Know-how in der Organisation nicht ausreichend vorhanden ist, sowie um andere Stakeholder:innen wie Kund:innen oder Klient:innen, falls ihre Einbindung für das Projekt wichtig ist oder das Projekt Auswirkungen auf sie hat (vgl. Abb. 9.2).

Grundsätzlich empfiehlt sich die Einrichtung eines Lenkungsausschusses, um die Leitungsebene des Unternehmens in das Projekt einzubinden. Unter Umständen kann der Vorstand oder die Geschäftsführung selbst die Funktion des Lenkungsausschusses übernehmen, insbesondere bei kleineren Organisationen. Der Lenkungsausschuss ist zuständig für alle entscheidenden Aspekte des Projektumfangs, der Rahmenbedingungen und Grundsatzfragen.

Das Projekt kann in Teilprojekte unterteilt werden, die von einer Gesamtprojektleitung gesteuert werden (insbesondere bei komplexeren Vorhaben).

Die Gesamtprojektleitung ist verantwortlich für die Führung, Organisation und Koordination der Teilprojekte sowie die Berichterstattung an den Lenkungsausschuss. Die Gesamtprojektleitung agiert als Dienstleister:in für die Teilprojekte

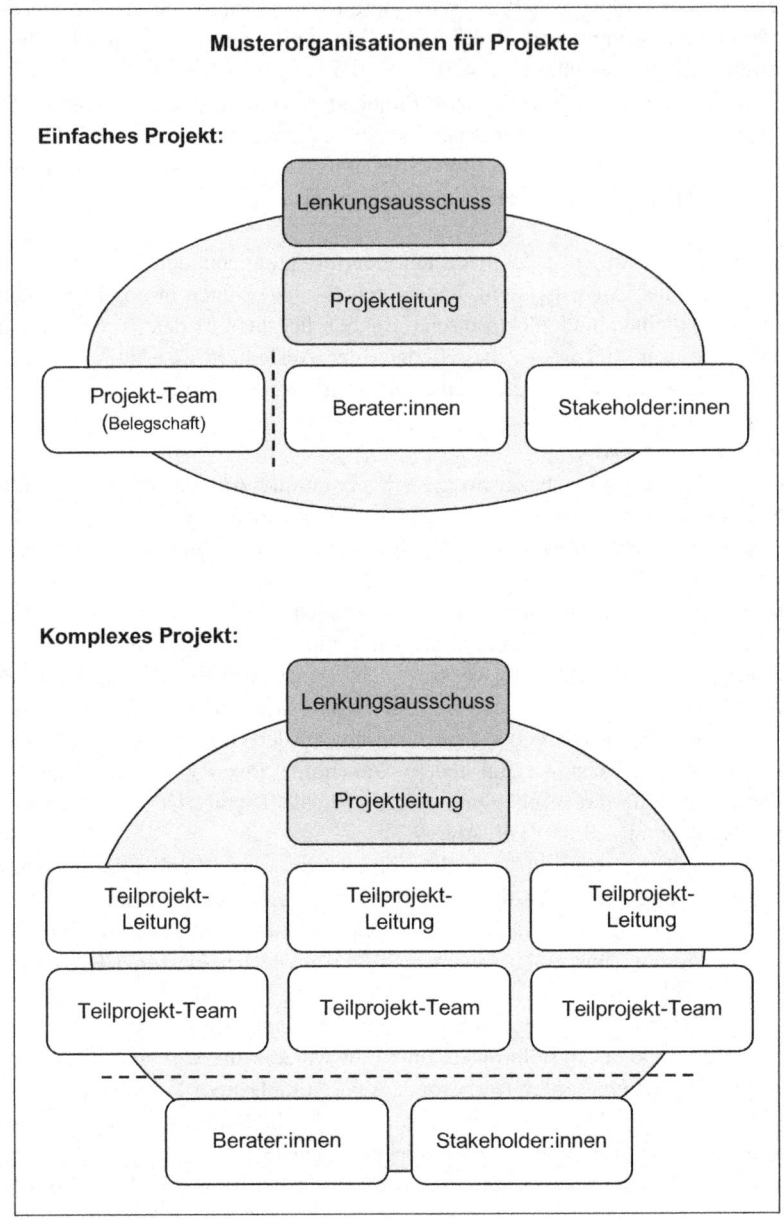

Abb. 9.2 Beispiele einer Projektorganisation (in Anlehnung an Kreidenweis 2020, S. 187)

9.2 Schlüssel zum Projekterfolg: Die entscheidenden Faktoren

und sollte neben einer allgemeinen Führungskompetenz auch über breites Fachwissen und profunde Kenntnisse der Unternehmensstruktur verfügen. Eine starke interne Kund:innenorientierung und Kenntnisse des operativen Geschäfts sind dabei von großer Bedeutung.

Die Teilprojektleitungen tragen die Verantwortung für die Planung und Steuerung der Teilprojekte und benötigen ähnliche Fähigkeiten und Kompetenzen wie die Gesamtprojektleitung. Sie verfolgen die Ziele der Teilprojekte, überwachen Aufgaben, Meilensteine und Budgets. Regelmäßiger Austausch zwischen den Teilprojektleitungen gewährleistet den gleichen Informationsstand und ermöglicht die rechtzeitige Lösung von Schnittstellenproblemen und anderen auftretenden Fragen.

Eine professionelle Projektorganisation umfasst neben einem professionellen Projektmanagement auch ein qualitativ hochwertiges Projekthandbuch. In diesem Projekthandbuch (z. B. „WIR"-Handbuch – Wissen, Informationen, Richtlinien) werden alle wesentlichen Rahmenbedingungen des Projekts umfassend geregelt und kommuniziert.

Insgesamt hilft eine klare Projektorganisation, die Zuständigkeiten und Entscheidungswege festzulegen, Konflikte zu minimieren und eine reibungslose Zusammenarbeit aller Projektbeteiligten zu gewährleisten. Sie ist ein wichtiger Bestandteil des Projektmanagements und trägt maßgeblich zum Erfolg des Projekts bei.

3. Situationsanalyse

Die Situationsanalyse ist eine umfassende Untersuchung und Bewertung der aktuellen Gegebenheiten, Bedingungen und Herausforderungen, die im Zusammenhang mit dem Projekt stehen. Sie ist eine der ersten Phasen des Projektmanagements und dient dazu, ein umfassendes Verständnis der Ausgangssituation zu gewinnen, um Handlungsnotwendigkeiten zu identifizieren und Ansatzpunkte für Lösungen herauszuarbeiten.

In der Situationsanalyse werden relevante Informationen gesammelt und analysiert, um die Grundlage für die Projektplanung zu schaffen. Dazu gehören unter anderem:

- *Erfassung des Status quo:* Ermittlung, wie die Einrichtung derzeit arbeitet, welche Prozesse vorhanden sind und welche Arten von Technologien bereits eingesetzt werden. Dazu gehört auch eine Bestandsaufnahme der vorhandenen Ressourcen wie Hard- und Software sowie der IT-Infrastruktur.

- *Stakeholder:innen-Analyse:* Identifikation und Bewertung der internen und externen Akteur:innen im Projektumfeld sowie ihrer Bedürfnisse und Erwartungen. Dies können beispielsweise Kund:innen, Klient:innen, Mitarbeiter:innen, Partner:innenorganisationen oder Fördergeber:innen sein.
- *Umfeldanalyse:* Untersuchung der äußeren Rahmenbedingungen, wie politische, wirtschaftliche, technologische und rechtliche Faktoren, die das Projekt beeinflussen könnten.
- *Ressourcenanalyse:* Bewertung der zur Verfügung stehenden Ressourcen, wie Budget, Personal, Zeit und technische Ausstattung.
- *Risikoanalyse:* Identifikation möglicher Risiken und Unsicherheiten, die das Projekt beeinflussen könnten, sowie Bewertung ihrer Auswirkungen und Eintrittswahrscheinlichkeit.
- *Markt- und Wettbewerbsanalyse:* Untersuchung des Marktes und der Wettbewerbssituation.

Je genauer die Situationsanalyse durchgeführt wird, desto klarer und fokussierter können Lösungsansätze entwickelt werden.

4. Erstellung eines Sollkonzepts
Eine umfassende Ist-Analyse bildet die Grundlage für die Erstellung eines detaillierten Sollkonzepts, das die spezifischen Anforderungen an das Projekt oder die Projektlösung beschreibt. Insbesondere bei Digitalisierungsprojekten, wie der Implementierung neuer Systeme oder Softwarelösungen, empfiehlt sich die Verwendung eines Lastenhefts. Das Lastenheft dient intern als Arbeitsgrundlage, ermöglicht aber auch, im weiteren Projektverlauf externe Anbieter:innenfirmen anzusprechen, wenn externe Ressourcen benötigt werden (z. B. bei einer externen Softwarelösung).

Die Struktur und der Umfang des Lastenheftes werden maßgeblich von der Komplexität des jeweiligen Projekts bestimmt. Generell ist wichtig, dass hieraus die Zielsetzung und die Rolle des Projektes in der Gesamtorganisation sowie alle Details und Rahmenbedingungen der gesuchten Lösung klar zu erkennen sind (vgl. Kreidenweis 2020, S. 195). In Abb. 9.3 findet sich eine kurze Übersicht als Orientierung für den Standard-Aufbau eines Lastenheftes.

Anmerkung: In der Praxis besteht oft Verwirrung zwischen den Begriffen „Lastenheft" und „Pflichtenheft", da sie manchmal irrtümlich synonym verwendet werden. Um die Unterscheidung deutlich zu machen: Das Lastenheft dient dazu, die Anforderungen und Wünsche der Organisation, in der das Projekt durchgeführt wird (Auftraggeber:in), präzise zu definieren. Im Gegensatz dazu beschreibt das Pflichtenheft die technische Umsetzung dieser Anforderungen

Bestandteile eines Lastenheftes

Einleitung	Kurze Einführung: - Projektbezeichnung - Projektbezug
Projektbeschreibung	Zusammenfassung des Projekts: - Zielsetzung - Projektorganisation - Ausgangssituation - Herausforderungen
Anforderungen	Detaillierte Beschreibungen der Anforderungen und Funktionen an die Projektlösung, ggfs. Differenzierung nach: - Funktionale und nicht-funktionale Anforderungen - „Must-have"- und „Nice-to-have"-Anforderungen - Bereichsspezifische und -übergreifende Anforderungen
Schnittstellen	Beschreibung der Schnittstellen zu anderen Projekten, Abteilungen, Prozessen und Systemen
Sonstiges	Zusätzliche Dokumente oder Informationen, die für das Verständnis des Projekts wichtig sind

Abb. 9.3 Beispielhafter Aufbau eines Lastenheftes. (Eigene Darstellung)

durch eine beauftragte Firma (Auftragnehmer:in). Das Lastenheft bildet üblicherweise die Grundlage für das Pflichtenheft, da dieses die technische Umsetzung der Anforderungen aus dem Lastenheft konkretisiert.

5. Sorgfältige Auswahl von Vermögensgegenständen und Dienstleistungen
Dieser Erfolgsfaktor bezieht sich auf die Auswahl und Beschaffung der Ressourcen, die für die erfolgreiche Umsetzung des Digitalisierungsvorhabens benötigt werden.

Im Rahmen von Digitalisierungsprojekten können Vermögensgegenstände beispielsweise Computer, Server, Sensoren oder andere technische Geräte sein, die zur Implementierung der digitalen Lösung erforderlich sind. Darüber hinaus kann

die Auswahl auch die geeignete Software, wie Datenbanken, Anwendungen, Tools oder Plattformen beinhalten.
Bei den Dienstleistungen spielen externe Anbieter:innen und Expert:innen eine wichtige Rolle. Es können externe Beratungsfirmen, IT-Dienstleister:innen oder Technologiepartner:innen involviert sein, die spezifisches Fachwissen und Knowhow in den relevanten Bereichen mitbringen.
Ihre gewissenhafte Auswahl stellt aus mehreren Gründen einen entscheidenden Erfolgsfaktor dar:

- *Effektive Ressourcennutzung:* Sozial- und Kultureinrichtungen verfügen oft über begrenzte finanzielle Mittel. Eine sorgfältige Auswahl unterstützt eine effiziente Nutzung dieser Ressourcen. Sie ermöglicht, die richtigen Technologien und Lösungen zu wählen, die den spezifischen Anforderungen des Projekts entsprechen und gleichzeitig das Budget im Rahmen halten.
- *Bedarfsgerechte Umsetzung:* Die passende Auswahl stellt sicher, dass die Bedürfnisse und Ziele der Sozial- und Kultureinrichtungen berücksichtigt werden. Dadurch wird gewährleistet, dass die digitalen Lösungen wirklich zu der Verbesserung der Dienstleistungen, der Erreichung der Ziele und den Bedürfnissen der Zielgruppen beitragen.
- *Erfolgreiche Integration:* Die richtige Auswahl ermöglicht eine reibungslose Integration in die bestehenden Arbeitsabläufe und Prozesse der Einrichtungen. Dies verhindert Unterbrechungen im Betrieb und reduziert die Wahrscheinlichkeit von Problemen und Komplikationen während der Implementierung.
- *Vermeidung von Risiken:* Eine falsche oder unzureichende Auswahl kann zu technischen Problemen, Sicherheitslücken oder unerwarteten Kosten führen. Eine gründliche Auswahl trägt dazu bei, potenzielle Risiken und Schwierigkeiten zu minimieren.
- *Akzeptanz und Nutzer:innenfreundlichkeit:* Die Wahl der richtigen Vermögensgegenstände und Dienstleistungen beeinflusst die Akzeptanz und Nutzer:innenfreundlichkeit der digitalen Lösungen. Wenn die Nutzer:innen (z. B. Mitarbeiter:innen, Klient:innen oder Kund:innen) die neuen Technologien gut verstehen und annehmen können, steigt die Wahrscheinlichkeit einer erfolgreichen Implementierung.

6. Investitionsbudget und Finanzierung
Eine sorgfältige Budgetierung und gut durchdachte Finanzierung sind wesentliche Schritte für den erfolgreichen Abschluss und die nachhaltige Umsetzung von Digitalisierungsprojekten.

9.2 Schlüssel zum Projekterfolg: Die entscheidenden Faktoren

Investitionsbudget: Das Investitionsbudget ist der finanzielle Rahmen oder die zur Verfügung stehende Summe, die ein Unternehmen für die Umsetzung von Digitalisierungsprojekten bereitstellt. Die Anwendung professioneller Investitionsrechnungsmethoden, beispielsweise Kostenvergleichsrechnungen oder Amortisationsrechnungen, ermöglicht es Sozial- und Kultureinrichtungen, die finanziellen Auswirkungen der Investitionen genau zu analysieren, fundierte Entscheidungen zu treffen und die begrenzten finanziellen Ressourcen optimal einzusetzen.

Finanzierung: Die Finanzierung beschreibt die Quellen und Mechanismen, über die das Investitionsbudget für das Digitalisierungsprojekt bereitgestellt wird. Es ist wichtig, die richtige Finanzierungsstrategie zu wählen, damit die benötigten Mittel rechtzeitig zur Verfügung stehen. Dies kann eine Kombination aus Eigenmitteln der Einrichtung, Fördermitteln von staatlichen Stellen, Zuschüssen von Stiftungen, Spenden oder anderen Finanzierungsquellen umfassen. Die effektive Finanzierung ist zentral, um die langfristige Nachhaltigkeit des Projekts sicherzustellen und finanzielle Risiken zu minimieren.

Praxistipp: Digitalisierungsprojekte können unter Umständen Fördermöglichkeiten bieten, beispielsweise von staatlichen Stellen oder Stiftungen. Es empfiehlt sich, die aktuellen Fördermöglichkeiten und -bedingungen zu recherchieren und fristgerecht Anträge zu stellen.

7. Verhandlungen und Verträge

Sorgfältige Verhandlungen und Verträge im Rahmen von Digitalisierungsprojekten bilden die Grundlage für eine gewinnbringende Zusammenarbeit mit externen Anbieter:innen und Dienstleister:innen. Eine präzise Verhandlung ermöglicht es, die Bedingungen, Ziele und Verantwortlichkeiten klar zu definieren und Missverständnisse zu vermeiden. Ein gut ausgearbeiteter Vertrag sichert die Rechte und Pflichten aller Parteien, minimiert das Risiko von rechtlichen Konflikten und schafft eine verlässliche Basis für eine effektive Umsetzung des Projekts. Eine gründliche Verhandlung ist daher wichtig, um ungünstige Vertragsbedingungen zu vermeiden, die zu nachteiligen Auswirkungen wie hohen Kosten führen könnten.

Vielfach wird einem Vertrag ein Letter of Intent (LOI) vorgeschaltet. Ein LOI, auch Absichtserklärung genannt, ist ein Dokument, das dazu dient, die grundlegenden Bedingungen und Rahmenbedingungen für die zukünftigen Vertragsverhandlungen festzulegen. Er enthält in der Regel Informationen über die Absicht der Parteien, die Vertragsart, die Hauptziele und -bedingungen des geplanten Vertrags sowie die beabsichtigten Rechte und Pflichten der Parteien.

Wichtig ist zu beachten, dass der LOI in der Regel nicht rechtlich bindend ist, sondern eine Absichtserklärung darstellt, die als Grundlage für die weiteren Verhandlungen und den endgültigen Vertragsabschluss dient. Solange der endgültige Vertrag noch nicht geschlossen ist, sind die Rahmenbedingungen dementsprechend noch verhandelbar.

8. Umsetzungsplanung und Terminierung

Im Rahmen der Umsetzungsplanung und der Terminierung wird die präzise Projektplanung durchgeführt, um aus dem Projektauftrag einen strukturierten und realisierbaren Plan zu entwickeln. In diesem Prozess werden Meilensteine und Arbeitspakete aus den Teilzielen abgeleitet *(Projekt-Aufgabenplanung)*. Ein Meilenstein markiert dabei einen bedeutenden Zwischenschritt oder Entscheidungspunkt im Projekt, an dem die Erreichung der Teilziele überprüft wird. Ein Arbeitspaket umfasst alle Aktivitäten, die bis zur Erreichung dieses Meilensteins ausgeführt werden müssen (vgl. Abb. 9.4). Diese Pakete werden in eine zeitliche Reihenfolge gebracht und mit Verantwortlichkeiten und Ressourcen versehen. Des Weiteren werden Methoden und Zeitpunkte definiert, um den Fortschritt des Projekts zu steuern und zu kontrollieren (vgl. Kreidenweis 2020, S. 189).

Der Ablauf der einzelnen Schritte, die Verantwortlichen, die Beteiligten und die benötigten Zeitrahmen können in einem *Projekt-Ablaufplan* übersichtlich dargestellt werden (vgl. Abb. 9.5). Die Erstellung eines Projekt-Ablaufplans kann mit einfachen Mitteln, z. B. in einem Tabellenkalkulationsprogramm, erfolgen oder mittels einer speziellen Software für Projektmanagement (z. B. OpenProject; https://openproject.org/de/).

9. Berücksichtigung kritischer Faktoren

Eine der Hauptaufgaben der Projektleitung besteht darin, potenzielle Hindernisse oder Gefahren zu erkennen, die das Projekt beeinträchtigen oder sogar zum Scheitern führen könnten. Eine kompetente Projektleitung agiert wie ein aufmerksamer „Spürhund" und ist ständig wachsam gegenüber den möglichen Gefahren, die das Projekt bedrohen könnten. Die Fähigkeit, schnell Lösungsansätze zu finden, ist dabei von großer Bedeutung.

In einem erfolgreichen Projektteam zeichnen sich die Mitarbeiter:innen durch Offenheit und die Bereitschaft aus, auftretende Probleme anzusprechen und aktiv nach Lösungen zu suchen. Anstatt Probleme zu ignorieren, ist es wichtig, dass die Projektmitglieder sie regelmäßig thematisieren und konsequent Lösungswege erarbeiten. Indem die Projektleitung das Vertrauen in ihre Mitarbeiter:innen stärkt

9.2 Schlüssel zum Projekterfolg: Die entscheidenden Faktoren

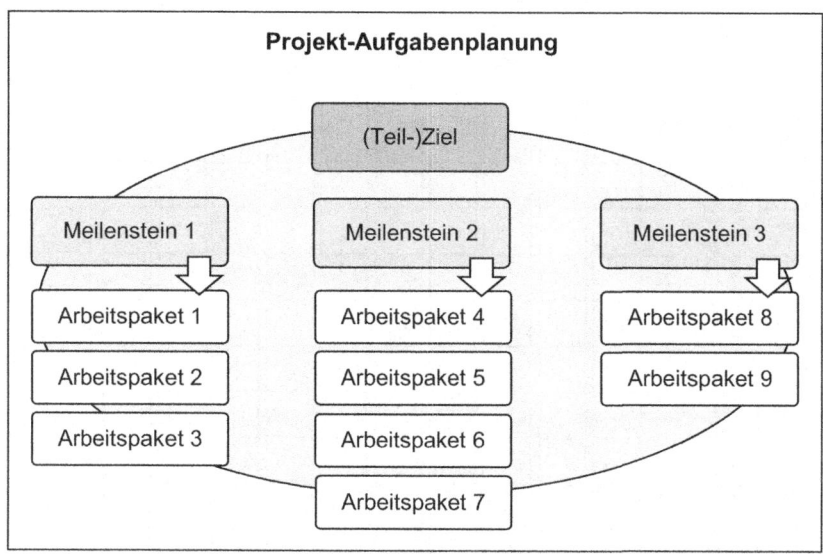

Abb. 9.4 Projekt-Aufgabenplanung: Gliederung von Projekten in Meilensteine und Arbeitspakete (in Anlehnung an Kreidenweis 2020, S. 189)

und ihnen die Sicherheit gibt, dass alle Probleme offen angesprochen werden können, fördert sie eine positive Projektatmosphäre und unterstützt den gemeinsamen Erfolg des Projekts.

10. Notfallpläne
Dieser Erfolgsfaktor steht in enger Abhängigkeit mit dem vorhergehenden. Notfallpläne im Rahmen von Digitalisierungsprojekten sind vordefinierte Strategien und Maßnahmen, die darauf abzielen, unvorhergesehene und kritische Ereignisse zu bewältigen, die den normalen Verlauf des Projekts beeinträchtigen könnten. Diese Pläne dienen dazu, die Auswirkungen von Störungen oder Problemen zu minimieren und sicherzustellen, dass das Projekt trotz widriger Umstände erfolgreich fortgesetzt werden kann.

Im Kontext von Digitalisierungsprojekten können verschiedene Notfallszenarien auftreten, wie beispielsweise technische Ausfälle, Sicherheitslücken, Datenverlust, Unterbrechungen in der Projektumsetzung oder unerwartete Komplikationen bei der Implementierung neuer Technologien. Ein Notfallplan beinhaltet typischerweise:

Kalenderwoche			22	23	24	25	26	27	28	29	30	31	32	33
Start: 27.05.2024	Geplantes Ende: 16.08.2024		A=Anbieterfirma	B=Berater:innen	E=Erw.Projektteam G=Geschäftsführung	M=Meilenstein	K=Kernteam	P=Projektleitung								
Arbeitspakete	Verantwortlich	Beteiligte				M1					M2			M3
1. Zieldefinition	P	G,K	■	■										
3. Mitarbeiter:inneninformation	G	P			■									
2. Situationsanalyse	P	K,E		■	■									
4. Soll-Konzept	P	K,E,B					■							
5. Vorauswahl-Verfahren	P	K,E,B							■	■				
6. Endauswahl-Verfahren	P	K,E,B								■				
7. Kaufentscheidung	G	P,K												
8. Mitarbeiter:inneninformation	G	P									■			
9. Implementierung	P	A,K											■	
10. Schulung	P	A,K												■

Abb. 9.5 Beispielhafter Projekt-Ablaufplan für ein kleines Projekt (in Anlehnung an Kreidenweis 2020, S. 190)

9.2 Schlüssel zum Projekterfolg: Die entscheidenden Faktoren

- Definition von möglichen Notfallsituationen und Risiken im Zusammenhang mit der Digitalisierung des Projekts.
- Festlegung der Zuständigkeiten und Verantwortlichkeiten im Fall eines Notfalls.
- Maßnahmen und Verfahren zur Bewältigung von Notfallsituationen, einschließlich Eskalationsmechanismen.
- Kommunikationspläne, um alle Beteiligten über den Notfall und die ergriffenen Maßnahmen zu informieren.
- Sicherung von wichtigen Daten und Informationen, um möglichen Datenverlust zu verhindern.
- Tests und Simulationen der Notfallpläne, um deren Wirksamkeit zu überprüfen und das Team für den Ernstfall vorzubereiten.

Notfallpläne sind ein essenzieller Bestandteil des Risikomanagements in Digitalisierungsprojekten, da sie sicherstellen, dass das Projekt trotz unvorhergesehener Herausforderungen weiterhin reibungslos abläuft und erfolgreich abgeschlossen wird. Sie bieten eine proaktive Herangehensweise, um die Auswirkungen von Störungen gering zu halten und die Widerstandsfähigkeit des Projekts zu stärken.

11. Kommunikation und Schulung

Eine erfolgreiche digitale Transformation erfordert eine klare Kommunikation und gezielte Schulungen in Digitalisierungsprojekten.

Durch eine offene und transparente *Kommunikation* können alle Beteiligten die Ziele und Vorteile der Veränderungen besser verstehen und akzeptieren. Dies hilft, mögliche Bedenken und Widerstände zu überwinden und eine positive Einstellung zur Digitalisierung zu fördern.

Darüber hinaus sind *Schulungen* ein wesentlicher Bestandteil des Erfolgs bei der digitalen Transformation. Indem die Mitarbeiter:innen in den neuen digitalen Technologien und Arbeitsweisen geschult werden, erhalten sie die notwendigen Fähigkeiten und Kompetenzen, um die digitalen Lösungen effektiv einzusetzen. Dies steigert Effizienz, Produktivität und Innovationskraft des Unternehmens.

Insgesamt bilden Kommunikation und Schulung eine starke Grundlage für eine gelingende digitale Transformation. Durch eine offene und transparente Kommunikation werden alle Beteiligten auf denselben Wissensstand gebracht und in den Veränderungsprozess einbezogen. Gleichzeitig ermöglichen Schulungen den Mitarbeiter:innen, das volle Potenzial der Digitalisierung auszuschöpfen und den digitalen Wandel erfolgreich zu bewältigen.

12. Konsequente, geplante Umsetzung

Der zwölfte Erfolgsfaktor in (Digitalisierungs-)Projekten liegt in der konsequenten und geplanten Umsetzung der entwickelten Konzepte und Vorbereitungen. Nun ist der Zeitpunkt gekommen, die digitalen Lösungen und Technologien, die während des Projekts entwickelt wurden, in die Praxis umzusetzen.

Die konsequente Umsetzung beinhaltet:

- *Schulung und Training:* Die betroffenen Mitarbeiter:innen werden geschult und trainiert, um die neuen digitalen Werkzeuge effektiv nutzen zu können. Dies stellt sicher, dass alle über die notwendigen Fähigkeiten verfügen, um die digitalen Veränderungen erfolgreich umzusetzen (vgl. Erfolgsfaktor 11).
- *Testphase:* Die neuen digitalen Lösungen werden auf ihre Funktionalität und Zuverlässigkeit getestet, um mögliche Fehler zu identifizieren und zu beheben.
- *Implementierung der Lösungen:* Die entwickelten digitalen Lösungen und Technologien werden in den operativen Betrieb integriert. Dies kann die Einführung neuer Software, Systeme, Prozesse oder anderer digitaler Instrumente beinhalten.
- *Überwachung und Kontrolle:* Die Umsetzung wird genau überwacht, um sicherzustellen, dass die geplanten Maßnahmen wie vorgesehen umgesetzt werden. Eventuelle Abweichungen von der Planung werden erfasst und entsprechende Anpassungen vorgenommen.
- *Evaluierung und Optimierung:* Nach der Umsetzung werden die Ergebnisse bewertet, um den Erfolg des Projekts zu messen und mögliche Verbesserungspotenziale zu identifizieren.

Die konsequente, geplante Umsetzung als letzter Erfolgsfaktor gewährleistet, dass die erarbeiteten Konzepte und Planungen erfolgreich in die Praxis umgesetzt und die angestrebten Ziele erreicht werden. Ein strukturiertes Vorgehen ermöglicht eine reibungslose Einführung der digitalen Veränderungen und den Erfolg des gesamten Digitalisierungsprojektes.

Literatur

Heister, W., Tiskens, J. (2021). *Kostenmanagement. Eine Einführung für sozialwirtschaftliche Organisationen.* Wiesbaden: Springer Verlag.

Kreidenweis, H. (2020): *Sozialinformatik. Digitaler Wandel und IT-Einsatz in sozialen Organisationen.* Baden-Baden: Nomos Verlag.

Kuster, J., Huber, E., Lippmann, R., Schmid, A., Scheider, E., Witschi, U., Wüst, R. (2008). *Handbuch Projektmanagement.* 2. Auflage. Berlin, Heidelberg: Springer Verlag.

Einen langen Atem bewahren

10

Werner Heister

▶ **Inhalt**
In diesem letzten Kapitel wird eine abschließende Bilanz vorgelegt und gleichzeitig die Bedeutung von Geduld und Ausdauer hervorgehoben. Dabei wird Bezug auf den Hype-Zyklus und das Amara-Gesetz genommen. Die Umgestaltung sozialer und kultureller Einrichtungen durch die digitale Transformation erfordert eine langfristige Perspektive und eine beharrliche Ausdauer.

Trotz der möglichen Hindernisse und Herausforderungen bietet die Digitalisierung zahlreiche Chancen und Vorteile, die nicht ungenutzt bleiben dürfen. Daher ist es von entscheidender Bedeutung, den Blick stets auf die Zukunft gerichtet zu halten.

Im digitalen Zeitalter befinden sich die Sektoren der sozialen und kulturellen Arbeit inmitten einer Phase *digitaler Transformation,* die vor allem durch die fortschreitende Einführung und Verbreitung von technologischen Neuerungen (*Treiber der Digitalisierung*) wie Künstliche Intelligenz (KI), Virtual Reality (VR), Portallösungen, Automatisierung, Cloud-Lösungen und weiteren Innovationen charakterisiert ist.

Die *digitale Transformation* stellt für die Sozial- und Kulturwirtschaft nicht nur eine Herausforderung, sondern auch eine *einmalige Chance* dar, Prozesse zu optimieren, neue Geschäftsmodelle zu entwickeln und die Dienstleistungsqualität zu verbessern. Die Auseinandersetzung mit Schlüsseltechnologien wie der KI hat gezeigt, dass diese Technologien das Potenzial haben, die Art und Weise, wie in diesen Wirtschaftszweigen gearbeitet wird, grundlegend zu verändern. Sie ermöglichen nicht nur Effizienzsteigerungen, sondern auch die Entwicklung neuer

© Der/die Autor(en), exklusiv lizenziert an Springer Fachmedien Wiesbaden GmbH, ein Teil von Springer Nature 2025
W. Heister und M. Krings, *Digitalisierung in der Sozial- und Kulturwirtschaft,* Basiswissen Sozialwirtschaft und Sozialmanagement,
https://doi.org/10.1007/978-3-658-45676-4_10

Angebote und Dienstleistungen, die besser auf die Bedürfnisse der Nutzer:innen abgestimmt sind. Zusammenfassend lässt sich festhalten, dass der digitale Wandel in der Sozial- und Kulturwirtschaft *umfassende Veränderungen* erfordert, die sowohl technologische als auch organisatorische, rechtliche und ethische Fragen umfasst. Die in diesem Lehrbuch dargelegten Konzepte und Strategien bieten einen wertvollen Leitfaden für Akteur:innen in diesen Bereichen, um die Chancen der Digitalisierung zu nutzen und gleichzeitig ihre Risiken zu minimieren. Die Zukunft wird geprägt sein von einer ständigen Anpassung und Innovation, wobei der Mensch und die Verbesserung seiner Lebensqualität immer im Mittelpunkt stehen sollten.

Diese Entwicklungen stellen Führungskräfte vor die Herausforderung, das *wahre Potenzial und die langfristigen Auswirkungen* dieser Technologien auf die soziale und kulturelle Arbeit frühzeitig zu identifizieren und adäquat darauf zu reagieren.

Um ein tieferes Verständnis für die Dynamik technologischer Fortschritte und deren Einfluss zu erlangen, wird abschließend ein Blick auf zwei miteinander verbundene Ansätze geworfen: den Hype-Zyklus und das Amara-Gesetz.

Der Hype-Zyklus
Der Hype-Zyklus ist ein Modell, das die Entwicklung einer Technologie von ihrer ersten Einführung bis zur allgemeinen Akzeptanz illustriert (vgl. Abb. 10.1).

Das Modell wurde von der renommierten Forschungs- und Beratungsfirma Gartner entwickelt und umfasst fünf Phasen (vgl. Lang 2022, S. 30 f.):

1. den Auslöser der Innovation,
2. den Gipfel überzogener Erwartungen,
3. das Tal der Enttäuschung,
4. den Pfad der Erleuchtung und schließlich
5. das Plateau der Produktivität.

Jede Phase spiegelt die öffentliche und mediale Wahrnehmung einer Technologie wider. Es gibt eine anfängliche Phase des Enthusiasmus, gefolgt von Enttäuschung und schließlich der praktischen Anwendung und Akzeptanz.

Das Amara-Gesetz
Das *Amara-Gesetz,* benannt nach Roy Charles Amara, einem visionären Wissenschaftler und Mitbegründer des Institute for the Future, besagt, dass die kurzfristigen Effekte einer Technologie tendenziell überschätzt und ihre langfristigen Auswirkungen unterschätzt werden. Dieses Prinzip unterstreicht, dass

10 Einen langen Atem bewahren

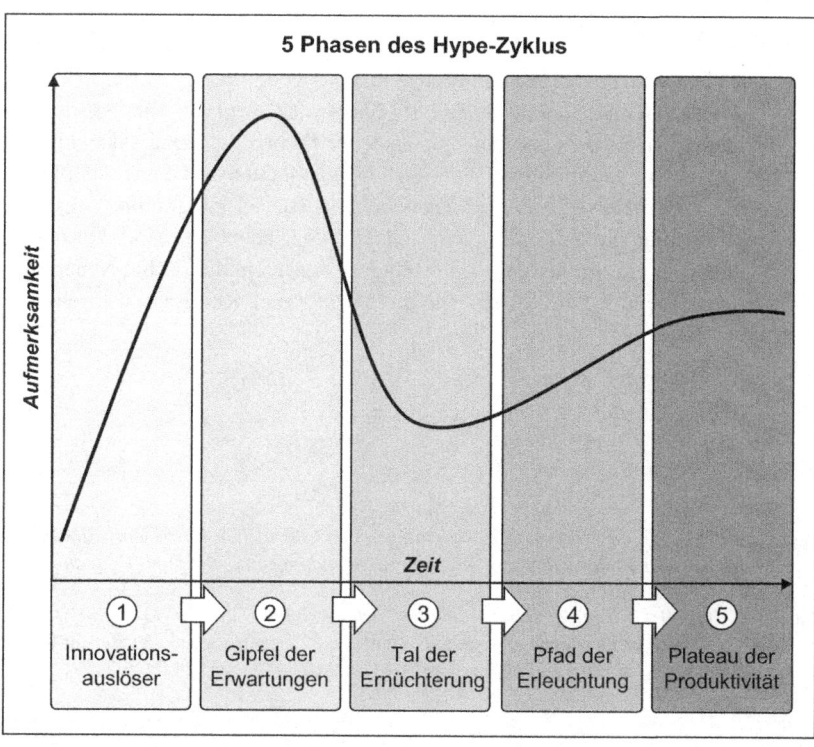

Abb. 10.1 Der Hype-Zyklus (in Anlehnung an Panetta 2019)

die vollständigen Implikationen einer Innovation oft erst nach einer längeren Zeitperiode offensichtlich werden.

Für das Management sozialer und kultureller Organisationen ergeben sich aus der Betrachtung des Hype-Zyklus und des Amara-Gesetzes wichtige Erkenntnisse für den Umgang mit neuen Technologien:

- *Umgang mit anfänglicher Euphorie:* Eine kritische Haltung gegenüber dem anfänglichen Enthusiasmus für neue Technologien kann vor Enttäuschungen schützen und zu einer realistischeren Einschätzung ihrer Möglichkeiten führen.
- *Erkennung und Bewertung langfristiger Trends:* Trotz der initialen Über- und Unterbewertung sollten Führungskräfte den langfristigen Wert und die Relevanz technologischer Entwicklungen nicht voreilig abtun.

- *Förderung von Experimentierfreude und Anpassungsfähigkeit:* Die Bereitschaft, neue Technologien zu testen und sich an veränderte Bedingungen anzupassen, ist entscheidend, um im Wandel bestehen zu können.
- *Intelligentes Risikomanagement und Chancenerkennung:* Eine sorgfältige Abwägung von Risiken und Potenzialen neuer Technologien kann dabei helfen, sowohl Gefahren zu minimieren als auch Möglichkeiten voll auszuschöpfen.
- *Externe Expertise und Feedback:* Die Integration externer Expert:innenmeinungen und das Einholen von Feedback sind zusätzliche Schritte, um ein umfassendes Verständnis für technologische Neuerungen zu erlangen und deren Nutzen für die Sozial- und Kulturarbeit effektiv zu evaluieren.

Literatur

Lang, V. (2022). *Digitale Kompetenz. Grundlagen der Künstlichen Intelligenz, Blockchain-Technologie, Quanten-Computing und deren Anwendungen für die Digitale Transformation.* New York: Springer Verlag.

Panetta, K. (2019). *5 Trends Appear on the Gartner Hype Cycle for Emerging Technologies, 2019.* In https://www.gartner.com/smarterwithgartner/5-trends-appear-on-the-gartner-hype-cycle-for-emerging-technologies-2019. Abgerufen am: 24.02.2024.

Erratum zu: Digitalisierung in der Sozial- und Kulturwirtschaft

Erratum zu:
W. Heister und M. Krings, *Digitalisierung in der Sozial- und Kulturwirtschaft*, Basiswissen Sozialwirtschaft und Sozialmanagement,
https://doi.org/10.1007/978-3-658-45676-4

Aufgrund eines Versehens seitens Springer Nature wurden Kapitel 3 und 6 mit einer falschen Autorenschaft veröffentlicht.

Beide Kapitel wurden von Herrn Markus Krings geschrieben. Die ursprünglich veröffentlichte Version wurde korrigiert.

Die aktualisierten Versionen der Kapitel finden Sie unter
https://doi.org/10.1007/978-3-658-45676-4_3
https://doi.org/10.1007/978-3-658-45676-4_6

© Der/die Autor(en), exklusiv lizenziert an Springer Fachmedien Wiesbaden GmbH, ein Teil von Springer Nature 2025
W. Heister und M. Krings, *Digitalisierung in der Sozial- und Kulturwirtschaft*, Basiswissen Sozialwirtschaft und Sozialmanagement,
https://doi.org/10.1007/978-3-658-45676-4_11

Literatur

Arnolds, H., Heege, F., Röh, C., Tussing, W. (2022). *Materialwirtschaft und Einkauf: Grundlagen – Spezialthemen – Übungen.* 14. Auflage. Wiesbaden: Springer Gabler.
Bitkom (Hrsg.) (2017). *In 10 Schritten digital. Ein Praxisleitfaden für Mittelständler.* In https://www.bitkom.org/sites/main/files/file/import/170601-In-10-Schritten-digital-Praxisleitfaden.pdf. Abgerufen am: 15.07.2023.
Brandl, P., Ehrenmüller, I. (2019). *pQMS extended: Neues Qualitätsmanagementsystem für die Langzeitpflege.* Regensburg: Walhalla und Praetoria Verlag.
Bundesamt für Sicherheit in der Informationstechnik (Hrsg.) (2023). *IT-Grundschutz-Kompendium – Werkzeug für Informationssicherheit.* In https://www.bsi.bund.de/DE/Themen/Unternehmen-und-Organisationen/Standards-und-Zertifizierung/IT-Grundschutz/IT-Grundschutz-Kompendium/it-grundschutz-kompendium_node.html. Abgerufen am: 22.06.2024.
Caritas (Hrsg.) (2024). *Die Online-Beratung der Caritas.* In https://www.caritas.de/hilfeundberatung/onlineberatung/onlineberatung. Abgerufen am: 09.03.2024.
Cornelius, A. (2019). *Künstliche Intelligenz: Entwicklungen, Erfolgsfaktoren und Einsatzmöglichkeiten.* Freiburg: Haufe.
Dege, S. (2023). *KI führt zu einem Kulturbruch.* In https://www.dw.com/de/ki-k%C3%BCnstliche-intelligenz-kulturbruch-vincent-m%C3%BCller/a-65317799. Abgerufen am: 20.07.2023.
Deming, W. E. (1982). *Out of the Crises: quality, productivity and competitive position.* 2. Auflage. Cambridge, Massachusetts: Cambridge University Press.
Deutsche Presse Agentur (2021). *Digitaler Allrounder: Was das Smartphone alles ersetzen kann.* In https://www.zeit.de/news/2021-08/15/digitaler-allrounder-was-das-smartphone-alles-ersetzen-kann. Abgerufen am: 25.07.2023.
Dillerup, R., Stoi, R. (2013): *Unternehmensführung.* 4. Auflage. München: Verlag Franz Vahlen.
Dopheide, C. (2017). *Zur Digitalisierung des Sozialen. Ethische und ökonomische Reflexionen.* Baden-Baden: Nomos Verlag.
Duale Hochschule Baden-Württemberg (Hrsg.) (2023). *Forschungsprojekte Active Assisted Living.* In https://www.heidenheim.dhbw.de/forschung-transfer/forschungsprojekte/aal. Abgerufen am: 20.07.2023.

Endreß, A., Wandjo, H. (2021). *Musikwirtschaft im Zeitalter der Digitalisierung. Handbuch für Wissenschaft und Praxis.* Baden-Baden: Nomos Verlagsgesellschaft.

Epe, H. (2018). *Organisationale Digitalkompetenz. Erste Schritte zur Digitalisierung Sozialer Organisationen.* In https://www.partnerschaftlich.org/themenmagazine/2018-02/organisationale-digitalkompetenz-erste-schritte-zur-digitalisierung-sozialer-organisationen.html#pagetop. Abgerufen am: 15.07.2023.

Epe, H. (2017). *How to deal with the Digitalisierung.* In https://www.ideequadrat.org/digitalisierung_erste_schritte/. Abgerufen am: 15.07.2023.

Fiorina, C. (2000). *The Transformation Accelerates.* In https://www.hp.com/hpinfo/execteam/speeches/fiorina/ceo_ctea_00.html. Abgerufen am: 25.07.2023.

Fischer, F., Zacher, J. (2024). *Digitale Chancen in der häuslichen Pflege nutzen.* Berlin, Heidelberg: Springer.

Fischer, G. (2017). *Lockerungsübungen.* In brand eins Wirtschaftsmagazin. 19 (8): 3.

Freisinger, G., Jöbstl, O., Kögler, B., Lipp, J., Strohrmann, M. (2022). *Die digitale Transformation des Qualitätsmanagements: Potenziale nutzen, Strategien entwickeln, Qualität optimieren.* München: Hanser.

Fröhlich, E., Lord, S., Steinbiß, K., Weber, T. (2022): *Marketing: Theorie und Praxis.* 2. Auflage. Stuttgart: UTB.

Gaubiz, E., Ebert, K., Förster, M., Schlicht, F., Arlinghaus, J. (2023). *Wo geht das Fax hin? Changemanagement und die digitale Transformation in der psychosozialen Beratung: eine zusammenfassende Studiendarstellung.* Magdeburg: Otto von Guericke University Library. In https://opendata.uni-halle.de/bitstream/1981185920/103747/1/Gaubiz%20et.al.%20_Wo%20geht%20das%20Fax%20hin_2023.pdf. Abgerufen am: 01.03.2024.

Grimm, D., Singraven, J. (Hrsg.) (2022): *Digitalisierung und Arbeitsrecht: Personalarbeit 4.0 – Gestaltung – Best Practices.* Köln: Otto Schmidt.

Gruber, A. (2023). *Kleiner geht's nicht.* In https://www.spiegel.de/netzwelt/web/moores-law-die-goldene-regel-der-chiphersteller-broeckelt-a-1083468.html. Abgerufen am: 20.07.2023.

Halfar, B., Moos, G., Schellberg, K. (2020). *Controlling in der Sozialwirtschaft. Praxishandbuch.* 2. Auflage. Baden-Baden: Nomos.

Hanschke, I. (2018). *Digitalisierung und Industrie 4.0 – einfach und effektiv. Systematisch und lean die Digitale Transformation meistern.* München: Hanser.

Haupt, M., Reismann, H. (2023). *Editorial: Digitalisierung in der Sozialwirtschaft.* In Sozialer Fortschritt. 72 (11): 807–809.

Heister, W. (2023). *Studieren mit Erfolg. Prüfungsvorbereitung – wissenschaftliches Arbeiten – Selbstmanagement.* Stuttgart: Schäfer-Poeschel Verlag.

Heister, W., Tiskens, J. (2023). *Finanzmanagement in Sozial-, Gesundheits- und Kultureinrichtungen. Eine Einführung.* Wiesbaden: Springer Fachmedien.

Heister, W., Tiskens, J. (2021). *Kostenmanagement. Eine Einführung für sozialwirtschaftliche Organisationen.* Wiesbaden: Springer Verlag.

Hörmann, M., Tschopp, D., Wenzel, J. (2023). *Digitale Beratung in der Sozialen Arbeit.* Stuttgart: Kohlhammer Verlag.

Huber, S., Giger, M. (2022). *Wieso wechseln Arbeitnehmer*innen im Sozialwesen ihre Stelle?* In https://www.sozialinfo.ch/fachinformationen/fokusartikel/wieso-wechseln-arbeitnehmerinnen-im-sozialwesen-ihre-stelle. Abgerufen am: 15.07.2023.

Literatur

IKK classic (Hrsg.) (o. J.). *Cyberchondrie: Selbstdiagnose per Doktor Google.* In https://www.ikk-classic.de/gesund-machen/wissen/cyberchondrie. Abgerufen am: 06.08.2023.

Initiative Intelligente Vernetzung (Hrsg.) (2023). *Künstliche Intelligenz – Impulse zu einem Megatrend.* Berlin: BMWE.

Klenk, T., Nullmeier, F., Wewer, G. (Hrsg.) (2020). *Handbuch Digitalisierung in Staat und Verwaltung.* Wiesbaden: Springer VS.

Klingbeil-Döring, W. (2020). *Digitalisierung und der Arbeitsmarkt: Wie wirkt sich die Digitalisierung auf den deutschen Arbeitsmarkt aus?* In https://www.bpb.de/themen/arbeit/arbeitsmarktpolitik/316908/digitalisierung-und-der-arbeitsmarkt/. Abgerufen am: 06.08.2023.

Kolhoff, L. (2024). *Menschen mit Behinderung: Digitalisierung erweitert die beruflichen Chancen.* In SOZIALwirtschaft. Zeitschrift für Führungskräfte in sozialen Unternehmungen. 34 (6): 24–26.

Kolhoff, L. (2024). *Organisation der Sozialwirtschaft. Eine Einführung.* Wiesbaden: Springer VS.

Kopf, H., Krahn, B., Schmolze-Krahn, R. (2020). *Auswirkungen der Digitalisierung auf das Fundraising. Eine kulturelle Herausforderung.* In Urselmann, M. (Hrsg). Handbuch Fundraising (S. 409–422). Wiesbaden: Springer Gabler.

Kreidenweis, H. (2023). *Stand, neuere Entwicklungen und Zukunft der Digitalisierung in der Sozialwirtschaft.* In Sozialer Fortschritt. 72 (11): 811–828.

Kreidenweis, H. (2020). *Sozialinformatik. Digitaler Wandel und IT-Einsatz in sozialen Organisationen.* Baden-Baden: Nomos Verlag.

Kreienbrink, M. (2022). *Psychotherapie und KI: „Empathie kann man simulieren".* In https://t3n.de/news/psychotherapie-ki-empathie-simulation-1522127/. Abgerufen am: 20.07.2023.

Krings, M. (2024). *Sechs Praxistipps zur Digitalisierung.* In SOZIALwirtschaft. Zeitschrift für Führungskräfte in sozialen Unternehmungen. 34 (1): 10–12.

Krings, M. (2022). *Das Personalmanagement sozialer Organisationen im Zeitalter der Digitalisierung.* Baden-Baden: Tectum Verlag.

Krings, M., Heister, W. (2023): *Digitaler Wandel meets Soziale Arbeit. Eine Roadmap zur Digitalisierung.* In Soziale Arbeit. Zeitschrift für soziale und sozialverwandte Gebiete. 72 (2): 67–73.

Krings, M., Heister, W. (2023). *Neue Wege im Personalmanagement.* In SOZIALwirtschaft. Zeitschrift für Führungskräfte in sozialen Unternehmungen. 33 (31): 19–21.

Kuster, J., Huber, E., Lippmann, R., Schmid, A., Scheider, E., Witschi, U., Wüst, R. (2008). *Handbuch Projektmanagement.* 2. Auflage. Berlin, Heidelberg: Springer Verlag.

Lang, V. (2022). *Digitale Kompetenz. Grundlagen der Künstlichen Intelligenz, Blockchain-Technologie, Quanten-Computing und deren Anwendungen für die Digitale Transformation.* New York: Springer Verlag.

Lehmann, R., König J. (2022). *KI und Soziale Arbeit.* In https://open.vhb.org/themenwelt/kursportraits/ki-und-soziale-arbeit/. Abgerufen am: 20.07.2023. *Hinweis: Die Quelle ist Gegenstand des Kursprogramms KI und Soziale Arbeit der virtuellen Hochschule Bayern. Zugang zur Quelle ist per kostenfreier Einschreibung möglich (siehe Link).*

Lenzen, M. (2020). *Künstliche Intelligenz: Fakten, Chancen, Risiken.* München: C. H. Beck.

Lobo, S. (2016). *Fürchten Sie sich, aber richtig.* In https://www.spiegel.de/netzwelt/web/sascha-lobo-kolumne-korrekte-furcht-vor-digitalisierung-a-1119363.html. Abgerufen am: 28.07.2023.

Management Circle (Hrsg.) (2019). *Etablierte Unternehmen scheitern an der Digitalisierung.* In https://www.managementcircle.de/blog/gescheiterte-unternehmen-digitalisierung.html. Abgerufen am: 15.07.2023.

Mayer, M. (2007). *Kulturwirtschaft im Wandel – Analyse der Digitalisierung von Musikindustrie, Filmindustrie und Literaturmarkt.* Saarbrücken: VDM Verl. Dr. Müller.

Meier, K.-J., Pfeffer, M. (Hrsg.) (2022). *Produktion und Logistik in der digitalen Transformation: Analyse – Planung – Praxiserfahrungen.* Wiesbaden: Springer Fachmedien.

Müller-Brehm, J., Otto, P., Puntschuh, M. (2020). *Einführung und Überblick: Was bedeutet Digitalisierung?* In Bundeszentrale für politische Bildung. Informationen zur politischen Bildung/izpb: Digitalisierung. 69 (3): 4–5.

Müller-Brehm, J., Otto, P., Puntschuh, M. (2020). *Gesellschaft, Kultur und Bildung.* In Bundeszentrale für politische Bildung. Informationen zur politischen Bildung/izpb: Digitalisierung. 69 (3): 16–25.

Müller-Brehm, J., Otto, P., Puntschuh, M. (2020). *Gesundheit und Arbeit.* In Bundeszentrale für politische Bildung. Informationen zur politischen Bildung/izpb: Digitalisierung. 69 (3): 48–51.

Müller-Brehm, J., Otto, P., Puntschuh, M. (2020). *Infrastruktur und Umwelt.* In Bundeszentrale für politische Bildung. Informationen zur politischen Bildung/izpb: Digitalisierung. 69 (3): 26–35.

Müller-Brehm, J., Otto, P., Puntschuh, M. (2020). *Kommunikation, Medien und die öffentliche Debatte.* In Bundeszentrale für politische Bildung. Informationen zur politischen Bildung/izpb: Digitalisierung. 69 (3): 8–15.

Müller-Brehm, J., Otto, P., Puntschuh, M. (2020). *Wirtschaft und Arbeit.* In Bundeszentrale für politische Bildung. Informationen zur politischen Bildung/izpb: Digitalisierung. 69 (3): 36–47.

Nordemann, J. B., Pukas, J. (2023). *Immense Herausforderungen und Fragen.* In Politik und Kultur. 21 (4): 18.

Pabst, N., Mittelmeier, A. (Hrsg.) (2022). *Handbuch digitales Marketing: für Verantwortliche in Marketing, Kommunikation & Werbung.* 2. Auflage. Wien: Linde Verlag.

Panetta, K. (2019). *5 Trends Appear on the Gartner Hype Cycle for Emerging Technologies, 2019.* In https://www.gartner.com/smarterwithgartner/5-trends-appear-on-the-gartner-hype-cycle-for-emerging-technologies-2019. Abgerufen am: 24.02.2024.

Pehl, W., Knödler, C. (2020). *Datenschutz und Schweigepflicht in der Sozialen Arbeit: Erläuterungen und Schaubilder für Ausbildung und Praxis.* Regensburg: Walhalla.

Petry, T., Jäger, W. (Hrsg.) (2021). *Digital HR: smarte und agile Systeme, Prozesse und Strukturen im Personalmanagement.* 2. Auflage. Freiburg, München, Stuttgart: Haufe Group.

Rottkemper, B., Kühn, M. C. (2021). *Künstliche Intelligenz und ihre Rolle im Sozialen.* In https://drk-wohlfahrt.de/blog/eintrag/kuenstliche-intelligenz-und-die-rolle-im-sozialen/. Abgerufen am: 20.07.2023.

Säckel, A. (2022). *IT-Sicherheit vs. Informationssicherheit – Was ist der Unterschied?* In https://www.dqsglobal.com/de-de/wissen/blog/it-sicherheit-vs.-informationssicherheit-was-ist-der-unterschied. Abgerufen am 30.05.2024.

Literatur

Schmidhuber, J. (2015). *Künstliche Intelligenz wird alles ändern*. In https://www.wiwo.de/technologie/digitale-welt/serie-wirtschaftswelten-2025-kuenstliche-intelligenz-wird-alles-aendern/11255026.html. Abgerufen am: 20.07.2023.

Schmidt-Kessel, M., Möllnitz, C. (2022): *Grundfragen des Digitalvertragsrechts: Verträge über digitale Inhalte und digitale Dienstleistungen*. Tübingen: Mohr Siebeck.

Schmitz, R. (2017). *Business Intelligence. Daten systematisch nutzen*. In SOZIALwirtschaft. Zeitschrift für Führungskräfte in sozialen Unternehmungen. 34 (5): 34–35.

Schupp, F., Wöhner, H. (2023). *Digitalisierung im Einkauf*. 2. Auflage. Wiesbaden: Springer Fachmedien.

Seckelmann, M. (2024). *Digitalisierte Verwaltung – Vernetztes E-Government*. 2. Auflage. Berlin: Erich Schmidt Verlag.

Sokolow, A. (2021). *Der klobige Auftakt der Smartphone-Ära*. In https://www.spiegel.de/netzwelt/gadgets/nokia-communicator-der-klobige-auftakt-der-smartphone-aera-a-5a1522da-2601-4894-87d5-d07ba3b02fb2. Abgerufen am: 25.07.2023.

Staats, R. (2023). *Noch viele Fragen offen!* In Politik und Kultur. 21 (4): 19.

Steiner, O., Tschopp, D. (2022). *Künstliche Intelligenz in der Sozialen Arbeit. Grundlagen, Entwicklungen, Herausforderungen*. In Sozial Extra. 46 (6): 466–471.

TH Köln (Hrsg.) (2021). *Künstliche Intelligenz: Risiken und Regulierungen*. In https://www.th-koeln.de/hochschule/kuenstliche-intelligenz-risiken-und-regulierungen_85892.php. Abgerufen am: 20.07.2023.

Ver.di – Vereinigte Dienstleistungsgewerkschaft (Hrsg.) (2023). *Digitalisierung: Definition und Folgen für Arbeitnehmer*. In https://www.verdi.de/themen/digitalisierung/++co++abf19972-cac5-11ec-b8ec-001a4a160129. Abgerufen am: 06.08.2023.

Voigt, D. (2022). *Digitalisierung im Sozial- und Gesundheitswesen – Zukunftsnavigator für Sozial- und Gesundheitswesen*. Wiesbaden: Springer Fachmedien.

Weinhardt, M. (2022). *Algorithmen und professionelles Handeln in der Sozialpädagogik: Das Beispiel Kinderschutz*. In Diebel-Fischer, H., Hellmig, L., Tischler, M. (Hrsg.). Technik und Verantwortung im Zeitalter der Digitalisierung (S. 103–122). Rostock: Universität Rostock.

Winzer, S., Eggert, M. (2023). *Es gibt einen großen Bedarf an Musik, die einfach „benutzt" wird*. In Politik und Kultur. 21 (4): 23.

Made in the USA
Monee, IL
28 April 2026

49136200R00115